Introduction to

監査論入門

AUDIT THEORY 第6版

長吉眞一／伊藤龍峰／北山久恵
井上善弘／岸牧人／異島須賀子——［著］

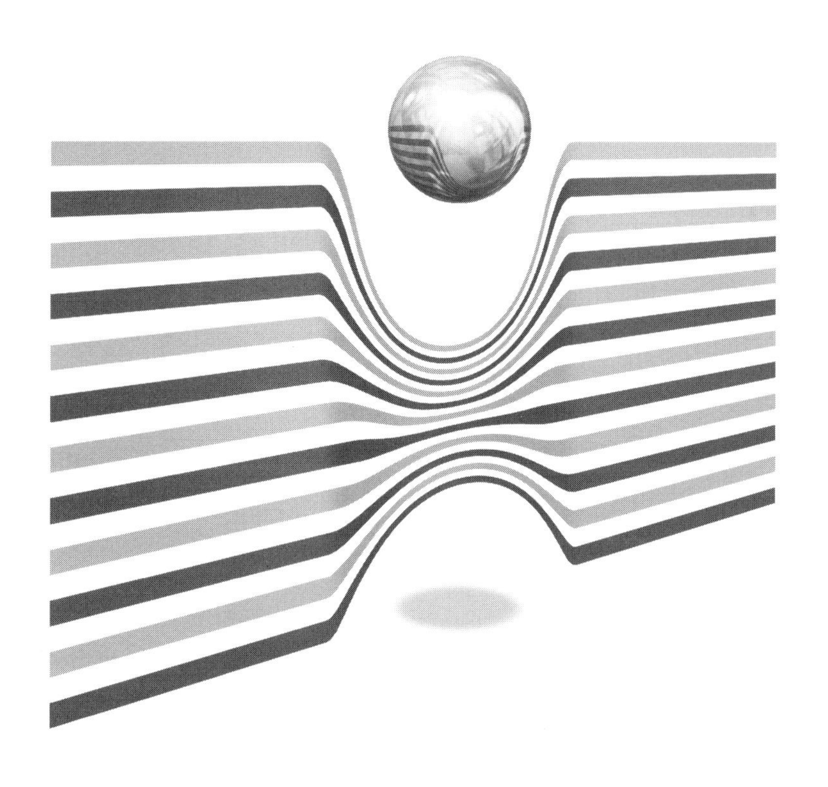

中央経済社

第６版への序

本書の第５版を上梓してから，早くも満２年が過ぎようとしています。この間，本書は予想以上に多くの読者諸氏に支えられ，ここに第６版を出版する運びとなりました。

本第６版は，次のような特徴をもっています。

まず，令和５（2023）年４月に「財務報告に係る内部統制の評価及び監査の基準」が改正されました。改正の概要は，「内部統制とガバナンス及び全組織的なリスク管理」を明確にしたことや，経営者は財務報告に係る内部統制の評価において監査人と協議することを明確にしたことなどがあげられます。

また，同年８月に，日本公認会計士協会より24本の監査基準委員会報告書と２本の品質管理基準委員会報告書，および15本の実務ガイダンスや実務指針が改正されました。これらの改正理由は，職業的懐疑心に関する表現については「保持」を使用することにしたことなどがあげられます。

さらに，同年11月には金融商品取引法が改正されました。これにより，2024年４月より，上場会社に義務付けられていた四半期報告書が廃止されることになります。四半期報告書は平成20（2008）年４月１日から施行されてきましたが，この改正により「決算短信」に一本化されることになります。

以上の結果，第６版は最新の監査内容を網羅し，さらに有用な監査論の入門書になったと思います。

本書によって，多くの方々が監査の制度や考え方に触れ，改めて監査論を理解できるようになれば，われわれ著者としての本望です。

2024年３月

多摩川河畔の自宅書斎にて

執筆者を代表して　長 吉 眞 一

はじめに

本書は，大学の学部生がはじめて監査論（財務諸表監査論とか，会計監査論ともいいます）を学ぶ際の教科書として執筆したものです。

また，同時に，仕事の必要性から最近になって監査論を勉強せざるを得なくなった人，仕事とは直接的な関係はないものの業務の幅を広げるために監査論を勉強したい人，その他，時々新聞等に出る「公認会計士」とか「監査」という用語に興味をもち，基礎的な教養として監査論を勉強したいと思っている人等々が，監査論を基礎から学習できるように，やさしく記述した監査論の入門書です。

本書は，３名の大学の教員（伊藤，井上，異島），１名のベテランの公認会計士（北山），そして，公認会計士から大学の教員に転じた者（長吉）が執筆しました。これらの５名は，それぞれの専門の立場において，監査理論を考究したり，実務家として監査業務を実践したりしています。本書は，こうした５名が共同で執筆したため，理論にも実務にも偏重しない，バランスのとれた入門書になっています。

本書は以上のほか，いくつもの特徴を有していますが，そのうちの５つだけをあげれば，次のとおりです。

① まず第１章で「監査の必要性と法定監査制度」について説明した後，第２章で，監査全体の流れを記述しています。これは，他の監査論の著書にはない本書の大きな特徴です。本書の読者は，ここで１年間にわたる監査業務全体の流れを把握でき，これによって，第３章以下の個別のテーマについて，監査業務全体のなかでの位置づけを確認しながら理解することができるようになります。

② 各章の冒頭で **本章のポイント** を示し，その章で学習する内容をあらかじめわかるように工夫してあります。これによって，読者は，本文に入

る前にその章のポイントを知ることができ，学習の効果があがります。

③ 各章には多くの図表を取り入れています。これによって，読者は視覚からも内容を理解できます。また，各章に多くの《ワンポイントレッスン》を示しています。読者は，この《ワンポイントレッスン》によって，本文に関連するちょっとした知識を身につけることができ，学習の幅が広がります。

④ 第７章は「監査の実施」を取り上げています。従来の多くの監査論の著書は監査理論に偏重し過ぎていて，監査の実施面についての記述はあまりありませんでした。本書は，こうした従来の監査論の著書の欠点を是正するため，監査の実施面についても，わかりやすくかつ内容豊富に取り上げています。

⑤ 各章の最後には練習問題を配しています。この練習問題は本文中の記述に基づいて作成していますので，読者は，練習問題を解くことによって，その章の内容を復習し，全体を理解することが可能となります。なお，練習問題の解答は，中央経済社のホームページ（https://www.chuokeizai.co.jp）にアップしています。

以上のように，本書は数多くの特徴をもつ監査論の入門書です。そのため，これまで監査論に接したことがない人や，監査論はどうもむずかしそうだと思っている人たちが監査論を学ぶのに最適な本になっています。

本書によって，多くの方々が監査論に触れ，監査論を理解できるようになれば，われわれ著者としての本望です。

最後になりましたが，本書の執筆を勧めてくれた中央経済社の小坂井和重・取締役常務には，心から謝意を表します。

平成25年３月

錦華公園を眺む神田駿河台の研究室にて

執筆者を代表して　長 吉　眞 一

目　　次

第4章

リスク・アプローチ監査　63

第5章

内部統制　81

第8章 監査結果の報告　*137*

《ワンポイントレッスン》

第1章

監査の必要性と法定監査制度

本章のポイント

監査は，企業の資金調達と密接な関係があります。企業が信頼できる財務諸表を公表することによって，投資家をはじめとする利害関係者は，安心して財務諸表を利用し，各種の意思決定ができるようになります。

本章では，企業の財務諸表の信頼性を保証する役割を担う監査の基本的な考え方と監査制度について説明します。

① 企業の資金調達方法には，直接金融方式と間接金融方式とがあります。最近は，前者による資金調達へと移行しています。直接金融方式の際に重要となるのが企業の財務諸表の信頼性です。

② 財務諸表の信頼性は，企業から独立した職業的専門家である公認会計士や監査法人によって保証されます。

③ 公認会計士や監査法人は，財務諸表が一般に公正妥当と認められる企業会計の基準に準拠し，適正に表示されているかどうかについて意見を表明します（適正性監査）。

④ 公認会計士や監査法人は，特別の利用目的に適合した会計の基準に準拠して作成された財務諸表が，当該基準に準拠しているかどうかについて意見を表明します（準拠性監査）。

⑤ 財務諸表監査には固有の限界があるため，公認会計士や監査法人が行う保証は絶対的な保証ではなく，合理的な保証です。

⑥ 法定監査制度のなかでも，金融商品取引法に基づく公認会計士監査制度と会社法に基づく会計監査人監査制度が代表的な法定監査制度です。

なお，本章第４節は，監査基準委員会報告書200「財務諸表監査における総括的な目的」（監基報200）に基づいて説明します。

第1節　企業の資金調達と財務情報

企業の経営活動には多くの資金が必要です。そのため，企業は，いろいろな方法で資金を調達し，その資金は利益を獲得する目的で経営活動に投下されます。企業が資金を調達する方法としては，大きく2つがあります。1つは，銀行等の金融機関から調達する方法で，他の1つは，証券市場を通じて投資家等から調達する方法です。

もともと，資金は個人が所有していますが，個人は，その資金を銀行に預け，銀行は個人から預かった資金を企業に貸し付けます。企業が銀行から資金を調達する方式です。これを**間接金融方式**といいます。企業が銀行を経由して個人の資金を調達する方式だからです。他方，個人は，資金を証券市場で企業が発行する株式等を購入することで運用することもあります。企業が証券市場で株式等を発行して資金を調達する方式です。これを**直接金融方式**といいます。企業が個人から資金を直接的に調達する方式だからです。

従来，わが国の企業の資金調達は間接金融方式が中心でしたが，最近は，直接金融方式へと重心が移行する傾向にあります。その背景には，1990年代のバブル経済の崩壊によって，銀行の経営体質が弱体化したことや金融が自由化されたこと等があります。

企業が発行する株式等を購入する個人や法人を一般には**投資家**といいます。投資家は，できるだけ安全かつ有利な投資先を探そうとします。自分の大事な財産を企業の株式等に投資するわけですから，原則的には，他人任せにはせず，自分でどの企業に投資するかを決定しようとするのです。また，もし，将来，投資に失敗して損失をこうむったとしても，その損失は，投資家自身が自己責任において負担しなければならないからです。

投資家は，投資に際して，企業情報を入手し，その情報を分析して投資するかどうかの意思決定を行います。企業情報のなかでも，とくに重要な情報は財務情報です。そのため投資家は，信頼できる企業の財務情報を必要としているのです。その理由は，もし，財務情報に誤りがあったり，意図的に改ざんされている財務情報であった場合，投資家は誤った意思決定をすることになり，その結果，多額の損失をこうむることになるからです。

このように考えれば，企業は信頼できる財務情報を作成・公表しなければならないことが理解できます。本章第６節で説明している内部統制報告書は，これを支える制度の１つでもあります。

これまでは，投資家の立場からの信頼できる企業の財務情報の必要性について説明してきましたが，信頼できる財務情報を必要とする人は投資家に限りません。銀行や取引先等をはじめとする，企業を取り巻く様々な利害関係をもつ人たちのことを利害関係者といいますが，各種の利害関係者は，それぞれの立場から，企業に信頼できる財務情報を求めています。

たとえば，銀行は，企業に資金を貸し付けるかどうかや，貸し付けている資金を回収できるかどうか等を判断するために信頼できる財務情報を必要としているのです。また，企業が得意先に対して掛けで商品を販売した場合，企業は，将来，その売掛金が確実に回収できるかどうかを判断するために，やはり，信頼できる財務情報を必要としているのです。

第２節　財務諸表の信頼性の保証と監査

企業の財務情報（一般的には**財務諸表**とよびます）は，企業の経営者の責任において作成・公表されます。ただ，財務諸表は，「記録された事実，会計上の慣習および個人的判断の総合的表現である」といわれるように，経営者の主観的な判断に基づいて作成される性質をもつため，経営者の主観や恣意性（しいせい）によって歪（ゆが）められる可能性があります。

「所有と経営との分離」が明確になっている企業の場合，経営者は株主から経営を付託されており，経営者の評価は，企業活動の結果としての利益の獲得によって判断されます。そのため，利益の獲得が十分でなかったり，損失を計上した場合，経営者は株主によって，経営者としての能力が低いと評価されて，その地位を保つことができなくなり，株主から解任されかねません。

また，そのような状況が続けば，企業の資金調達コストも高くなってしまい，その分，さらに企業の利益に悪い影響を与えることになります。経営者は，このようなことにならないようにするために利益の獲得を目ざしますが，思うように利益が獲得できなかった場合等は，財務諸表の数値を歪める動機をもつことになります。つまり，財務諸表は，経営者によって作成されただけでは信頼できない可能性をふくんでいるのです。

利害関係者が安心して財務諸表を利用して各種の意思決定を行うためには，財務諸表は信頼できるものでなければなりません。利害関係者に対して財務諸表の信頼性を保証する役割を担うのが監査です。

上述したように，財務諸表の性質に基づいて監査の必要性を説明できますが，監査が成立する条件として，次の４つがあげられます。

① **利害の対立**――利害関係者と企業との間には利害の対立があり，そのため経営者が作成する情報には主観や恣意性が介入する可能性があります。そこで，利害関係者の疑念を払拭するには，情報が信頼できるものであるという保証が必要となり，ここに監査の必要性が生じることになります。

　なお，この条件は，②以下の条件の前提となるものであり，監査には，利害の対立を解消することが，もっとも重要な条件として求められています。

② **情報の重要性**――利害関係者は，経営者が作成する情報に基づいて各種の意思決定を行いますが，もし，その情報に虚偽がふくまれている場合，利害関係者は，意思決定を誤り，損害をこうむることになります。このように情報は，利害関係者に与える影響が大きいため，情報の信頼性を保証する必要性が求められます。

③ **情報の複雑性**――利害関係者は，経営者が作成する情報内容の真偽について，直接確かめることは困難な状況にあります。また，たとえ直接確かめることができる環境にあったとしても，利害関係者が，情報内容に不正等による虚偽がふくまれていないかどうかを見抜くこともむずかしいといえます。情報は，複雑かつ高度な専門知識を用いて作成されているからです。ここに，その分野に精通した専門家による監査が受容される必然性が生じることになります。

④ **遠隔性**――企業の利害関係者は国内だけでなく海外にもいます。利害関

係者は物理的，時間的，距離的な条件や制度的な制約のために，直接的には情報の信頼性を確かめることはできません。そのために，監査によって情報の信頼性を保証することが求められます。

第3節　財務諸表監査の意義と機能

1　財務諸表監査の意義

財務諸表監査とは，経営者が作成した財務諸表が，一般に公正妥当と認められる企業会計の基準に準拠して，企業の財政状態，経営成績およびキャッシュ・フローの状況をすべての重要な点において適正に表示しているかどうか（これを**適正性**といいます）について，企業から独立した職業的専門家としての監査人が，一般に公正妥当と認められる監査の基準に準拠して監査を実施し，監査人が自ら入手した監査証拠に基づいて判断した結果を監査意見として表明する，一連の行為をさします。

監査人によるこのような行為によって，利害関係者に対して，企業の経営者が作成した財務諸表の信頼性が保証されることになり，その結果，利害関係者の保護も図られることになります。すなわち，財務諸表監査とは，利害関係者に対する財務諸表の**信頼性の保証**という意義を有しています。

①　**一般に公正妥当と認められる企業会計の基準**（Generally Accepted Accounting Principles，**GAAP**）には二面性があります。財務諸表の作成責任をもつ経営者は，財務諸表を作成するにあたって，この基準に従う必要があります。そのため，経営者にとっては，GAAPは，財務諸表の作成基準という性格をもちます。

他方，監査人は，経営者によって作成された財務諸表に対して監査を実施し，財務諸表の適正性について意見を表明しますが，財務諸表の適正性は，GAAPに照らして判断します。そのため，監査人にとっては，GAAPは，財務諸表の適正性の判断基準という性格をもちます。

②　**一般に公正妥当と認められる監査の基準**（Generally Accepted Auditing

Standards, **GAAS**）とは，監査人が財務諸表監査を行う際の拠るべき規範です。わが国では，GAASには，企業会計審議会が設定する監査基準や日本公認会計士協会（Japanese Institute of Certified Public Accountants, **JICPA**）から公表されている監査基準委員会報告書等があります。GAASの中核に位置するのが監査基準です（p.53の**図表3-3**を参照）。

監査基準は，「監査実務の中に慣習として発達したものの中から，一般に公正妥当と認められたところを帰納要約した原則であって，職業的監査人は，法令によって強制されなくとも，常にこれを遵守しなければならない」ものです。そのため，監査人は，GAASに準拠して監査を実施することが職業的専門家として監査を実施したことを意味することになります。

なお，監査基準の意義や内容等については，第3章で説明します。

2　財務諸表監査の機能

財務諸表監査の意義は財務諸表の信頼性の保証ですが，財務諸表監査がどのような機能を発揮しているのかについては，利害関係者に対する機能と財務諸表の作成企業に対する機能という，2つの視点から論じることができます。

(1)　利害関係者に対する機能

財務諸表監査には，利害関係者に対してどのような機能を発揮するかの視点から，①意見表明機能（保証機能）と②情報提供機能という2つの機能が認められます。

①　**意見表明機能**――これは，**保証機能**ともいわれるもので，財務諸表監査が利害関係者に対して発揮する本質的な機能です。監査人は，企業の経営者が作成した財務諸表が適正であるかどうかに関して監査意見を表明しますが，この監査意見が，利害関係者の意思決定のための情報としての財務諸表の信頼性を保証しているのです。

②　**情報提供機能**――これは，監査人が，監査意見を表明する手段である監査報告書で，企業の状況に関する利害関係者の判断に役立つような情報を提供することで，利害関係者の各種の意思決定に資するための機能です。

監査人は，利害関係者が財務諸表をより適切に理解できるように，財務諸表に記載された事項を強調するために監査報告書にも記載したり，説明することが適当と判断した事項を監査報告書に記載することがあります。

このような監査人による機能を情報提供機能といいますが，この機能にはとくに注意が必要です。なぜならば，情報提供機能を拡大しすぎると，監査の基本的な考え方である二重責任の原則に抵触することになり，さらには，追加的な情報提供に対する監査人の責任問題に発展する可能性が生じることにもなるからです。

財務諸表監査の本質的な機能は，意見表明機能であり，情報提供機能は，二次的な機能にすぎません。なお，監査の情報提供機能については，第8章で説明します。

(2) 財務諸表の作成企業に対する機能

財務諸表監査には，財務諸表を作成・公表する企業に対してどのような役割を発揮するかの視点から，①批判機能と②指導機能という，2つの機能が認められます。

① **批判機能**——これは，監査人が企業が作成・公表する財務諸表の適否について，GAAPを判断基準として，批判的に検討し，その結果を職業的専門家としての意見として表明することであり，批判機能が財務諸表監査の

ワンポイントレッスン　1

二重責任の原則

二重責任の原則とは，経営者は財務諸表をふくむ企業情報の作成と開示に関する責任を負い，監査人は，経営者によって作成・開示された企業情報のうちの財務諸表が，一般に公正妥当と認められる企業会計の基準に準拠して適正に表示されているかどうか（これを財務諸表の適正性といいます）に関して表明した監査意見について責任を負うという，責任分担の考え方です。

この考え方が明確でないと，監査人に対して財務諸表の作成・開示にまで責任が追及される可能性があるので，それを防止する目的があります。

最も本質的な機能として認められています。

② **指導機能**――これは，監査人が財務諸表の監査を実施する企業に対して，会計処理上の誤りや誤表示について適切な助言や勧告等を行うことで，企業が適正な財務諸表を作成・公表するように指導することであり，財務諸表監査の本質から見るならば，二次的な機能として位置づけられます。

もし，監査人が批判機能の発揮によって，財務諸表は適正ではないとの監査意見の表明を行った場合，不適正な財務諸表のままでは利害関係者にとっては判断のための情報価値を見出せないことになりますが，指導機能は，不適正な財務諸表が公表される前に監査人がこの機能を発揮して，適正な財務諸表に修正させるところに意義があります。利害関係者は，監査人の指導機能の発揮によって，適正な財務諸表が作成・公表されることを期待しているのです。

3　準拠性監査

以上の財務諸表監査に関する説明は，さまざまな利用者に共通するニーズを満たすように，GAAPに準拠して作成された財務諸表（**一般目的の財務諸表**）に対して，公認会計士が監査を行う場合を想定したものです。一般目的の財務諸表に対して公認会計士が行うこのような監査を**適正性監査**といいます。

しかし，最近，公認会計士に対して，特定の利用者のニーズを満たすように特別の利用目的に適合した会計の基準に準拠して作成された財務諸表（**特別目的の財務諸表**）に対しても，監査という形で信頼性の保証を求めたいという社会からの要請が高まってきました。そこで，平成26（2014）年４月より，公認会計士は，特別目的の財務諸表についても監査を行うことになりました。この監査を**準拠性監査**といいます。

ただ，適正性監査は，一般目的の財務諸表に対してばかりではなく，特別目的の財務諸表に対しても実施可能であり，準拠性監査も特別目的の財務諸表ばかりではなく，一般目的の財務諸表に対しても実施可能な監査の種類です。

なお，財務諸表の種類と監査の種類の組合わせについては，第３章で説明します。

第４節　財務諸表監査の固有の限界

財務諸表監査は，企業から独立した監査人が，財務諸表を批判的に検討した結果を監査意見として表明することで，財務諸表の信頼性を保証することです。しかしながら，財務諸表監査には，以下のような理由から限界があります（監基報200：A44項-A51項）。これは監査の制約条件ともいうことができます。

(1)　財務報告の性質

財務諸表の情報内容には，経営者による見積りや判断に基づいて計上されるものがふくまれています。監査人は，経営者による見積りや判断の結果が適正であるかどうかについて，会計数値が一定の許容範囲内に収まっているかどうかを判断しますが，たとえ十分な監査手続を実施したとしても，判断の困難さを完全に取り除くことはできないのです。

(2)　監査手続の性質

監査人による監査証拠の入手には，実務上および法令上の限界があります。

たとえば，実務上の限界として考えられるのは，経営者は，意図的であるかどうかにかかわらず，財務諸表の作成および表示に関連するすべての情報を監

ワンポイントレッスン　2

試査と精査

試査とは，監査の対象となる会計記録について，すべてを検証するのではなく，その一部を抜き出して，それらに対して監査手続を実施する手法です。そのため，抽出調査や抜取り検査とよぶ場合もあります。

試査は，その目的と方法によって，サンプリングによる試査と特定項目抽出による試査とに分けられます。

なお，試査とは異なり，監査の対象となるすべての会計記録について監査手続を実施する手法を精査とよびます。

査人に提供しない可能性がありますが，そのため，監査人は，関連するすべての情報を入手したという保証を得るための監査手続を実施したとしても，情報の網羅性について確信を持つことはできないのです。また，法令上の限界として考えられるのは，監査は，取引の有無や取引金額の妥当性等について取引の相手先に公式な捜査を行うものではなく，監査人は，そのような捜査を行う際に必要となる特定の法的権限も有していないこと等があります。

⑶　監査を合理的な期間内に合理的なコストで実施する必要性

監査人は，適切な監査計画を策定し，それに依拠して監査を実施することにより，監査に十分な時間と資源を費やすことになります。しかしながら，監査報告書の提出には一定の期限があるため，この期限に間に合わせるように監査を終了しなければならないという時間的な限界や，監査人である監査法人も経営組織体であるため，無限のコストをかけて監査を実施することはできません。

以上のような理由から，監査人は，情報には誤謬または不正があり得るという仮定だけで，誤謬や不正が存在する可能性のあるすべての情報について考慮したり，すべての事項を徹底的に追及したりすることは実務上不可能であることを認識しているためです。

以上のような財務諸表監査の固有の限界のために，たとえ監査人が財務諸表は適正であるとの監査意見を表明したとしても，そのことは，財務諸表には間違いがまったくないことを意味するのではなく，「財務諸表は，すべての重要な点において利害関係者の判断を誤らせない程度の正しさ」を備えていることを保証しているのです。そのため，財務諸表監査における保証は，絶対的な保証ではなく，高い水準の保証を意味する**合理的な保証**だといわれています。なお，合理的な保証については，第８章で説明します。

第５節　監査の分類

監査は，何を基準とするかによって，多くの種類に分類することができます。以下では，代表的な分類基準に基づいて分類してみます。

⑴　法定監査と任意監査

これは，監査の動機に基づく分類です。

法定監査とは，**強制監査**ともよばれ，法律上の規定に基づいて実施される監査です。わが国では，次節で説明するように，金融商品取引法に基づく公認会計士または監査法人による監査と会社法に基づく会計監査人監査や監査役監査等が代表的な法定監査です。

また，**任意監査**とは，法律に基づく監査ではありませんが，特定の目的のために，経営者の判断によって実施される監査です。たとえば，企業が銀行から融資を受ける際に経営者が自社の財務諸表の信頼性を確保する目的で受ける場合や，企業の買収・合併，あるいは営業譲渡にあたって，適正な企業価値評価を行う目的で受ける場合等があります。

⑵　外部監査と内部監査

これは，監査主体に基づく分類です。

外部監査は，企業の外部の者によって実施される監査で，企業の利害関係者が不測の損害をこうむらないように利害関係者の保護を目的としています。

また，**内部監査**は，企業の内部の者（内部監査人）によって実施される監査で，経営者の経営方針に資することを目的としています。外部監査は，公認会計士による監査が代表的であり，内部監査は，企業の内部監査課のスタッフによる監査があります。

なお，監査役による監査が外部監査かあるいは内部監査かに関しては，議論があります。監査役による監査の目的を利害関係者の保護に置くのか，あるいは企業の内部の者による監査であることに着目するかによって分類が異なるからです。しかしながら，一般的には，監査の主体が企業の外部か内部かの基準で分類することが多く，そのため監査役による監査は内部監査に分類されます。

⑶ 会計監査と業務監査

これは，監査の対象に基づく分類です。

会計監査とは，会計業務を対象とする監査です。公認会計士や監査法人が行う財務諸表の監査は会計監査に分類されます。**業務監査**は，会計業務をふくむすべての業務を対象とする監査ですが，一般には会計監査と区別して用いられます。たとえば，監査役が実施する取締役の業務に関する監査があります。

ただ，会計監査の実施過程で，会計業務以外の業務についても検証することがあります。また，その反対に，業務監査の実施過程で業務の結果としての計数の検証もふくむことがありますので，会計監査と業務監査とは，明確には分類できない場合があります。

⑷ 情報監査と実態監査

これは，監査の主題に基づく分類です。

情報監査とは，情報の信頼性を検証する目的で行われる監査です。たとえば，財務諸表の監査は財務情報の監査であるため，公認会計士による財務諸表監査が情報監査の代表的なものです。

また，**実態監査**は，企業の経営活動上の取引や行為の妥当性，効率性や合目的性等の検証を目的として行われる監査です。たとえば，内部監査人による監査があります。

第6節　法定監査制度

1　金融商品取引法に基づく監査制度

⑴ 金融商品取引法と企業内容開示制度

金融商品取引法は，「企業内容等の開示の制度を整備するとともに，金融商品取引業を行う者に関し必要な事項を定め，金融商品取引所の適切な運営を確保すること等により，有価証券の発行及び金融商品等の取引を公正にし，有価証券の流通を円滑にするほか，資本市場の機能の十全な発揮による金融商品等の公正な価格形成等を図り，もって国民経済の健全な発展及び投資者の保護に資することを目的」（１条）としています。金融商品取引法は，この目的の達成のための１つの手段として，企業内容開示制度を規定しています。

企業内容開示制度は，有価証券の発行会社が虚偽の情報や不十分な情報を開示することによって，投資家をはじめとする利害関係者が損害をこうむらないようにするための制度です。また，企業が作成した財務諸表は，その企業から独立した公認会計士または監査法人によって監査証明を受けなければならない（193条の２，１項）と規定し，財務諸表の信頼性の保証を監査に求めています。

金融商品取引法は，企業内容開示制度について，**図表１-１**の２種類に分けて規定しています。

【図表１-１】金融商品取引法に基づく企業内容開示制度

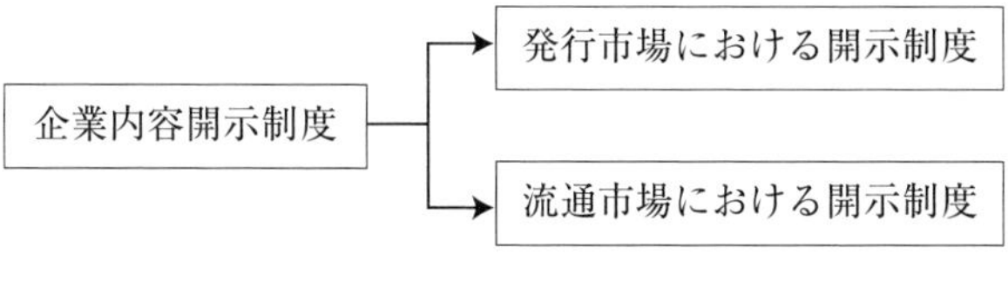

企業内容開示制度
発行市場における開示制度
流通市場における開示制度

(2)　発行市場における開示制度と監査

発行市場における開示制度は，有価証券の発行価額または売出価額の総額が１億円以上の募集または売出し（次ページの**ワンポイントレッスン３**を参照）を行う企業（４条１項）に適用される制度です。この開示制度の適用を受ける企

【図表１-２】発行市場における開示制度

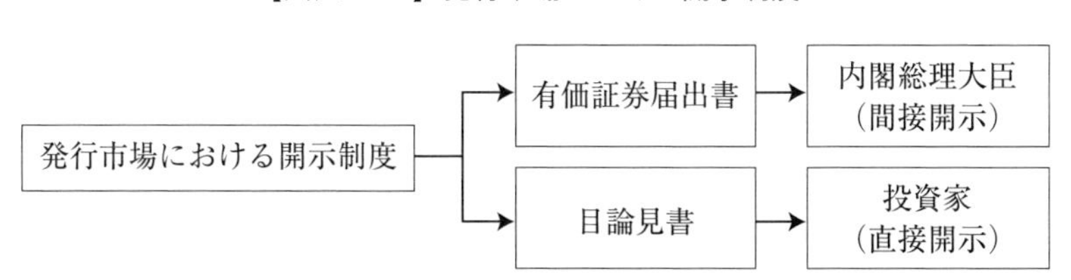

業は，有価証券の募集または売出しにあたって，内閣総理大臣に対して**有価証券届出書**（とどけいでしょ）を提出するとともに，投資家に対して**目論見書**（もくろみしょ）を交付する必要があります。

有価証券届出書と目論見書にはさまざまな企業情報がふくまれていますが，そのなかの「第５　経理の状況」で，財務諸表作成企業集団の監査済みの連結財務諸表と作成企業の財務諸表の掲載が求められています。

(3)　流通市場における開示制度と監査

流通市場における開示制度は，すでに市場で流通している有価証券を発行している企業に適用される制度です。この制度の適用を受ける企業は，有価証券報告書，内部統制報告書，半期報告書，四半期報告書および臨時報告書を内閣総理大臣に提出するとともに，それらを公衆の縦覧に供する必要があります。

① **有価証券報告書**――証券取引所に上場している有価証券，またはこれに準ずる有価証券の発行会社等が事業年度終了後３カ月以内に事業および経理の状況等を記載して内閣総理大臣に提出する開示のための書類です。

有価証券報告書の「第５　経理の状況」にふくまれている連結財務諸表および財務諸表の信頼性を保証するために，公認会計士または監査法人による監査が必要とされています。

② **内部統制報告書**――これは，上場会社等に対して求められているもので，財務計算に関する書類その他の情報の適正性を確保するために必要な社内

ワンポイントレッスン　３

有価証券の募集と売出し

有価証券の募集とは，不特定かつ多数の者に対し，新たに発行される有価証券の取得の申込みを勧誘すること（金融商品取引法２条３項）をいい，有価証券の売出しとは，不特定かつ多数の者に対し，すでに発行された有価証券の売付けの申込みをし，またはその買付けの申込みを勧誘すること（金融商品取引法２条４項）をいいます。

体制について経営者が評価した報告書で，内閣総理大臣に提出する開示のための書類です。内部統制報告書は，報告内容の信頼性を保証するために公認会計士または監査法人による監査が必要とされています。

③　**半期報告書**――これは，上場会社や上場会社等ではない有価証券報告書の提出会社で事業年度が6カ月を超える会社が，事業年度毎に，事業年度の開始日以後6カ月間の企業が属する集団および当該企業の経理の状況その他事業の内容に関する重要な事項を記載した報告書です。半期報告書は，当該期間の経過後3カ月以内に内閣総理大臣に提出しなければならない開示のための書類です。半期報告書にふくまれている中間連結財務諸表および中間財務諸表は，公認会計士または監査法人による中間監査が必要とされています。

④　**臨時報告書**――これは，有価証券報告書の提出会社が，当該会社に係る重要事項の決定を行ったり，または，重要事項が発生した場合に作成し，その都度，内閣総理大臣に提出しなければならない報告書です。その目的は，利害関係者に有価証券報告書等を提出した後に生じた会社の重要事項を適時に開示することにあります。ここでいう重要事項とは，海外におけ

ワンポイントレッスン　4

四半期レビュー

2008年4月以降，上場会社等には四半期報告書の提出義務がありましたが，2024年3月末で廃止されました。当該報告書に掲載される四半期財務諸表については，公認会計士又は監査法人による四半期レビューを受けることが義務付けられていました。

四半期レビューとは，「経営者の作成した四半期財務諸表について，……企業の財政状態，経営成績及びキャッシュ・フローの状況を適正に表示していないと信じさせる事項がすべての重要な点において認められなかったかどうか……」に関して，監査人が証拠に基づいて判断した結果を結論として表明する保証形態であり，年度の財務諸表監査と同様の保証水準を提供することを目的としてはいません。詳しくは第13章で説明します。

る有価証券の募集または売出し，災害による損害，合併等の決定や発生が該当します。臨時報告書は，公認会計士または監査法人による監査を求められてはいません。

以上述べてきた流通市場における開示制度については，**図表1-3**のようにまとめることができます。

【図表1-3】流通市場における開示制度

開示書類	提　出　会　社	財務諸表等の監査またはレビューの要否
有価証券報告書	証券取引所に上場している有価証券，またはこれに準ずる有価証券の発行会社 募集または売出しにつき届出の規定の適用を受けた有価証券の発行会社 非上場会社で最近5年間の事業年度のいずれかの末日において，所有者の数が1,000名以上の有価証券の発行会社	要
内部統制報告書	有価証券報告書の提出会社で上場会社等	要
半期報告書	上場会社および有価証券報告書の提出会社で，事業年度が6カ月を超える上場会社等ではない会社	要
臨時報告書	有価証券報告書の提出会社で，重要な事項が発生した場合	否

2　会社法に基づく監査制度

(1)　会社法と企業内容開示制度

会社法は，すべての株式会社に対して**計算書類等**（p.18の**ワンポイントレッスン6**を参照）の作成（435条2項）と，会社に対する出資者である株主に向けて企業内容の開示を義務づけています。株式会社は，年1回，株主総会を開催しなければなりませんが，その際に計算書類等によって決算を報告し，それらの承認を得なければなりません（438条）。ただし，この点については，会社法上，例外規定が設けられています（439条）。

会社法に基づく企業内容開示制度は，直接開示と間接開示との2つに分けられます。

会社法では，会社の規模や会社形態の特性に応じて情報開示に係る規制内容に違いがあります。たとえば，大会社以外の会社と大会社との重要な相違点としては，大会社以外の会社の計算書類等は**監査役**による監査を受けなければならないことになっていますが，大会社の計算書類等は，監査役による監査に加えて，**会計監査人**による監査を受ける必要があります。

【図表１-４】会社法上の開示制度

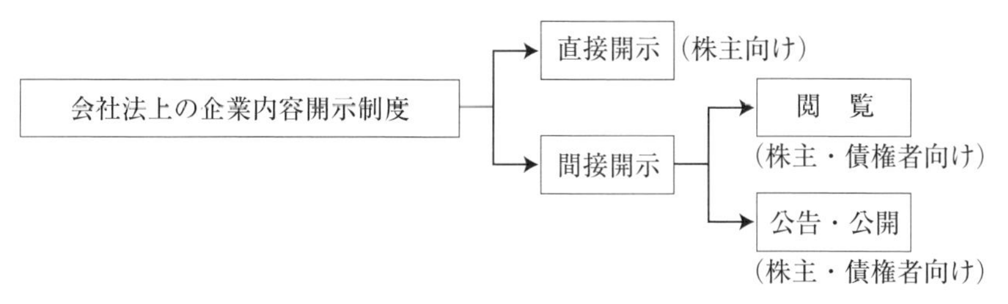

なお，会社法上の**大会社**とは，**図表１-５**のいずれかの要件に該当する会社のことです。

ワンポイントレッスン　5

会計監査人設置会社

会計監査人設置会社は，強制設置会社と任意設置会社に分類することができます。強制設置会社には，大会社以外に，監査等委員会設置会社と指名委員会設置会社があります。前者は，過半数の社外取締役をふくむ監査等委員会をおく株式会社のことで，後者は，それぞれ過半数の社外取締役から構成される，指名委員会，監査委員会および報酬委員会の３つの委員会をおく株式会社のことです。また，任意設置会社とは，定款の定めによって任意に会計監査人を設置する株式会社のことです。

【図表1-5】会社法上の大会社

大会社 ｛ 最終事業年度に係る貸借対照表上の資本金が５億円以上の株式会社
または，
最終事業年度に係る貸借対照表上の負債の総額が200億円以上の株式会社

大会社に対する会計監査人による監査は，昭和49（1974）年の商法改正で創設されましたが，1960年代後半に多発した大規模株式会社の粉飾決算事件を契機として，会社の監査制度の強化策として導入されたという経緯があります。

現在は，会計監査人による監査は，大会社だけでなく，監査等委員会設置会社および指名委員会等設置会社でも実施されなければならないことになっています。

ワンポイントレッスン　6

計算書類等

金融商品取引法では財務計算に関する開示書類は財務諸表とよびましたが，会社法では計算書類等といいます。また，呼称の違いだけでなく，次のように開示書類の種類も若干異なります。

<table>
<tr><th>金融商品取引法上の財務諸表</th><th colspan="2">会社法上の計算書類等</th><th></th></tr>
<tr><td>貸借対照表</td><td rowspan="4">計算書類</td><td>貸借対照表</td><td rowspan="7">計算関係書類</td></tr>
<tr><td>損益計算書</td><td>損益計算書</td></tr>
<tr><td>株主資本等変動計算書</td><td>株主資本等変動計算書</td></tr>
<tr><td>キャッシュ・フロー計算書</td><td>個別注記表</td></tr>
<tr><td>附属明細表</td><td colspan="2">（計算書類の）附属明細書</td></tr>
<tr><td>—</td><td colspan="2">臨時計算書類</td></tr>
<tr><td>—</td><td colspan="2">連結計算書類</td></tr>
<tr><td>—</td><td colspan="2">事業報告</td><td></td></tr>
<tr><td>—</td><td colspan="2">（事業報告の）附属明細書</td><td></td></tr>
</table>

⑵　会計監査人による監査の対象

会計監査人による監査は会計監査に限定され，その対象は，株式会社の計算関係書類です。計算書類等には，計算関係書類以外に，事業報告およびその附属明細書もありますが，これらには会計に関する事項以外の記載が少なからずふくまれることが想定されるため，会計監査人による監査の対象ではなく，監査役による監査の対象となっています。

計算書類等は**ワンポイントレッスン６**のとおりですが，臨時計算書類および連結計算書類については，次のように規定されています。

臨時計算書類とは，株式会社が，最終事業年度の直後の事業年度に属する一定の日（これを**臨時決算日**といいます）における財産およびその期間の損益の状況を把握するために作成することができる次の書類のことです。

- 臨時決算日における貸借対照表
- 臨時決算日の属する事業年度の初日から臨時決算日までの期間に係る損益計算書

臨時計算書類の作成は会社の任意によるものですが，株主や債権者に期首から臨時決算日までの財産および損益の状況の速やかな開示を主旨としています。

また，**連結計算書類**とは，会計監査人設置会社およびその子会社からなる企業集団の財産および損益の状況を示すもので，次の書類のことです。

- 連結貸借対照表
- 連結損益計算書
- 連結株主資本等変動計算書
- 連結注記表

連結計算書類は，会計監査人設置会社が各事業年度において作成しますが，その作成は任意です。ただし，事業年度の末日において大会社であって，かつ，金融商品取引法に基づいて有価証券報告書を提出しなければならない会社の場合は，連結計算書類の作成が強制されています。

◆ 練習問題１ ◆

1　次の（　　）内に適当な語句を入れて，文章を完成させなさい。

(1)　企業の資金調達の方法には，（ ① ）と（ ② ）とがあります。（ ① ）は，企業が証券市場で株式等を発行して資金調達を行う方法で，（ ② ）は，銀行等からの借入れによる方法です，わが国では，従来は（ ② ）が中心でしたが，最近は（ ① ）へと移行しています。

(2)　投資家等の利害関係者は，財務諸表によって各種の意思決定を行います。そのため，誤った財務諸表が公表されると利害関係者の意思決定をミス・リードすることになります。財務諸表は，「（ ③ ），（ ④ ）および（ ⑤ ）の総合的表現である。」といわれるように，経営者の主観や（ ⑤ ）によって歪められる可能性があり，そのために，企業から（ ⑥ ）した職業的専門家による（ ⑦ ）の保証が必要となります。

(3)　（ ⑧ ）とは，経営者は財務諸表の作成と開示に責任を負い，監査人は表明した（ ⑨ ）に責任を負うという考え方です。（ ⑧ ）の考え方が明確でないと，監査人に対して財務諸表の作成と開示にまで不当に責任が追及される可能性があるので，それを防止する目的があります。

2　次の文章が正しければ○を，誤っていれば×を付したうえで，誤っているものについては誤っている理由を説明しなさい。

(1)　財務諸表監査には固有の限界がありますが，たとえ，固有の限界があったとしても，監査人が財務諸表は適正であるとの監査意見を表明する場合は，財務諸表に対して絶対的な保証をするものでなければならないとされています。

(2)　金融商品取引法に基づく企業内容開示制度には，発行市場における開示制度と流通市場における開示制度があります。前者に該当するすべての企業は，有価証券届出書と目論見書で開示を行いますが，後者に該当するすべての企業は，有価証券報告書，内部統制報告書，半期報告書および臨時報告書で開示を行わなければなりません。

(3)　公認会計士や監査法人が実施する財務諸表監査は，「適正性監査」と「準拠性監査」とに区分することができます。「適正性監査」は，GAAPに準拠して作成される財務諸表に対して実施する監査で，「準拠性監査」は，特別の利用目的に適合した会計の基準に準拠して作成される財務諸表に対して実施する監査の態様です。

第2章

監査全体の流れ

本章のポイント

① 監査は，監査事務所が監査を受けようとする企業と新規に監査契約を締結するかまたは更新することからはじまります。
② 監査契約を新規締結または更新した後，監査計画を策定します。監査計画には，監査の基本的な方針と詳細な監査計画があります。
③ 監査人は，監査上の重要性として，重要性の基準値と手続実施上の重要性を決定します。前者は財務諸表全体に対する重要性の判断基準であり，後者は未修正の虚偽の表示と未発見の虚偽の表示の合計に関する重要性の判断基準です。
④ 現在の監査はリスク・アプローチ監査として行われています。監査人は，監査リスクを合理的に低い水準に抑えるため，財務諸表における重要な虚偽表示のリスクを評価し，その評価結果に基づいて監査計画を策定し，監査手続を実施します。
⑤ 重要な虚偽表示のリスクには，財務諸表全体レベルのリスクと，アサーション・レベルのリスクがあります。
⑥ 監査要点とは，監査人が設定した立証すべき目標のことです。
⑦ 監査手続とは，監査人が監査要点を立証する際に用いる監査の手法のことです。
⑧ 監査人は，監査要点を立証するために，監査対象に監査手続を適用して監査証拠を入手し，そして，入手した監査証拠が監査要点の立証に十分かつ適切かどうかを評価し，また，財務諸表を総括的に吟味して，財務諸表の適正性に関する監査意見を形成します。

第1節　監査業務の全体像

監査業務は，(1)監査契約の新規締結または更新からはじまり，(2)監査計画の策定，(3)監査の実施，そして(4)監査結果のとりまとめと監査意見の形成へと行われます。

そして，この間の業務，とくに(2)監査計画の策定と(3)監査の実施は，いったん決定したらその後は変更しないという硬直的なものではなく，つねに見直され，その結果に応じて修正が行われます。つまり，監査計画の策定と監査の実施は，一方向的なものではなく，必要に応じて見直しと修正が行われる循環的なプロセスとして理解することが重要です。

監査業務の全体像は**図表2-1**のように示されます。

【図表2-1】監査業務の全体像

<table>
<tr><td colspan="2">(1)監査契約の新規締結または更新</td><td colspan="2">パイロット・テスト，監査契約の新規締結または更新</td><td>本書での参照章</td></tr>
<tr><td rowspan="2">(2)監査計画の策定</td><td>監査の基本的な方針</td><td colspan="2">監査業務の特徴，報告の目的，監査の実施時期，他の業務からの情報，重要性の決定，監査チームの編成など</td><td rowspan="2">第6章</td></tr>
<tr><td>詳細な監査計画</td><td rowspan="2">リスク評価手続</td><td rowspan="2">全般的な対応
リスク対応手続</td></tr>
<tr><td colspan="2">(3)監査の実施</td><td>第7章</td></tr>
<tr><td colspan="2">(4)監査意見の形成</td><td colspan="2">監査結果のとりまとめと監査意見の形成</td><td>第8章</td></tr>
</table>

以下，この章では，(1)監査契約の新規締結と更新については第2節で，(2)監査計画の策定については第3節で，(3)監査の実施については第4節で，そして，(4)監査意見の形成については第5節で，それぞれ概説します。

第２節　監査契約の新規締結と更新

1　監査契約の新規締結

監査は，監査事務所が，監査を受けようとする企業と新規に監査契約を締結するか，または更新することからはじまります。ここでは，新規に監査契約を締結するときの状況について説明し，監査契約を更新するときの状況については，次項で説明します。

監査事務所が新規に監査契約を締結する場合には，契約を締結しようとする相手企業の調査と，監査事務所内部での検討が必要になります。

⑴　相手企業の調査

監査事務所は，監査を受けようとする企業と新規に監査契約を締結する前に，その企業に対して事前調査（この調査を**パイロット・テスト**といいます）を行います。パイロット・テストを行う目的は，次の２つです。

①　不正リスク要因の有無とその程度の評価

監査事務所は，パイロット・テストにおいて，故意または過失を問わず，企業に次のリスクが発生する可能性の有無と，あり得る場合にはその程度について評価します。

- 経営者が一般に公正妥当と認められる企業会計の基準（GAAP）（p.5参照）に準拠していない財務諸表を作成するリスク……不正な財務報告
- 経営者または従業員が資産を流用するリスク……資産の流用

これらのリスクが発生する要因を**不正リスク要因**といいます。

経営者がGAAPに準拠していない財務諸表を作成するリスクについて監査人が評価する理由は，監査人は，経営者の故意または過失にかかわらず財務諸表にふくまれる虚偽の表示を見逃さないように監査をしなければならないからです。

財務諸表の虚偽の表示とは，GAAPに準拠していない財務諸表，またはその財務諸表を構成する項目のことをいいます。虚偽の表示の金額が一定水準の金額を超えるとそれは重要な虚偽の表示となり，重要な虚偽の表示をふくむ財務諸表を**不正な財務報告**（または**粉飾**）といいます。

財務諸表は企業の経営者が作成するので，監査人は，財務諸表の作成に関する経営者の考え方（これは**経営者の誠実性**に関連します）についても検討します。その理由は，経営者が財務諸表の作成に関して不誠実な場合には，作成された財務諸表は不正な財務報告となる可能性が高くなるからです。

新規に監査契約を締結しようとする場合，財務諸表の作成に関する経営者の誠実性は非常に重要です。このため，必要であれば企業の経営者と面談を行って経営者の誠実性を評価します。

資産の流用は経営者または従業員が行う可能性があるので，監査人は，そのリスクの有無と，あり得る場合にその程度について評価します。

②　全般的な状況に関する情報の入手

パイロット・テストでは，監査人は，相手企業の全般的な状況に関する情報を入手して，その企業の概要を把握します。監査人が入手する情報には，企業の経理規程や経理組織のほかに，主要な株主の氏名・名称とその持株（もちかぶ）数，取締役・執行役・監査役等の氏名・役職・経歴，企業の事業内容，主要な工場や支店等の状況，子会社や関連会社等の状況などがあります。

ワンポイントレッスン　7

不正リスク要因

不正リスク要因とは，不正を行う動機・プレッシャー，不正を実行する機会，不正を正当化する状況のことです。企業の経営者や従業員に不正を行う動機やプレッシャーがあり，不正を実行する機会があり，そしてその不正を正当化する言い訳があれば，実際に不正が発生する可能性が高まります。

今日の監査ではこのような不正リスク要因によって発生する不正の事前防止や早期発見が求められています。

(2)　監査事務所内部での検討

監査事務所は相手企業に対する調査の結果を踏まえたうえで，もし監査契約を締結した場合，監査事務所としての一定の適切な水準を満たした監査業務を提供できるかどうかを検討します。検討の内容は次のとおりです。

- 担当が予定されている監査事務所内の特定の監査チームのメンバーが，監査業務を適切に実施するために必要な適性や能力を有しているかどうか
- 監査事務所と担当が予定されている監査チームのメンバーが，監査人としての職業倫理を遵守できるかどうか

　監査人の職業倫理には，独立性，正当な注意と懐疑心の保持，守秘義務などがありますが，とくに**独立性**が重要です（pp.54-55参照）。

監査事務所が以上の2項目について検討する理由は，今日では一定の適切な水準の監査を確保し，**監査の品質を管理**することが求められているからです。監査の品質管理は，監査契約の締結から監査結果の報告にいたるまでの監査業務の各段階で求められます。

なお監査の品質管理については第9章で詳述します。

以上の相手企業の調査と監査事務所内部での検討の結果，両方とも支障がないと判断されれば，監査事務所はその企業と新規に監査契約を締結します。

2　監査契約の更新

監査契約は1年契約なので，契約期間満了後更新することがあります。監査事務所は，すでに締結している監査契約を更新する場合にも，更新しようとする相手企業について，不正リスク要因の有無とその程度を再評価します。この再評価には，次の2つの目的があります。

- 監査事務所が相手企業の不正リスク要因を再評価し，次年度の監査において一定の品質水準を満たすために追加の手続が必要か否かを検討すること
- もし，監査事務所が監査契約を更新することが適切でないと判断した場合には，監査契約を解除すること。これには，たとえば当該監査事務所が定める一定の適切な水準の監査を達成することができないと判断した場合な

どがあります。

監査事務所は，以上の再評価の結果，相手企業に対して適切な監査を実施できると判断すれば，その企業と監査契約を更新します。

以上のとおり，監査契約の新規締結の場合でも監査契約の更新の場合でも，相手企業の調査と監査事務所内部での検討が必要になりますが，前者は第4章で説明する固有リスクと統制リスクの評価（pp.67-68）に関連し，後者は発見リスクの決定（p.68）に関連します。

第3節　監査計画の策定と監査上の重要性

1　監査計画策定の目的

監査人は，相手企業と監査契約を新規に締結または更新した後，監査リスクを監査人が許容ができる一定の合理的に低い水準に抑えるためと，監査を**効果的かつ効率的**に実施するために監査計画を策定します。**監査リスク**とは，後述するように（p.67参照），財務諸表に重要な虚偽の表示があるにもかかわらず，監査人がこれを発見できず，誤った監査意見を形成する可能性のことです。

(1)　監査リスクを合理的に低い水準に抑えるため

監査人は，監査リスクを合理的に低い水準に抑え，誤った監査意見を形成しないために，監査計画を策定します。

(2)　監査を効果的かつ効率的に実施するため

効果的とは，監査の実施や実施する方法によって得られる監査上の効き目のことです。たとえば，ある財務諸表項目に証明力の強い監査証拠を入手することはその項目の存在や正確さの立証に効果的です。また，監査にベテランの監査人を投入することは財務諸表の虚偽の表示の発見に効果的です。

効率的とは，監査に投入することができるヒト・カネ・モノ・ジカンという物理的な要素（これらをまとめて**監査資源**といいます）の投入量と，その投入の結果得られる成果との関係のことです。少ない（多い）投入量で大きな（小さな）成果が得られれば，その監査は（非）効率的となります。

2　監査計画の種類

監査人が策定する監査計画には，監査の基本的な方針と詳細な監査計画の2種類があります。

⑴　監査の基本的な方針

監査の基本的な方針とは，監査業務の範囲，監査の実施時期および監査の方向性を設定することであり，次の詳細な監査計画を作成するための指針となるものです。監査の基本的な方針には，監査業務の特徴（企業が属する産業特有の事項など），報告の目的・監査の実施時期・必要なコミュニケーションの内容（監査結果の報告日程，監査役等とのコミュニケーションの時期など），他の業務からの情報（重要な産業の情勢や，会計基準の変更など），および監査チームの編成などがあります。

⑵　詳細な監査計画

詳細な監査計画とは，監査人が監査リスクを合理的に低い水準に抑え，十分かつ適切な監査証拠を入手するために，監査チームが監査に赴（おもむ）く具体的な場所（これを往査（おうさ）場所といいます。本社のほか主要な工場，支店，子会社などがあります）や，実施する監査手続（種類，実施時期，実施範囲）などを決定することです。

なお，以上の監査計画の策定には，監査チームの主要なメンバーが参画（さんかく）して討議しなければならず，また，監査人は，監査期間中，必要に応じて監査の基本的な方針および詳細な監査計画を見直し，修正する必要があります。

3　監査上の重要性

(1)　監査上の重要性の意義

監査上の重要性とは，財務諸表の虚偽の表示が，財務諸表の利用者の経済的意思決定に影響を与えるかどうかに関する判断基準です。つまり，ある財務諸表の虚偽の表示が，財務諸表の利用者の経済的意思決定に影響を与えると合理的に見込まれればその虚偽の表示は重要であり，与えないと考えられれば重要ではないということですが，監査上の重要性とはその判断の基準です。

(2)　監査上の重要性の種類

監査上の重要性には，重要性の基準値と手続実施上の重要性があります。

重要性の基準値とは，財務諸表全体に対する重要性（Materiality for the financial statements as a whole）のことです。これは，財務諸表の虚偽の表示が財務諸表全体において重要であるか否かを監査人が判断する際の基準となる一定の金額で示されます。重要性の基準値は監査計画の策定時に決定します。

手続実施上の重要性（Performance materiality，PM）とは，未修正の虚偽の表示と未発見の虚偽の表示の合計が重要か否かを判断する基準です。監査人は，手続実施上の重要性が重要性の基準値を上回る可能性を低い水準に抑えるために，これを重要性の基準値よりも低い金額で設定します。

(3)　監査上の重要性の適用

監査人は，監査計画の策定時および監査手続の実施時と，監査意見形成時に，監査上の重要性を適用します。

監査計画の策定時および監査手続の実施時には，適用する監査手続の種類，その実施の時期，および実施範囲を決定するためであり，監査意見形成時には，検出した財務諸表の虚偽の表示が監査意見にどのような影響を与えるかについて判断するためです。

第4節　監査の実施

1　リスク・アプローチに基づく監査

今日の監査では，監査の実施に関する考え方や監査を行う方法として，世界中でリスク・アプローチに基づく監査（以下，リスク・アプローチ監査といいます）が採用されています。**リスク・アプローチ監査**とは，**監査リスク**を合理的に低い水準に抑えるために，監査人が財務諸表の虚偽表示のリスクを評価し，その評価結果に基づいて監査計画を策定して監査を効果的かつ効率的に実施するという，監査の実施に関する考え方やその方法をいいます。

なお，リスク・アプローチ監査については，第4章で改めて説明します。

2　重要な虚偽表示のリスクの評価と対応

(1)　リスク評価手続

監査人は，監査リスクを合理的に低い水準に抑えるために，まず，財務諸表に虚偽の表示が存在するかどうかを検討し，そして存在する場合にはその程度を評価します。監査人は，この検討や評価を行うために，リスク評価手続を実施します。**リスク評価手続**とは，不正か誤謬かを問わず，財務諸表の重要な虚偽表示のリスクを識別し評価するために実施する監査手続のことです。

次に監査人は，財務諸表に重要な虚偽表示のリスクが存在する場合には，そのリスクが財務諸表全体にわたっているリスク（このようなリスクを**財務諸表**

ワンポイントレッスン　8

重要な虚偽表示のリスク

重要な虚偽表示のリスクとは，財務諸表に重要な虚偽の表示が行われる可能性のことです。監査人はこのリスクの大きさを評価し，その程度に応じて実施する監査手続の種類，実施の時期および実施の範囲を決定します。

全体レベルの重要な虚偽表示のリスクといいます）なのか，それとも財務諸表の特定のアサーションに発生しているリスク（このようなリスクを**アサーション・レベルの重要な虚偽表示のリスク**といいます）なのかについて判断し，それぞれその程度を評価します。

(2) 全般的な対応とリスク対応手続

財務諸表全体レベルの重要な虚偽表示のリスクとは，財務諸表全体に広くかかわりがあり，多くのアサーションに潜在的に影響を及ぼすリスクです。このリスクは，必ずしも特定のアサーションに結びつけられるものではなく，むしろ，経営者による内部統制の無効化やコンピュータ・プログラムのバグのように，さまざまなアサーションに分布して重要な虚偽表示のリスクを増大させるものです。

このリスクが認められた場合，監査人は，そのリスクの程度に応じて，監査補助者の増員，不正調査の専門家やITの専門家（監査基準委員会報告書240「財務諸表監査における不正」A32項）などの専門家の配置，適切な監査時間の確保等の**全般的な対応**を講じます。

ワンポイントレッスン 9

アサーション

アサーションとは，ある勘定科目や残高（財務諸表項目）がGAAPに準拠して正しく計上・表示されていることを経営者が主張する際の「属性」をあらわす概念です。たとえば，売上の計上の場合，実際の注文や出荷に基づいて売上を計上しているという実在性や，計上すべき売上を漏れなく計上しているという網羅性など，勘定科目や残高の正しさの要件にはいくつかの種類がありますが，これらの個々の属性またはその総称をアサーションといいます。財務諸表が適正であるためには，各財務諸表項目が関連するアサーションをすべて満たしている必要があります。

アサーションは経営者が財務諸表項目の適正性について主張するものですが，これを監査人が立証すべき目標として利用すれば，監査要点になります。

アサーション・レベルの重要な虚偽表示のリスクとは，特定のアサーションに関連して発生する重要な虚偽表示のリスクです。このリスクは，固有リスクと統制リスクに分けて評価します。たとえば「売上が落ち込み業績が悪化している状況のため架空売上のリスク」がある場合，固有リスクを評価し，内部統制が有効に機能していなければ，実際の注文や出荷がないのに売上が計上されるリスク（実在性というアサーションに関する虚偽の表示）があります。

このリスクが認められた場合，監査人は，監査リスクを一定の合理的に低い水準に抑えるために，そのリスクの程度に応じて，内部統制の有効性を評価する内部統制の運用評価手続と監査要点の直接的な立証を行う実証手続を実施します。監査人がここで行う内部統制の運用評価手続と実証手続をまとめて，**リスク対応手続**といいます（p.123参照）。

(3)　特別な検討を必要とするリスク

特別な検討を必要とするリスク（significant risk）とは，財務諸表項目レベルにおいて，虚偽の表示が生じる可能性と虚偽の表示が生じた場合の影響の両方を考慮して，監査人が固有リスクが最も高い領域に存在すると評価したリスクのことをいいます。この概念は，監査人がリスク・アプローチ監査を実施するに当たって，財務諸表項目レベルにおける重要な虚偽表示のリスクを適切に評価することがより一層重要となるため，固有リスクに着目して，特別な検討を行う必要があるかどうかを検討するために設けられたものです（p.119）。

3　監査要点

監査人は，監査手続を適用して監査証拠を入手し，財務諸表に計上されている項目がGAAPに準拠して適正に作成されているかどうかを立証します。このとき監査人が設定した立証すべき目標を監査要点といいます。**監査要点**とは，財務諸表の項目がGAAPに準拠して作成されているかどうかを監査人が立証するために，監査人が設定した立証すべき目標です。監査要点には**図表2-2**で示すような例があります。

【図表2-2】監査要点の例

監査要点	内　容	例　示
実在性	計上されている資産および負債が実際に存在していること。	売上や仕入は，実在する取引に基づいて計上されていること
網羅性	計上すべき資産，負債，取引や会計事象がすべて計上されていること	出荷したすべての売上が漏れなく計上されていること。借入金が漏れなく計上されていること
権利と義務の帰属	計上されている資産に対する権利および負債に対する義務が会社に帰属していること	売掛金（売上）や買掛金（仕入）は，契約に基づくサービスの提供や物品の受領の事実に基づいて計上されていること
評価の妥当性	資産および負債を適切な価額で計上していること	売掛金の評価（貸倒引当金の計上）や棚卸資産の評価（評価損の計上）が適切に行われていること
期間配分の適切性	取引や会計事象を適切な金額で記録し，収益および費用を適切な期間に配分していること	売上や仕入などの取引が適切な会計期間に記録されていること
表示の妥当性	取引や会計事象を財務諸表に適切に表示していること	営業債権・債務はその他の債権・債務と区分されて表示されていること

4　監査手続

監査手続とは，監査人が監査要点を立証する際に用いる監査の手法のことをいいます。監査手続には，**図表2-3**のような例があります。監査人は，これらの監査手続を組み合わせて実施し，監査証拠を集めて監査要点を立証します。

【図表2-3】監査手続の例

実査（じっさ）	監査人自らが資産の現物を実際に確かめる監査手続
立会（たちあい）	会社が実施する棚卸資産の実地棚卸の現場や固定資産の現物調査の現場に監査人が赴き，その実施状況を観察する監査手続
確認	監査人が会社の取引先等の第三者に対して文書により問合わせを行い，その回答を直接入手し評価する監査手続
質問	財務諸表に関する情報について，監査人が経営者，従業員または外部の関係者に問い合わせて，説明または回答を求める監査手続
観察	会社が実施している業務の現場等に監査人が赴き，業務処理の適否や信頼性，資産の実在性等を確かめる監査手続
閲覧	監査人が定款，契約書，議事録等の文書を通読して，会社の事業内容や経営環境を理解したり，必要な情報を入手し，取引や会計事象を把握し吟味する監査手続
突合（とつごう）	監査人が会計記録とそれを裏づける証憑（しょうひょう）書類や相互に関連する証拠書類とを照合して，事実関係や会計記録の正否を確かめる監査手続。証憑突合，帳簿突合（会計帳簿間の照合），計算突合（計算調べ）などがある。
再実施	会社が実施している手続等を監査人自らが再度実施することによって，手続等が内部統制上適切に運用されていることを確かめる監査手続
分析的手続	監査人が，財務データ相互間または財務データ以外のデータと財務データとの間に存在する関係を利用して，金額の変化の分析や比率の比較，あるいは監査人が算出した推定値と財務情報とを比較することによって，矛盾や異常な変動がないかどうかを検証する監査手続

実査は，現金，預金，受取手形，有価証券など，有形で価値を有するものにつき，監査人がその現物の数量を実際にカウントし，関係する帳簿と一致しているかどうかを検証する監査手続です。

立会は，会社が実施する棚卸資産の実地棚卸の現場に監査人が赴き，その実施状況を観察し，一部抜取り検査して実際の在庫数量が帳簿数量と一致しているかどうかを検証する監査手続です。また現物をみて評価減する必要がある不良品や滞留品の有無と，ある場合にはその数量や状況を把握します。

確認は，監査人が会社の取引先等に対して，残高金額や残高数量等を文書により問合わせを行い，その回答を直接入手して，関係する帳簿と一致しているかどうかを検証する監査手続です。

立会における現物数量または確認における回答額と，帳簿残高とに差異がある場合，その差異を分析し，分析内容を検証することが重要です。

監査人は，リスク・アプローチに基づき，固有リスクや統制リスクの水準を評価したうえで，監査手続を，いつ，どこで，どの範囲まで実施するかを決定して，監査を行うのです。

第5節　監査結果のとりまとめと監査意見の形成

1　監査結果のとりまとめ

(1)　監査証拠の評価

監査人は，実施した監査手続および入手した監査証拠に基づき，財務諸表のアサーション・レベルの重要な虚偽表示のリスクに対して，十分かつ適切な監査証拠を入手したかどうかを評価します。十分かつ適切な監査証拠を入手していない場合には，監査手続を追加してさらに監査証拠を入手します。

(2)　財務諸表の総括的吟味

監査人は，財務諸表がGAAP（p.5参照）に準拠して作成されているかどうかについて，**分析的手続**を用いて総括的に吟味します。これは，同時に，監査人の意見形成の基礎となる十分かつ適切な監査証拠を入手できたかどうかの検討でもあります。

2　監査意見の報告

(1)　監査意見の形成と審査

監査人は，以上の監査の結果をとりまとめ，不正か誤謬かを問わず，財務諸表に全体としての重要な虚偽の表示の有無と，ある場合にはその程度についての十分な心証を得たかどうかを判断し，そのうえで監査意見草案を作ります。そして監査事務所の所定の審査を受けます。**審査**とは，監査報告書日またはそれ以前に，監査チームが行った監査手続，監査上の重要な判断および監査意見の形成を客観的に評価するために実施する手続のことです。監査意見草案が審査で承認されれば，監査意見草案は監査意見になります。

監査人が形成した監査意見は，所定の監査報告書にまとめられます。監査報告書は，第１章で述べた有価証券報告書（p.14参照）にふくめられたり，計算書類（p.18参照）に添付されて社会に公表されます。

⑵　監査意見の種類

監査意見には次の４種類（５類型）があります。

①　無限定適正意見

監査人は，経営者の作成した財務諸表が，GAAPに準拠して，企業の財政状態，経営成績およびキャッシュ・フローの状況をすべての重要な点において適正に表示していると認められると判断したときは，その旨の意見を表明しなければなりません。この意見を**無限定適正意見**といいます。

②-1　監査意見に関する除外事項を付した限定付適正意見

監査人は，経営者が採用した会計方針の選択およびその適用方法，財務諸表の表示方法に関して不適切なものがあり，その影響が無限定適正意見を表明することができない程度に重要ではあるものの，財務諸表を全体として虚偽の表示にあたるとするほどではないと判断したときには，**監査意見に関する除外事項を付した限定付適正意見**を表明しなければなりません。

②-2　監査範囲に関する除外事項を付した限定付適正意見

また，監査人は，重要な監査手続を実施できなかったことにより，無限定適正意見を表明することができない場合において，その影響が財務諸表全体に対する意見表明ができないほどではないと判断したときには，**監査範囲に関する除外事項を付した限定付適正意見**を表明しなければなりません。

③　不適正意見

監査人は，経営者が採用した会計方針の選択およびその適用方法，財務諸表の表示方法に関して不適切なものがあり，その影響が財務諸表全体として虚偽の表示にあたるとするほどに重要であると判断した場合には，財務諸表が不適正である旨の意見を表明しなければなければなりません。この意見を**不適正意見**といいます。

④　**意見不表明**

監査人は，重要な監査手続を実施できなかったことにより，財務諸表全体に対する意見表明のための基礎を得ることができなかったときには，意見を表明してはなりません。これを**意見不表明**といいます。意見不表明も監査意見の1つです。

3　監査上の主要な検討事項

監査人は，監査の過程で監査役等と協議した事項のうち，特別な検討を必要とするリスクや重要な虚偽表示のリスクが高いと評価された事項，見積りの不確実性が高い事項など経営者の重要な判断をともなう事項，当年度において発生した重要な事象または取引など，監査上とくに注意を払った事項のなかから，さらに当年度の財務諸表の監査において，職業的専門家として，とくに重要な事項を「監査上の主要な検討事項」(Key Audit Matters, KAM) として決定しなければなりません。監査報告書の「監査意見」と「監査意見の根拠」の後に，「監査上の主要な検討事項」の区分を設けて記載します。これについては第8章で詳述します。

4　その他の記載内容

監査基準が改訂され，令和4 (2022) 年3月期に係る監査から「その他の記載内容」について，監査人が実施すべき手続が明確化され，監査報告書に必要な記載が求められます。その他の記載内容とは，監査した財務諸表を含む開示書類のうち当該財務諸表と監査報告書を除いた部分の記載内容をいいます。業績の説明や将来の事業の見通し，事業上のリスクなど，経営者による財務諸表以外の情報の開示の充実が進み，企業の年次報告書には多くの財務情報および非財務情報が含まれています。監査人は，その他の記載内容を通読し，その他の記載内容と財務諸表または監査の過程で得た知識との間に重要な相違があるかどうかについて検討することと，重要な誤りの兆候に注意を払うことが明確にされました。その結果，重要な相違や誤りに気づいた場合には，経営者や監査役等と協議を行うなどの追加の手続を実施するほか，重要な誤りが解消されない場合には，監査報告書にその旨および内容を記載するなどの対応が求められます。なお，「その他の記載内容」は意見表明とは明確に区分された情報提供です。これについては第８章で記述します。

5　監査調書

(1)　監査調書の作成と査閲

監査人は，策定した監査計画，実施した監査手続，入手した監査証拠および到達した結論の記録を監査調書としてまとめます。

監査調書は，監査人が一般に公正妥当と認められる監査の基準（GAAS, pp.5-6を参照）に準拠し，かつ職業的専門家としての懐疑心（p.121の**ワンポイントレッスン27**参照）を保持して監査を実施し，十分かつ適切な監査証拠に基づいて監査意見を形成したことを立証する証拠となるものです。

監査責任者は監査調書を査閲し，監査計画どおりに監査手続が完了しているか，監査手続の結果，発見された問題点が適切に対応されたかどうか，監査人の判断は適切かどうか，目標の監査リスクの水準を達成しているかを確認します。不十分な場合には，必要な追加的な監査手続を実施します。監査調書の査閲は監査業務の品質管理に不可欠な手続です。

(2)　事後判明事実にかかる監査調書の作成

監査人は，財務諸表が発行された後は，その財務諸表についていかなる監査手続も行う必要はありません。しかし，財務諸表が発行された後になって新たな事実が判明することがあります。そして，もしその事実が監査報告書時点で判明していたとしたら監査報告書を修正すべきであったような重要な事実（これを**事後判明事実**といいます）であることもあります。この場合，監査人は，新たな監査手続を実施するかまたは追加的な監査手続を実施して，監査調書にまとめます。

◆ 練習問題２ ◆

1　次の（　　）内に適当な語句を入れて，文章を完成させなさい。

⑴　監査事務所は，新規の監査契約の締結前に，監査を受けようとする企業に対して，当該企業が適正な（ ① ）を作成できるかどうかに関する（ ② ）要因の有無とその程度を評価し，またその企業の全般的な内容について調査するために，（ ③ ）テストを実施します。

⑵　監査人は，（ ④ ）を合理的に低い水準に抑え，監査を効果的かつ効率的に実施するために，監査の（ ⑤ ）と詳細な（ ⑥ ）を策定します。監査の（ ⑤ ）とは，監査業務の範囲，監査の実施時期および監査の（ ⑦ ）を設定することであり，詳細な（ ⑥ ）を作成するための指針となるものです。詳細な（ ⑥ ）とは，（ ④ ）を許容できる一定の合理的に低い水準に抑え，十分かつ適切な監査証拠を入手するために，監査チームが実施すべき監査手続の種類，その実施の時期および（ ⑧ ）を決定することです。

⑶　リスク・アプローチ監査とは，（ ④ ）を合理的に低い水準に抑えるために，監査人が財務諸表の（ ⑨ ）を評価し，その評価結果に基づいて（ ⑩ ）を策定して監査を（ ⑪ ）かつ（ ⑫ ）に実施するという，（ ⑬ ）に関する考え方やその方法をいいます。

2　次の文章が正しければ○を，誤っていれば×を付したうえで，誤っているものについては誤っている理由を説明しなさい。

⑴　監査契約は１年契約なので契約期間満了後，契約を更新することがあります。監査契約を更新する場合，監査事務所は相手企業の監査をすでに１年以上実施してきているので，相手企業のことは不正リスク要因の有無等もふくめ，よく知っています。したがって，監査契約を更新する場合，監査事務所は相手企業についてとくに検討する必要はありません。

⑵　監査人は，監査リスクを合理的に低い水準に抑えるために，まず，財務諸表に虚偽の表示が存在するかどうかを検討し，そして存在する場合にはその程度を評価します。監査人は，この検討や評価を行うためにリスク評価手続を実施します。リスク評価手続とは，不正か誤謬かを問わず，財務諸表の重要な虚偽表示のリスクを識別し評価するために実施する監査手続のことです。

⑶　監査人は，重要な監査手続を実施できなかったことにより，財務諸表全体に対する意見表明のための基礎を得ることができなかったときには，意見を表明してはなりません。この場合には，監査意見は存在しないことになります。

第3章

監査基準

本章のポイント

① 「監査基準」は，職業的監査人が財務諸表監査を行う際に遵守(じゅんしゅ)しなければならない監査の規範で，「監査の目的」，「一般基準」，「実施基準」，および「報告基準」の４基準で構成されています。

② 「監査の目的」は，財務諸表の監査の目的について利害関係者を啓蒙(けいもう)するために設けられました。

③ 「一般基準」は，監査人の人的条件と，監査人が監査を実施する際に遵守しなければならない業務規範からなっています。

④ 「実施基準」と「報告基準」は，「一般基準」の人的条件にある「正当な注意と懐疑心」の基準を基礎としたうえで，「実施基準」は監査人が監査を実施する際の業務基準を詳細に規定し，「報告基準」は監査人が監査意見を社会に公表する際の基準を定めたものです。

⑤ 現在の監査基準は，平成14（2002）年全面改訂監査基準が基礎になっており，その後平成25（2013）年までに部分的に改訂されました。

⑥ 平成26（2014）年には，２種類の財務諸表と２種類の監査に応じた延べ４種類の監査に対応できるように監査基準が改訂されました。

⑦ 平成30（2018）年には，監査報告書に「監査上の主要な検討事項」も記載するように改訂されました。

⑧ 令和元（2019）年には，限定付適正意見を表明する場合の監査報告書への記載と守秘義務の対象について改訂されました。

⑨ 令和２（2020）年には，開示書類における「その他の記載内容」についての検討と，財務諸表項目レベルにおける固有リスクと統制リスクの評価の仕方について改訂されました。

第1節　監査基準の意義

監査基準とは，監査実務のなかに慣習として発達したものを帰納(きのう)要約した原則です。そして，職業として監査を行う人（**職業的監査人**といいます）は，財務諸表監査を行うにあたって，法令によって強制されなくてもつねに遵守しなければならない監査の規範です。

監査基準の意義は次のようにまとめることができます。

① **帰納要約した原則**――監査基準とは，とくにアメリカにおける監査実務のなかに慣習として発達したもののなかから，一般に公正妥当と認められたところを帰納要約した原則です。**帰納**（induction）とは，個々の具体的事実から一般的な命題や法則を導き出すことをいいます。この帰納によって導き出された命題や法則をさらに要約したものが監査基準です。

② **すべての職業的監査人が遵守しなければならない原則**――監査基準は，職業的監査人が財務諸表監査を行うにあたって，法令によって強制されなくてもつねに遵守しなければならない原則です。したがって，監査基準に準拠しない財務諸表の監査はあり得ません。監査人が監査報告書に記載するのは，監査基準に「準拠して監査を行った」であって，監査基準に「準拠して監査を行ったかどうか」でないのはこのためです。

③ **すべての財務諸表の監査の質的下限を定めた原則**――監査基準は，監査人が実施するすべての財務諸表の監査の質的下限を定めた原則です。した

ワンポイントレッスン　10

演　　繹

帰納の反対は演繹(えんえき)（deduction）です。演繹とは，「推論の一種。一定の前提から論理規則に基づいて必然的に結論を導き出すこと。通常は普遍的命題（公理）から個別的命題（定理）を導く形をとる。数学における証明はその典型」（広辞苑第６版）です。

がって監査基準は，監査を一定以上の水準に確立し維持するために必要とされる基礎的思考と手続をまとめたものの総称でもあります。基礎的思考に相当する原則が**一般基準**です。一般基準には監査人の**人的条件**と監査人が守るべき**業務規範**が規定されています。また手続に相当する原則が，実施面では**実施基準**であり，報告面では**報告基準**です。

第2節　監査基準の制定

わが国では，昭和20（1945）年8月15日の太平洋戦争終結と同時に，連合国最高司令官総司令部(General Headquarters of Supreme Commander for the Allied Powers, GHQ）の主導により未曾有(みぞう)の経済・社会改革が実施されました。

企業会計制度もその一環で，三井・三菱・住友・安田等という当時の財閥の解体にともなう証券の民主化を行うため，そして，戦後復興に必要な資金を外国，とくにアメリカから導入するために，すべての業種に共通する統一的な会計基準に基づいて作成された財務諸表が必要となったのです。このため，この統一的な会計基準として，昭和24（1949）年7月9日に企業会計原則と財務諸表準則が公表されました。これにより，企業はこれらの原則や準則に準拠して財務諸表を作成しなければならなくなりました。

しかし，企業が本当にこれらの原則や準則に準拠して財務諸表を作成しているか否かは，それを検証してみなければわかりません。そこで，これらの原則・準則への準拠性を検証するために，公認会計士による財務諸表監査制度ができました。これは昭和23（1948）年4月13日（法律第25号）に公布された**証券取引法**（現在の**金融商品取引法**）に基づくものでした。そして，公認会計士法が昭和23（1948）年7月6日（法律103号）に公布されました。

以上のような法律の制定を受けて監査基準が制定されたのは，昭和25（1950）年7月14日でした。

第3節　監査基準の改訂

1　昭和31年改訂から平成3年改訂まで

公認会計士による財務諸表監査の前提となる法律は以上のように整備されましたが，監査がまったくなかったわが国にいきなり全面的な財務諸表監査（これを**正規の財務諸表監査**といいます）を制度として定着させるのは困難であると考えられました。そこで，正規の財務諸表監査を実施するための基礎的条件を整備するために，昭和26（1951）年7月1日以降開始する事業年度から**会計制度監査**が実施されました。会計制度監査の目的は，企業にとっては経理規程や経理組織の整備，財務諸表監査への理解，その受入態勢の整備等であり，公認会計士にとっては財務諸表監査の習熟等でした。そして，昭和32（1957）年1月1日以降に開始する事業年度から正規の財務諸表監査がはじまりました。

正規の財務諸表監査の開始に先立って，昭和31（1956）年12月25日に監査基準の一部と監査実施準則が改訂され，さらに監査報告準則が新たに制定されました。

こうして監査基準は最初の改訂が行われました。そして，それ以降，監査基

ワンポイントレッスン　11

会計制度監査

会計制度監査は全部で5回実施されました。その回次と適用された事業年度は次のとおりです。

初年度監査…昭和26（1951）年7月1日以降に開始する事業年度より適用（以下同様）

次年度監査…昭和27年1月1日　　第3次監査……昭和27年7月1日

第4次監査…昭和28年1月1日　　第5次監査……昭和30年1月1日

初年度監査から第4次監査までは半年間隔で実施されました。それは，この当時の会社の事業年度が6カ月であったためです。

準は逐次改訂されることになります。企業会計審議会がそれぞれの改訂のつど発表した改訂の理由とその内容の概略は**図表3-1**のとおりです。

【図表3-1】監査基準改訂の理由とその内容

①	**昭和31（1956）年12月25日監査基準と監査実施準則の改訂，監査報告準則の制定** ５次にわたる会計制度監査のあと，正規の財務諸表監査の実施に備えて監査基準と監査実施準則が改訂され，新たに監査報告準則が制定された。
②	**昭和40（1965）年９月30日監査実施準則の改訂** 東証一部上場企業の粉飾決算と倒産が続出したため，監査態勢の充実強化を図る目的で監査実施準則が全面改訂され，監査手続が強化された。
③	**昭和41（1966）年４月26日監査基準と監査報告準則の改訂** 前年の監査実施準則の改訂と一体となる改訂で，実施基準は一部削除，監査報告準則は意見差控と不適正意見との区別等が行われた。
④	**昭和51（1976）年７月13日，監査実施準則と監査報告準則の改訂** 昭和52（1977）年４月１日以降開始する事業年度から連結財務諸表監査が実施されることになったため，これに備えて連結財務諸表監査に関連する監査実施準則と監査報告準則が改訂された。
⑤	**昭和52（1977）年３月29日，中間財務諸表監査基準の制定** 昭和52（1977）年４月１日以降開始する事業年度に係る中間財務諸表から中間監査が実施されることになったため，中間財務諸表監査基準が制定された。
⑥	**昭和57（1982）年４月20日，監査報告準則，同年９月２日，監査基準および中間財務諸表監査基準の改訂** 企業会計原則が修正されて，重要な後発事象が財務諸表の注記事項になったため，監査報告準則，監査基準および中間財務諸表監査基準に後発事象に係る監査手続が追加された。
⑦	**昭和58（1983）年２月14日，監査実施準則の改訂** 後発事象に対する監査手続が通常の監査手続に追加された。
⑧	**平成元（1989）年５月11日，監査実施準則の改訂** 昭和61（1986）年の後半から昭和62（1987）年初頭にかけて，企業の役職者や幹部による財産上の不正行為が相次いで発生した。これに対処するため，相対的に危険性の高い財務諸表項目に係る監査手続が充実強化された。
⑨	**平成３（1991）年12月26日，監査基準，監査実施準則および監査報告準則の改訂** 昭和40（1965）年代以降のわが国経済の飛躍的発展と公認会計士法の改正などの著しい監査環境の変化に対応するために，監査基準が全面改訂された。

2 平成14（2002）年改訂

平成14（2002）年1月25日に監査基準が全面改訂されました。この改訂の理由は次のとおりです（平成14（2002）年改訂監査基準前文二1）。

(1) 監査の品質の管理と向上

企業活動の複雑化，資本市場の一体化，およびITの高度化が進んだ結果，監査においても，財務諸表の適正性を担保するために，監査事務所だけではなく，個々の監査業務においても，監査の品質の管理とその向上が要請されるようになってきました。

(2) 情報の信頼性に対する社会の関心の高まり

自由な市場経済社会においては，市場に参加する者が自らの責任でさまざまな意思決定を行いますが，それには，適正な情報が，適時に，適切な方法で，かつ公平に社会に提供される必要があります。そのため，社会の人々は情報の信頼性に関する保証を求めるようになってきました。

(3) 国際的な監査水準の達成と監査に対する社会の期待への対応

財務諸表の重要な虚偽の表示の多くは，財務諸表の利用者を欺（あざむ）くために**不正**

ワンポイントレッスン 12

監査実施準則と監査報告準則

監査実施準則と監査報告準則は，監査制度創設当時のわが国では監査慣行が十分に確立していなかったため，監査基準を補足するために設けられました。しかし，平成3（1991）年の監査基準の改訂で監査実施準則が大幅に純化され，監査基準を補足する具体的な指針を示す役割は日本公認会計士協会（The Japanese Institute of Certified Public Accountants，JICPA）に任されました。このような状況になると，各準則の位置づけが曖昧（あいまい）になることから，平成14（2002）年の監査基準の改訂でこれらの準則は廃止されました。

な財務報告（いわゆる**粉飾**）をすること，あるいは**資産の流用**などの行為を隠蔽するために意図的に虚偽の記録や改ざん等を行うことに起因していると考えられます。このため，監査人に財務諸表の重要な虚偽の表示を看過（見逃す）しないような監査を求めるようになってきました。

また，企業が将来にわたって事業活動を継続するという前提（この前提を**継続企業の前提**といいます）について監査人が検討することに対する社会の期待があります。そして，すでにアメリカをはじめとする主要国の監査基準や**国際監査基準**（International Standards on Auditing, **ISA**）は継続企業の前提に関する監査人の検討を義務づけています。このため，わが国にも継続企業の前提に関する監査が導入されました。

3　平成17（2005）年改訂

この改訂は，国際的な監査の考え方や手法等を取り入れるために行われました。次のとおりです（平成17（2005）年改訂監査基準前文二）。

(1)　重要な虚偽の表示が発生する２つの要因

① **経営者の関与による要因**――現在，企業の日常的な取引や会計記録の多くがシステム化されルーティン化されているため，財務諸表の重要な虚偽の表示は，経営者の関与から生ずる可能性が相対的に高くなっています。また，経営者による関与は，経営者の経営姿勢，内部統制の重要な欠陥，ビジネス・モデル等の内部的な要因，企業環境の変化や業界慣行等の外部的な要因，あるいは，これらの要因が複合してもたらされる場合が多くなっています。

② **監査人の判断による要因**――監査人による監査上の判断は財務諸表の個々の項目に集中する傾向にあり，これが財務諸表の重要な虚偽の表示を看過する原因になっています。そこで，監査人に，内部統制をふくむ企業および企業環境を十分に理解し，財務諸表に重要な虚偽の表示をもたらす可能性のある事業上のリスク等を考慮するよう求めることになりました。

⑵ 重要な虚偽表示のリスクの評価

従来の監査基準においては，監査人は，固有リスクと統制リスクを個々に評価して発見リスクの水準を決定することとしていました。しかし，固有リスクと統制リスクは，実際には複合的な状態で存在することが多く，また，これらが独立して存在している場合であっても，監査人は，重要な虚偽の表示が生じる可能性を適切に評価して発見リスクの水準を決定することが重要なのであって，これらを分けて評価することは必ずしも重要ではありません。

そこで，原則として，固有リスクと統制リスクを結合して重要な虚偽表示のリスク（RMM，p.72参照）として評価することになりました。

なお，これについては次の第４章でさらに説明します。

⑶ 財務諸表全体レベルとアサーション・レベルの２つのレベルでの評価

従来のリスク・アプローチ監査では，監査人は，自らの関心を財務諸表項目に狭めてしまう傾向があり，財務諸表に重要な虚偽の表示をもたらす要因の検討が不十分になりがちでした。こうした弊害を排除するため，財務諸表における重要な虚偽の表示を，**財務諸表全体レベル**と**アサーション・レベル**（取引種類，勘定残高，開示等の財務諸表項目）の２つのレベルで評価することになりました（pp.29-31参照）。

以上の⑴～⑶のようなリスク・アプローチを，**事業上のリスク等を重視したリスク・アプローチ**といいます。

なお，これについては**10**⑵（p.52）参照。

⑷ 特別な検討を必要とするリスクへの対応

会計上の見積りや収益認識等の重要な会計上の判断に関して財務諸表に重要な虚偽の表示をもたらす可能性のある事項，不正の疑いのある取引，関連当事者間で行われる通常ではない取引等は，財務諸表に重要な虚偽の表示をもたらす蓋然性（がいぜんせい）が高いと考えられます。そこで，これらについては，特別な検討を行うことにされました（p.31参照）。

4　平成21（2009）年改訂

継続企業の前提に関する監査は，平成14（2002）年の監査基準の改訂で導入されましたが，その後，これに関する注記や監査報告書に追記情報（第8章第5節参照）が付される企業が増加しました。そこで，次のように改訂されました（平成21（2009）年改訂監査基準前文二）。

(1)　継続企業の前提に関する監査手続

監査人が，継続企業の前提に重要な疑義を生じさせるような事象または状況が企業に存在すると判断した場合には，当該事象または状況に関して**合理的な期間**（期末日の翌日から起算して12カ月間）について経営者が行った評価および対応策について検討したうえで，なお継続企業の前提に関する**重要な不確実性**が認められるか否かを確かめなければならないことになりました。

(2)　継続企業の前提に関する意見表明

監査人は，企業に継続企業の前提に関する重要な不確実性が認められるときには，財務諸表の記載に関して意見を表明することになりました。

5　平成22（2010）年改訂

ISAは，かねてより**明瞭性（クラリティ）プロジェクト**により改正されてきていましたが，その完了により，改正後のISAとわが国の監査基準との間で一部に差異が生じることになりました。そこで，これに対応するために監査基準が次のように改訂されました（平成22（2010）年改訂監査基準前文二）。

(1)　監査報告書の記載区分等

従来のわが国の監査基準では，監査報告書は3区分（監査の対象，実施した監査の概要，財務諸表に対する意見）で記載することが求められていましたが，明瞭性プロジェクト後のISAでは，監査報告書は4区分（監査の対象，経営者の責任，監査人の責任，監査人の意見）で記載するように改正されました。そこで，わが国の監査基準においても，監査報告書の記載区分を４区分にするとともに，それぞれの記載区分における記載内容が整理されました。

⑵ 「重要性」と「広範性」

監査意見に関する除外および監査範囲の制約に関して，従来のわが国の監査基準では重要な影響として一括していた**重要性**と**広範性**を，改正後のISAでは区別して明示することになりました。そこで，わが国においても，当該影響を重要性と広範性の２つの要素から判断することにされました。

⑶ 追記情報

改正後のISAでは，財務諸表における一定の記載事項をとくに強調するために，当該記載を前提とした**強調事項**と監査人が説明することが適当と判断した**その他の事項**とを区別して記載することになりました。そこで，わが国の監査基準においても，これらを区別して記載することになりました。

6　平成25（2013）年改訂

近時に発生した不正による重要な虚偽表示のリスクに対応するために「監査における不正リスク対応基準」（これを**不正リスク対応基準**といいます）が設定されました。また，これにともない監査基準が一部改訂されました。

ワンポイントレッスン　13

明瞭性（クラリティ）プロジェクト

従来のISAはわかりにくいという批判があったため，国際監査・保証基準審議会は，ISAについて明瞭性（クラリティ）プロジェクトを実施し，ISAを整備しなおしました。クラリティ版ISAの特徴は，①目的（Objective）を記載して，個々のISAの目的を明確にしたこと，②ISAの内容を「要求事項（Requirements）」と「適用指針及びその他の説明資料（Application and Other Explanatory Material）」に明確に分けて記載するようにしたことです。

出所：平成21（2009）年６月30日企業会計審議会総会資料３-２。

⑴　不正リスク対応基準の設定

近時相次いで発生した不正に対しては，監査基準の対応は必ずしも明確ではありませんでした。そこで，不正による重要な虚偽表示のリスクに対応した監査手続を明確にするとともに，一定の場合には監査手続をより慎重に実施するために不正リスク対応基準が設けられました。これについては，本章の第5節で説明します。

⑵　審　　査

公認会計士の行う監査業務のうち，特定の目的のために監査が義務づけられ，社会的影響も小さく，監査報告の利用者も限定されているようなものについては，監査意見が適切に形成されていることを確認できる方法が定められていれば，監査業務に係る審査を受けなくてもよいことにされました。

⑶　監査役等との連携

監査における監査役等との連携は，不正が疑われる場合に限らず重要であると考えられることから，監査人は，監査の各段階において，適切に監査役等と協議する等，監査役等と連携を図らなければならないことにされました。

7　平成26（2014）年改訂監査基準

従来の監査基準は，幅広い利用者に共通するニーズを満たすように作成された財務諸表（これを**一般目的の財務諸表**といいます）に対して公認会計士が監査を行う場合を想定して規定されていました。そこでは，公認会計士は，一般目的の財務諸表がGAAP（p.5参照）に準拠して作成されているかに加え，経営者が採用した会計方針の選択やその適用方法が適切かどうかという実質的な判断，さらには財務諸表全体としての表示が適正表示を担保しているかに関する意見（これを**適正性に関する意見**といいます）を表明していました。

一方で，近時，公認会計士に対して，特定の利用者のニーズを満たすように特別の利用目的に適合した会計の基準に準拠して作成された財務諸表（これを**特別目的の財務諸表**といいます）に対しても，監査という形で信頼性の担保を求めたいという要請が高まってきました。

特別目的の財務諸表は，利用目的が限定されているなど，一般目的の財務諸表と異なっていることから，必ずしも適正性に関する意見を表明することがなじまない場合が多いと考えられます。また同様に，一般目的の財務諸表であっても，適用される法令によっては適正性に関する意見がなじまない場合もあると考えられます。したがって，これらの場合には，適正性に関する意見ではなく，財務諸表が当該財務諸表の作成にあたって適用された会計の基準に準拠して作成されているかどうかについての意見（これを**準拠性に関する意見**といいます）を表明することがより適切であると考えられます。

こうしたことから監査基準が改訂され，従来の適正性に関する意見表明の形式に加えて，準拠性に関する意見表明の形式が導入されました。この改訂により，監査の種類が大幅にふえると予想されます。

改訂監査基準に基づく財務諸表の種類と監査の種類の組合わせは，**図表3-2**のように示されます。

【図表3-2】財務諸表の種類と監査の種類の組合わせ

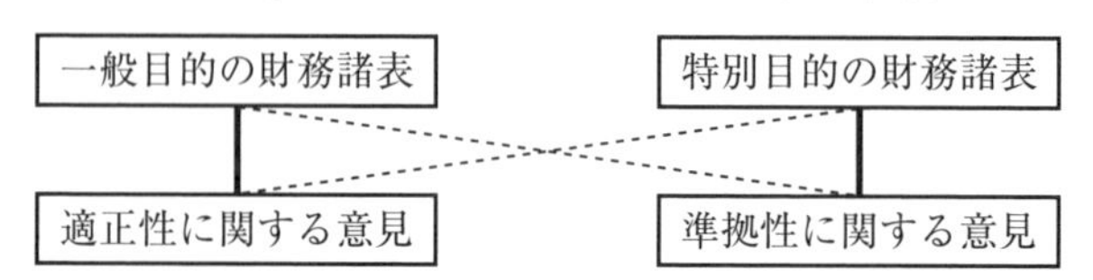

出所：監査基準委員会研究報告第３号「監査基準委員会報告書800及び805に係るQ&A」p.9の図に加筆。

8　平成30（2018）年改訂監査基準

(1)　監査上の主要な検討事項の記載

監査報告書には，従来，監査意見に至る監査のプロセスに関する情報が十分に提供されず，監査の内容がみえにくいとの指摘がありました。こうしたなか，世界的な金融危機を契機に，監査プロセスの透明性の向上を目的に，国際的に，監査人が当年度の財務諸表の監査においてとくに重要であると判断した事項（以下「**監査上の主要な検討事項**」という）を監査報告書に記載する監査基準の改訂が行われてきました。わが国においても2021年３月期に係る監査から監査報告書に監査上の主要な検討事項が記載されることになりました。

監査上の主要な検討事項の記載は，監査人が実施した監査の透明性を向上させ，監査報告書の情報価値を高めることにその意義があります。このため，監査人は，監査の過程で監査役等と協議した事項のなかから，とくに注意を払った事項を決定し，さらに，当年度の財務諸表の監査において，職業的専門家としてとくに重要であると判断した事項を絞り込み，監査上の主要な検討事項として決定します。

なお，監査上の主要な検討事項は監査人による情報提供であるため，監査人は，その記載にあたって監査意見とは明確に区別しなければなりません。

⑵　監査報告書の記載区分等

現行の監査基準では，監査報告書で，監査の対象，経営者の責任，監査人の責任，監査人の意見を区分したうえで記載することが求められています。これについて，以下のとおり改訂されました。

- 監査人の意見を監査報告書の冒頭に記載することとし，記載順序を変更するとともに，新たに意見の根拠の区分を設ける。
- 経営者の責任を経営者および監査役等の責任に変更し，監査役等の財務報告に関する責任を記載する。

9　令和元（2019）年改訂監査基準

⑴　限定付適正意見を表明する場合の根拠の記載

意見の除外または監査範囲の制約により限定付適正意見を表明する場合，意見の根拠の区分に，除外事項に関し重要性はあるが広範性はないと判断した理由を記載しなければならないことになりました。

⑵　守秘義務

監査基準は守秘義務の対象をこれまで「業務上知り得た事項」としていましたが，公認会計士法との整合性を図るため，これを「業務上知り得た秘密」に変更しました。

10　令和2（2020）年改訂監査基準

⑴　「その他の記載内容」について

監査人は開示書類における「その他の記載内容」を通読し，「その他の記載内容」と財務諸表または監査人が監査の過程で得た知識との間に重要な相違があるかどうかについて検討することを明確にしました。

⑵　リスク・アプローチに基づく監査

従来，財務諸表全体レベルにおいても財務諸表項目レベルにおいても，固有リスクと統制リスクを統合して評価することにしていましたが，財務諸表項目レベルにおいては固有リスクの性質に着目して重要な虚偽の表示がもたらされる要因などを勘案することがより適切であることから，財務諸表項目レベルにおいては固有リスクと統制リスクを分けて評価することにしました。

なお，改訂後の内容については第８章「監査結果の報告」で詳述します。

第４節　監査基準の構成

1　「監査基準」と「監査の基準」

「監査基準」と「監査の基準」とは異なります。**監査の基準**とは，企業会計審議会から公表された監査基準等の基準，監査に関する法令等，そしてこれらを補足するJICPAの委員会報告(書)・実務指針・通達その他の総称です。

監査基準等はパブリック・セクターとしての企業会計審議会から公表された監査に関する規範であり，監査に関する「一般的かつ普遍的」な基準を提供しています。一方，JICPAが公表している上記の委員会報告（書）等は，プライベート・セクターとしてのJICPAが制定した監査に関する具体的な指針であり，「具体的かつ個別的」という特徴をもっています。

【図表3-3】「監査の基準」の例

1　企業会計審議会から公表された監査基準，品質管理基準，四半期レビュー基準，不正リスク対応基準など 2　法令等 公認会計士法・同施行令・同施行規則，金融商品取引法，会社法・同計算規則，財務諸表等の監査証明に関する内閣府令・同ガイドライン 3　日本公認会計士協会の委員会報告書・実務指針・通達その他 日本公認会計士協会会則・同倫理規則，監査基準委員会報告書，品質管理基準委員会報告書，監査・保証実務委員会報告・実務指針など

出所：品質管理基準委員会報告書1号11項(9)，財務諸表等の監査証明に関する内閣府令および同ガイドラインに加筆。

2 「監査の目的」基準の意義

「監査の目的」基準は平成14（2002）年改訂監査基準ではじめて制定されました。この基準が設けられた理由は，利害関係者に財務諸表監査の目的をよく理解してもらい，財務諸表監査に関する監査人の理解と利害関係者の期待との間にある乖離（かいり）（これを**期待ギャップ**といいます）を縮小しようとしたからです。つまり，「監査の目的」基準は，財務諸表監査の目的について利害関係者を啓蒙しようとするものなのです。

「監査の目的」基準は**図表3-4**のとおりです。

【図表3-4】「監査の目的」基準

1　財務諸表の監査の目的は，経営者の作成した財務諸表が，一般に公正妥当と認められる企業会計の基準に準拠して，企業の財政状態，経営成績及びキャッシュ・フローの状況をすべての重要な点において適正に表示しているかどうかについて，監査人が自ら入手した監査証拠に基づいて判断した結果を意見として表明することにある。 　財務諸表の表示が適正である旨の監査人の意見は，財務諸表には，全体として重要な虚偽の表示がないということについて，合理的な保証を得たとの監査人の判断を含んでいる。 2　財務諸表が特別の利用目的に適合した会計の基準により作成される場合等には，当該財務諸表が会計の基準に準拠して作成されているかどうかについて，意見として表明することがある。

3　一般基準の構成

一般基準は，監査人の人的条件と，監査人が監査を行う際の業務規範について規定しています。一般基準の構成は**図表3-5**のとおりです。

(1)　監査人の人的条件

①　専門能力の向上と知識の蓄積

> 1　監査人は，職業的専門家として，その専門能力の向上と実務経験等から得られる知識の蓄積に常に努めなければならない。

この基準が設けられた理由は，「監査人は，近年の資本市場の国際化，企業の大規模化や取引活動の複雑化，会計処理の技術的進展，会計基準の高度の専門化などに対応するために，職業的専門家としての能力の維持・研鑚に努め，実務経験を積み，これらの能力や知識を監査の実務に活かすことが求められている」(平成14（2002）年改訂監査基準前文三2(1))からです。

公認会計士の専門能力を向上し，知識の蓄積を図る方法として，公認会計士法28条は**継続的専門研修制度**（Continuing Professional Development，**CPD**）を規定しています。CPDとは，公認会計士の資質の向上を図り，公認会計士が環境の変化に対応した業務を適切に実施できるように実施される研修で，平成14（2002）年に導入されました。

②　独立性の確保

> 2　監査人は，監査を行うに当たって，常に公正不偏の態度を保持し，独立の立場を損なう利害や独立の立場に疑いを招く外観を有してはならない。

この基準は，監査人に実質的独立性と外観的独立性の両方を要求しています。

実質的独立性とは，監査人が財務諸表監査を実施するにあたって，企業から独立した第三者としての立場を維持する精神的態度をいいます。この独立性は，とくに，監査人が会計上や監査上の判断を行っているときに求められます。

【図表3-5】一般基準の構成

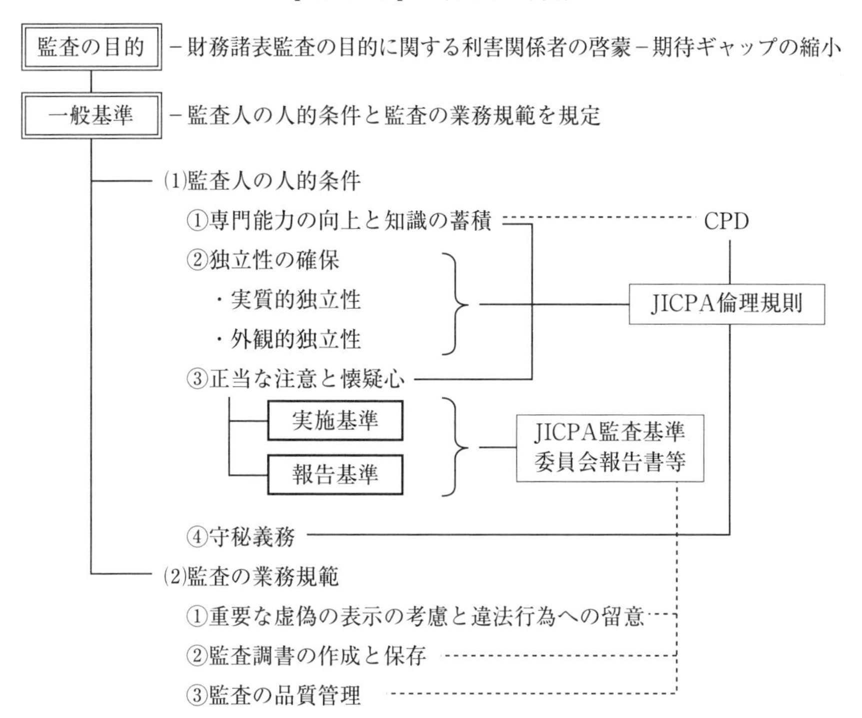

外観的独立性とは，監査人が外観上，企業から独立していること，つまり監査人が企業との間で**著しい利害関係**を有していないことをいいます。

著しい利害関係は，公認会計士法24条と同施行令７条で規定されていますが，その内容は，公認会計士が，企業の役員や使用人でないこと，企業から公認会計士業務以外の業務により継続的な報酬をもらっていないことなどです。

③　正当な注意と懐疑心

> 3　監査人は，職業的専門家としての正当な注意を払い，懐疑心を保持して監査を行わなければならない。

正当な注意とは，ある人の職業や社会的地位などから考えて普通に要求される程度の注意で，民法でいう**善良なる管理者の注意**（民法644条）に相当すると考えられています。

懐疑心の保持とは，たとえば監査人が次のようなことについて注意を払うことです（監基報200「財務諸表監査における総括的な目的」：A17項）。

- 入手した監査証拠と矛盾する他の監査証拠
- 記録や証憑書類の信頼性に疑念を抱かせるような情報
- 不正の可能性を示す状況

なお，本章の第５節で述べるとおり，不正リスク対応基準では職業的懐疑心がとくに強調されています。

正当な注意と懐疑心の基準を監査の実施面で展開した基準が**実施基準**であり，報告面では**報告基準**です。このため，正当な注意と懐疑心の基準に準拠して監査を行うことは，実施基準と報告基準に準拠して監査を行うことになります。したがって，もし，監査人が正当な注意と懐疑心の基準に準拠して監査を行ったにもかかわらず，損害賠償請求などを提訴された場合には，その監査人は，自らの任務に懈怠（けたい）がなかったことについて堂々と主張することができます。

④　守秘義務

> ８　監査人は，業務上知り得た秘密を正当な理由なく他に漏らし，又は窃用してはならない。

監査人は，実施する監査業務の過程において企業からさまざまな資料を入手します。そのなかには財務諸表を通じて外部に公表されるものもあれば，最高機密に属し，取扱いに注意を要する資料もあります。

監査人が監査を十分かつ適切に行うためには，必要な資料を企業に提供してもらわなければなりません。しかし，もし監査人の不用意な発言や不必要な行

ワンポイントレッスン　14

著しい利害関係と特別の利害関係

著しい利害関係は，金融商品取引法193条の２では特別の利害関係という用語で規定されています。金融商品取引法193条の２，４項によれば，特別の利害関係は著しい利害関係のうち内閣府令で定めるものとされています。

動によって企業が監査人の守秘義務に少しでも疑惑をもつことになれば，企業は以後の資料提供を拒否するようになるでしょう。これでは監査は実施できなくなります。したがって監査制度を維持するためには，監査人は守秘義務に関して企業から絶対的に信頼されることが必要です。

監査基準は守秘義務の対象をこれまで「業務上知り得た事項」としていましたが，公認会計士法との整合性を図るため，令和元（2019）年監査基準の改訂により「業務上知り得た秘密」に変更しました。

守秘義務は，公認会計士でなくなった後にも求められます（公認会計士法27条）。

しかし，監査人は，いかなる場合でも会社の機密事項をまったく漏らしてはならないのではなく，正当な理由があれば，守秘義務の解除が認められます。JICPAは，この正当な理由の例を**図表3-6**のように示しています。

【図表3-6】守秘義務の解除の正当な理由の例

1　守秘義務の解除が法令等によって許容されており，かつ依頼人又は雇用主から了解が得られている場合
2　守秘義務の解除が法令等によって要求されている場合
3　守秘義務の解除が法令等によって禁止されておらず，かつ，職業上の義務又は権利がある場合

出所：JICPA倫理規則6条8項抜粋，2019年7月22日最終改正。

(2) 監査の業務規範

① 重要な虚偽の表示の考慮と違法行為への留意

4　監査人は，財務諸表の利用者に対する不正な報告あるいは資産の流用の隠蔽を目的とした重要な虚偽の表示が，財務諸表に含まれる可能性を考慮しなければならない。また，違法行為が財務諸表に重要な影響を及ぼす場合があることにも留意しなければならない。

財務諸表の虚偽の表示には，**不正な財務報告（粉飾）**と**資産の流用**とがあります。

また，p.45で述べたとおり，企業における日常的な取引や会計記録は，多く

がシステム化されルーティン化されてきています。このため，財務諸表の重要な虚偽の表示は，従業員が行う日常的な取引業務から発生するよりも，経営者レベルでの不正や，事業経営の状況を糊塗することを目的とした会計方針の適用等に関する経営者の関与等から生ずる可能性が相対的に高くなってきています。

【図表3-7】不正の実行者と不正の種類

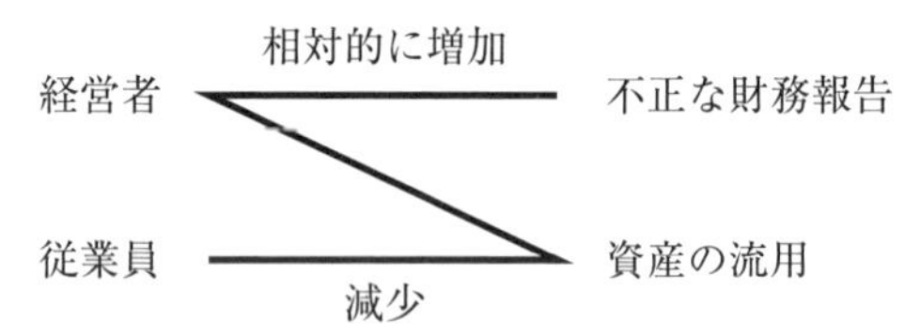

監査人はこれらの財務諸表の虚偽の表示に十分注意して監査を行わなければなりません。

また，**違法行為**そのものを発見することは監査人の業務ではありませんが，違法行為のなかには罰金や課徴金など財務諸表に重要な影響を及ぼすものもあります。したがって，監査人は違法行為にも留意しなければなりません。

ワンポイントレッスン　15

正当な注意・職業的懐疑心と守秘義務

正当な注意と職業的懐疑心の基準は，監査人が財務諸表にふくまれている重要な虚偽の表示を看過して不適切な監査意見を表明し，これによって善意の利害関係者が不測の損害をこうむることのないようにするための基準です。つまり，利害関係者との関係で監査人に求められる基準です。

これに対し，守秘義務の基準は，企業との信頼関係を維持するのに必要な基準，つまり，企業との関係で監査人に求められる基準です。

②　監査調書の作成と保存

> 5　監査人は，監査計画及びこれに基づき実施した監査の内容並びに判断の過程及び結果を記録し，監査調書として保存しなければならない。

これは，監査意見形成のもとになる監査の内容や，監査人の判断の過程および結果を監査調書として保存すべきことを定めたものです。監査調書は，監査人が正当な注意を払い懐疑心を保持して監査を実施したことを立証する資料でもあり，監査人の利益保護のために必要となるものです。

③　監査の品質管理

> 6　監査人は，自らの組織として，すべての監査が一般に公正妥当と認められる監査の基準に準拠して適切に実施されるために必要な質の管理（以下「品質管理」という。）の方針と手続を定め，これらに従って監査が実施されていることを確かめなければならない。
> 7　監査人は，監査を行うに当たって，品質管理の方針と手続に従い，指揮命令の系統及び職務の分担を明らかにし，また，当該監査に従事する補助者に対しては適切な指示，指導及び監督を行わなければならない。

これらの基準は，監査の質を一定以上の水準に維持するために，監査の品質管理に努めることを求めたものです。

監査の品質管理とは，監査事務所や監査実施の責任者が監査基準等の基準，法令，JICPAの各種委員会報告（書）等を遵守して監査を実施することと，適切な監査報告書を発行することに関する監査の管理活動をいいます。監査の品質管理は，監査事務所における品質管理（6項）と個々の監査業務における品質管理（7項）で構成されています。監査の品質管理は，監査の実施と報告に関する監査事務所の内部統制と考えればよいでしょう。

監査の品質管理のうちの監査業務の審査は，一部の監査について，監査意見が適切に形成されていることを確認できる方法が定められていれば，省略してもよいことになりました（p.49参照）。

以上の監査の品質管理については，第9章でふたたび取り上げます。

4　実施基準と報告基準

実施基準と報告基準は，いずれも**図表3-5**（p.55）の一般基準(1)③「正当な注意と懐疑心」の基準を受けて規定されています。これらは，いずれも，総則である基本原則と，個別の指示項目である個別原則から構成されています。

実施基準と報告基準の詳細は，以下の第４章から第９章で取り上げます。

第5節　監査における不正リスク対応基準

1　不正リスク対応基準の基本的な考え方

不正とは，不当または違法な利益を得る等のために，他者を欺く行為をともなう，経営者，従業員等または第三者による意図的な行為です。不正リスク対応基準は，財務諸表監査における**不正による重要な虚偽表示のリスク**（以下，**不正リスク**といいます）に対応する監査手続等を規定しており，重要な虚偽の表示と関係のない不正は対象としていません。また，この基準は，不正摘発を意図するものではありません。このため，企業に不正による財務諸表に重要な虚偽の表示を示唆するような状況がないような場合や，監査人がすでにこの基準に規定されている監査手続等を実施している場合には，現行の監査基準に基づく監査が行われます。

2　不正リスク対応基準の位置づけ

不正リスク対応基準は，すべての監査に適用されるのではなく，主として，金融商品取引法に基づく監査に適用されます。

また，この基準は，監査基準や品質管理基準からは独立した基準となっていますが，監査基準および品質管理基準とともに，一般に公正妥当と認められる監査の基準（GAAS，pp.5-6を参照）を構成し，監査基準および品質管理基準等と一体となって適用されます（p.53の**図表3-3**を参照）。

3　不正リスク対応基準の主な内容

不正リスク対応基準は，⑴職業的懐疑心の強調，⑵不正リスクに対応した監査の実施，および⑶不正リスクに対応した監査事務所の品質管理の３つから構成されています。

⑴　職業的懐疑心の強調

監査人は，不正リスクに対応するためには，監査人としての**職業的懐疑心**がとくに重要であると考えられます。このため，不正リスク対応基準においては，「職業的懐疑心の強調」を冒頭に掲記し，不正リスクの評価，評価した不正リスクに対応する監査手続の実施および監査証拠の評価の各段階において，職業的懐疑心を発揮することを求めています。

⑵　不正リスクに対応した監査の実施

不正リスク対応基準は，不正リスクに対応した監査の実施として，監査計画の策定，確認，監査証拠，不正による重要な虚偽の表示を示唆する状況，不正による重要な虚偽の表示の疑義があると判断した場合の監査手続，専門家の業務の利用，不正リスクに関連する審査，監査役等との連携，監査調書という，監査の各段階における不正リスクに対応した監査手続等を規定しています。

なお，不正リスクに対応した監査の詳細については，第７章で説明します。

⑶　不正リスクに対応した監査事務所の品質管理

不正リスク対応基準においては，不正リスクに対応した監査事務所としての品質管理として，不正リスクに対応した品質管理システムの整備および運用，監査契約の新規の締結および更新，不正による重要な虚偽の表示の疑義があると判断された場合の審査，監査事務所間の引継，監査実施の責任者間の引継が規定されています。

なお，不正リスクに対応した監査事務所の品質管理については，第９章で説明します。

◆ 練習問題3 ◆

1　次の（　　）内に適当な語句を入れて，文章を完成させなさい。

⑴　監査人は，（ ① ）として，その（ ② ）の向上と実務経験等から得られる知識の（ ③ ）に常に努めなければなりません。

⑵　監査人は，監査を行うに当たって，常に（ ④ ）を保持し，（ ⑤ ）を損なう利害や（ ⑤ ）に疑いを招く（ ⑥ ）を有してはなりません。

⑶　監査人は，（ ① ）としての（ ⑦ ）を払い，（ ⑧ ）を保持して監査を行わなければなりません。

⑷　監査人は，業務上知り得た秘密を（ ⑨ ）なく他に漏らし，又は窃用してはなりません。

⑸　実質的独立性とは，監査人が財務諸表監査を実施するにあたって，企業から独立した（ ⑩ ）としての立場を維持する精神的態度をいいます。これに対し，（ ⑪ ）独立性とは，監査人が外観上，企業から独立していること，つまり監査人が企業との間で著しい（ ⑫ ）を有していないことをいいます。

2　次の文章が正しければ○を，誤っていれば×を付したうえで，誤っているものについては誤っている理由を説明しなさい。

⑴　従来のリスク・アプローチでは，監査人は，自らの関心を財務諸表全体に広げてしまう傾向があり，個別の財務諸表項目に重要な虚偽の表示をもたらす要因の検討が不十分になりがちでした。こうした弊害を排除するため，財務諸表における重要な虚偽の表示を財務諸表全体レベルで評価することにしました。

⑵　監査基準に「監査の目的」基準が設けられた理由は，これを設けることによって，利害関係者に財務諸表監査の目的をよく理解してもらい，財務諸表監査に関する監査人の理解と利害関係者の期待との間にある乖離（かいり）（期待ギャップ）を縮小しようとしたからです。

⑶　正当な注意と懐疑心の基準は，監査基準のなかでも非常に重要です。これは，監査基準特有の抽象的な規定であり，具体的な監査の実施面や報告面で適用されることを意図して作成された基準ではありません。

第4章

リスク・アプローチ監査

本章のポイント

① リスク・アプローチ監査は期待ギャップを縮小するために開発された監査戦略です。
② リスク・アプローチ監査は,「重要な虚偽の表示が生じる可能性が高い事項について重点的に監査の人員や時間を充てることにより,監査を効果的かつ効率的なものとする」ことができる監査戦略です。
③ リスク・アプローチ監査においては,監査リスクの水準の決定と監査上の重要性の判断がきわめて重要となります。
④ 「監査リスク」は,「固有リスク」,「統制リスク」,および「発見リスク」の3つの要素から構成されています。
⑤ 固有リスクと統制リスクを統合したリスクを「重要な虚偽表示のリスク」といいます。
⑥ わが国では,平成3(1991)年の監査基準の改訂の際にリスク・アプローチの考え方が導入され,平成14(2002)年の監査基準の全面改訂でリスク・アプローチ監査の仕組みが明確にされました。その後,平成17(2005)年の監査基準の改訂で事業上のリスク等を重視したリスク・アプローチ監査が導入され,さらに,令和2(2020)年の監査基準の改訂でリスク・アプローチ監査が強化されました。

本章では,リスク・アプローチ監査の基本的な考え方,わが国の制度の概要,監査リスクと監査上の重要性の関係について説明します。

第1節　リスク・アプローチ監査の意義

リスク・アプローチに基づく監査（以下，リスク・アプローチ監査といいます）は，「重要な虚偽の表示が生じる可能性が高い事項について重点的に監査の人員や時間を充てることにより，監査を効果的かつ効率的なものとすることができる」（平成14年改訂監査基準前文三3(1)）もので，現在，主要な監査の仕方となっています。ここで，「重要な虚偽の表示」とは，GAAP（p.5参照）に準拠せずに作成される財務諸表項目のうち重要なものを意味します。つまり，リスク・アプローチ監査は，すべての財務諸表項目について闇雲（やみくも）に監査を行うのではなく，財務諸表に重要な虚偽の表示が生じるリスクの高い項目について，監査の人員や時間といった有限の**監査資源**を効率的に配分することによって，効果的な監査の実現を目指しているのです。

わが国では，平成3（1991）年の監査基準の改訂で，リスク・アプローチの考え方が採用され，平成14（2002）年の監査基準の全面改訂で，リスク・アプローチ監査の仕組みが明確にされました。その後，平成17（2005）年の監査基準の改訂で，事業上のリスク等を重視したリスク・アプローチが導入され（pp.45-46参照），さらに，令和2（2020）年の監査基準の改訂で，リスク・アプローチの強化が図られました。

第2節　リスク・アプローチ監査の登場

1960年代後半以降，アメリカで数多くの企業が経営破綻しました。その際，経営破綻した企業の財務諸表に「適正」であるとの監査意見を付していた監査人が訴えられて敗訴するという事案が相次ぎました。

当時の財務諸表監査制度においては，監査人が経営者不正を摘発したり，企業倒産に関する警告や意見を公表したりすることは想定されておらず，監査人は，被監査会社の財務諸表がGAAPに準拠して作成されていれば，当該財務諸表は「適正」であるとの監査意見を付すことが求められていました。ところが，裁判官をふくむ監査人以外の社会の人々は，監査報告書に「適正」意見が記載されていれば，その被監査会社には不正も倒産の恐れもないと考えていたのです。

財務諸表が「適正」であるとの監査意見が付された企業の経営破綻と，「適正」意見を付した監査人が敗訴する事案が度重なったことについて，アメリカ議会やマスコミ等が監査人や監査のあり方を非難するようになり，財務諸表監査に対する社会的批判が高まっていきました。

このような状況のなか，アメリカ公認会計士協会（The American Institute of Certified Public Accountants，AICPA）は，３つの委員会（Wheat委員会，Trueblood委員会，およびCohen委員会）を立ち上げ，会計と監査の両面から調査するとともに，理論的で実践可能な研究を行いました。その結果，Cohen委員会は，監査人が考える財務諸表監査の役割（監査人が制度として実施している財務諸表監査）と，監査人以外の社会の人々（財務諸表利用者）が財務諸表監査に期待していることとの間に差（ギャップ）があることを明らかにして，そのギャップを「**監査の期待ギャップ**（Expectation Gap）」と定義しました。

AICPAは，これら３つの委員会の調査研究の結果を受けて，1985年に

ワンポイントレッスン　16

期待ギャップ縮小のための委員会

期待ギャップの縮小に向けて，AICPAが設置した委員会は次のとおりです。

- 「会計原則の設定に関するスタディ・グループ」（Wheat委員会：1971年設置）
- 「財務諸表の目的に関するスタディ・グループ」（Trueblood委員会：1971年設置）
- 「監査人の役割と監査人の責任に関する研究プロジェクト」（Cohen委員会：1974年設置）
- 「不正な財務報告全米委員会」（Treadway委員会：AAA，財務担当経営者協会，内部監査人協会，およびアメリカ会計士協会（現在の管理会計士協会）と共同で1985年設置）

AICPA以外の複数の専門家団体との共同委員会（Treadway委員会）を設置しました。Treadway委員会は，1987年に企業の不正を防止・発見するための勧告を行ったうえで，翌1988年に「期待ギャップ・スタンダーズ」とよばれる9つの新たな**監査基準書**（Statements on Auditing Standards, **SAS**）を一挙に公表しました。

この期待ギャップ・スタンダーズは，財務諸表監査に対する社会の人々の期待に応えるため，公認会計士による財務諸表監査の質の向上を図ることを目的として公表されたものであり，財務諸表監査にリスク・アプローチという新し

ワンポイントレッスン　17

期待ギャップ・スタンダーズ

1988年４月に公表された期待ギャップ・スタンダーズは次のとおりです。

- SAS 53号「誤謬及び不正の発見と報告に関する監査人の責任（The Auditor's Responsibility to Detect and Report Errors and Irregularities)」
- SAS 54号「被監査会社による違法行為（Illegal Acts by Clients)」
- SAS 55号「財務諸表監査における内部統制機構の検討（Consideration of the Internal Control Structure in a Financial Statement Audit)」
- SAS 56号「分析的手続（Analytical Procedures)」
- SAS 57号「会計上の見積りに関する監査（Auditing Accounting Estimates)」
- SAS 58号「監査報告書（Reports on Audited Financial Statements)」
- SAS 59号「継続企業として存続する能力についての監査人の検討（The Auditor's Consideration of an Entity's Abilitiy to Continue as a Going Concern)」
- SAS 60号「監査中に認識された内部統制に関する事項のコミュニケーション（Communication of Internal Control Related Matters Noted in an Audit)」
- SAS 61号「監査委員会とのコミュニケーション（Communication With Audit Committees)」

い監査戦略と実態監査の思考を導入したものです。具体的には，期待ギャップ・スタンダーズにおいて，当時の基準が求めていた財務諸表監査の手法に加えて，公認会計士自身の責任で，経営者や従業員による不正や誤謬に基づく重要な虚偽表示の事前防止と早期発見，被監査会社の違法行為の有無についての考慮，被監査会社の継続企業の前提についての検討を行うことなどが明記されました。

期待ギャップ・スタンダーズによって導入されたリスク・アプローチ監査は，重要な虚偽の表示が生じる可能性の高いところに監査の人員や時間といった監査資源を重点的に割り当てる監査戦略であって，必ずしも経営者の誠実性を前提としません。リスク・アプローチは，それまで実施されていた経営者の誠実性を前提とする内部統制アプローチとはまったく異なった監査戦略なのです。この意味において，期待ギャップ・スタンダーズの公表は，内部統制アプローチからリスク・アプローチへの監査戦略の大転換（パラダイム・シフト）をもたらしました。

第3節　監査リスクの構成要素

1　監査リスクとその構成要素

リスク・アプローチ監査においては，限られた監査資源を効率的に配分して，効果的に**監査リスク**（Audit Risk，**AR**）を合理的に低い水準に抑えることを目指しています。この監査リスクは，**固有リスク**（Inherent Risk，**IR**），**統制リスク**（Control Risk，**CR**），および**発見リスク**（Detection Risk，**DR**）という3つのリスク要素から構成され，それぞれ次のように定義されています（平成14年改訂監査基準前文三3(2)）。

- **監査リスク**とは，監査人が，財務諸表の重要な虚偽の表示を看過して，誤った意見を形成する可能性をいいます。
- **固有リスク**とは，関連する内部統制が存在していないとの仮定のうえで，財務諸表に重要な虚偽の表示がなされる可能性をいい，経営環境により影響を受ける種々のリスク，特定の取引記録および財務諸表項目が本来有するリスクからなります。

- **統制リスク**とは，財務諸表の重要な虚偽の表示が，企業の内部統制によって防止または適時に発見されない可能性をいいます。
- **発見リスク**とは，企業の内部統制によって防止または発見されなかった財務諸表の重要な虚偽の表示が，監査手続を実施してもなお発見されない可能性をいいます。

また，平成17（2005）年の監査基準の改訂の際に，**重要な虚偽表示のリスク**（Risk of Material Misstatement，**RMM**）というリスク概念が導入されました（平成17年改訂監査基準前文二１）。

- **重要な虚偽表示のリスク**とは，監査が実施されていない状態で，財務諸表に重要な虚偽表示が存在するリスクで，上記の固有リスクと統制リスクを結合したリスクをいいます。もともと，固有リスクと統制リスクは，企業内で複合的な状態で存在することが多いため，監査人がこれらを別々に評価することは困難です。また，これらを無理に別々に評価しようとすれば，リスク評価が形式的になることも考えられます。そこで，固有リスクと統制リスクを結合して設けられたのが重要な虚偽表示のリスク（p.29の**ワンポイントレッスン８**参照）です。この重要な虚偽表示のリスクには，誤謬によるものと不正によるものがあります。

これらのリスクは**図表４-１**のようにあらわすことができます。

図表４-１は，虚偽の表示をふくむ可能性のある財務諸表（原水）が内部統制と監査という２つの濾過器（ろか）（フィルター）を経ることによって，投資家にとって有用な情報（飲み水）となるまでの一連のプロセスを示したものです。

財務諸表は内部統制と監査という２つのフィルターを経たうえで最終的に財務諸表利用者に開示されますが，監査人が当該財務諸表の重要な虚偽の表示を看過して，誤った意見を形成する可能性が**監査リスク**です。つまり，監査リスクとは，財務諸表に重要な虚偽の表示があるにもかかわらず，監査人がそれを見逃して「適正意見」を表明してしまうリスク（危険性）であるといえます。

以下で，監査リスクを構成するリスク概念について詳しく説明します。

【図表4-1】監査リスクの構成

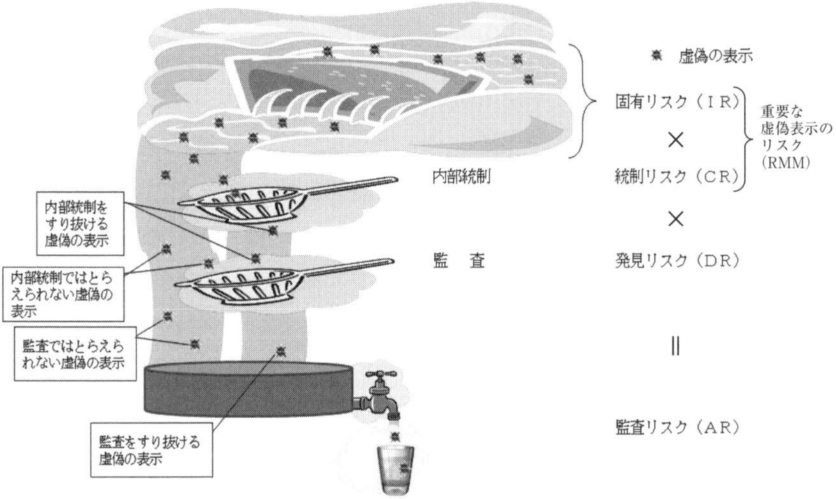

出所：American Institute of Certified Public Accountants, Auditing Procedures Study in "Audits of Small Business," 1985, p.44に加筆・修正。

2　監査リスクを構成するリスク概念

リスク・アプローチ監査においては，監査リスク（p.67参照）を監査人が許容できる一定の合理的に低い水準に抑えるために，監査人は，財務諸表の虚偽表示のリスクの程度を評価し，その評価結果に基づいて監査計画を策定して監査手続を実施します。前述した監査リスクに関連する５つのリスク概念は，(1)監査人が変動させることのできないリスクと，(2)監査人が変動させることのできるリスクの２つに分けることができます。

(1)　監査人が変動させることのできないリスク

監査人が変動させることのできないリスクは企業内部で発生します。そのため，企業の内部者である経営者はこれを変動させることができますが，外部者である監査人は変動させることはできず，ただ評価するだけです。

この企業内部で発生するリスクには，固有リスクと統制リスクが該当します。そのため，固有リスクと統制リスクを結合した重要な虚偽表示のリスクも監査人が変動させることのできないリスクに分類されます。

① **固有リスク**

経営者の作成した財務諸表には，虚偽の表示を防止・発見するための内部統制がなければ，虚偽の表示がふくまれる可能性があります。

この可能性に影響を与える要因として，企業が属する産業の状況や景気の動向といった企業外部の経営環境，経営者の資質や企業の事業組織・人的構成といった企業内部の経営環境，および年度末に発生する多額で複雑な取引や経営者の見積り等を必要とする項目といった特定の勘定や取引が本来有する特性などが考えられます（監査基準委員会報告書５号「監査リスクと監査上の重要性」)。

現金を例に考えてみましょう。現金は，毎日多くの入金や出金があるため，間違いが起きる可能性や横領される可能性があります。間違いは**誤謬**（ごびゅう）で横領は**不正**です。そこで，もし企業に現金に関する内部統制が存在していないと仮定した場合，こうした誤謬や不正は頻繁に発生し，またその金額も大きくなると考えられます。そして，それらのほとんどは発見されないでしょう。誤謬と不正のいずれであろうと，それらが発見されなければ，それらは結果として財務諸表の虚偽の表示になります。

このように，虚偽の表示を防止・発見するためのシステムがない場合に財務諸表に虚偽の表示がふくまれる可能性を**固有リスク**といい，その程度は高・中・低または％で示されます。

固有リスクは被監査会社特有のもので，監査人が被監査会社の監査に関与する以前から存在しているものです。そのため，監査人は被監査会社の固有リスクの程度を評価するだけで，固有リスクの程度を変動させることはできません。監査人にとって大切なことは，被監査会社の固有リスクに影響を与えることではなく，固有リスクの程度をできるだけ正確に評価することです。

② **統制リスク**

財務諸表の各項目やそれに関連する取引は，企業の内部統制という第１のフィルターにかけられます。しかしながら，この企業の内部統制というフィルターは，必ずしもすべての虚偽の表示を防止・発見できるわけではありません。なぜならば，内部統制をすり抜けてしまうような虚偽の表示や，そもそも内部統制ではとらえられない虚偽の表示があるからです。

前者の内部統制をすり抜けてしまう虚偽の表示が生じる例として，出荷報告書をもって売上を計上するという社内規定があるにもかかわらず，それ以外の理由で売上が計上されてしまう場合や，出荷されたのに売上が計上されない場合，もしくは出荷されていないのに売上が計上される場合が考えられます。さらにこのような社内規定がある場合には，仕入先への返品やサンプル品の出荷に際しても売上が計上されてしまう可能性があります。

また，後者のそもそも内部統制ではとらえられない虚偽の表示が生じる例として，経営者や内部統制管理者が結託して意図的に虚偽の表示を行った場合，複数の担当者が共謀した場合，内部統制が想定していない組織内外の環境の変化や非定形的な取引が発生した場合，経営者が意図的に内部統制を無効にする場合などが考えられます。

このように企業の内部統制によっても重要な虚偽の表示を防止・発見できない可能性を**統制リスク**といい，その程度は高・中・低または％で示されます。

①の固有リスクは企業に内部統制が存在しないと仮定した場合に，財務諸表に重要な虚偽の表示がなされる可能性をあらわしています。しかし，実際の企業には必ず何らかの内部統制があり，その内部統制が少しでも機能していれば，重要な虚偽の表示のうちのいくつかは，防止もしくは適時に発見されるはずです。別のいい方をすると，内部統制で防止もしくは適時に発見されなかった重

ワンポイントレッスン 18

適正とはいえない場合の監査意見

監査人が，監査した財務諸表について，「適正とはいえない」と判断した場合には，当該財務諸表にふくまれる重要な虚偽表示の広範性によって，「除外事項を付した限定的適正意見」もしくは「不適正意見」が表明されることになります。なお，監査意見の種類については，第8章で詳しく述べます。

要な虚偽の表示が，財務諸表にふくまれることになります。

財務諸表の重要な虚偽の表示のうち，企業の内部統制によって防止または適時に発見されない可能性が統制リスクです。このため，統制リスクは企業が構築する内部統制の有効性と相関関係にあるといえます。

また，統制リスクは，固有リスクと同様に被監査会社特有のものであるため，監査人はこれを変動させることはできず，その程度を評価するだけになります。

③　重要な虚偽表示のリスク

重要な虚偽表示のリスクとは，監査が実施されていない状態で，財務諸表に重要な虚偽表示が存在するリスクで，上記の固有リスクと統制リスクとを統合したリスクをいいます。もともと，固有リスクと統制リスクは，企業内で複合的な状態で存在することが多いため，監査人がこれらを別々に評価することは困難です。また，これらを無理に別々に評価しようとすれば，リスク評価が形式的になることも考えられます。

そこで，固有リスクと統制リスクを結合した重要な虚偽表示のリスクという概念を設け，監査人は，原則として，固有リスクと統制リスクをまとめて重要な虚偽表示のリスクとして評価することにしたのです。重要な虚偽表示のリスクは，リスク・アプローチ監査では重要な意義をもっています。

以上の固有リスク，統制リスク，および重要な虚偽表示のリスクという３つのリスクの関係は，次のモデル式であらわすことができます。

重要な虚偽表示のリスク＝固有リスク×統制リスク

このモデル式からわかるように，固有リスクと統制リスクのいずれか片方，またはその両方が大きければ，重要な虚偽表示のリスクは大きくなります。

重要な虚偽表示のリスクの考え方は，平成17（2005）年の監査基準の改訂にあたって，財務諸表項目と財務諸表全体の２つのレベルでのリスク評価とあわせて事業上のリスク等を重視したリスク・アプローチ監査が導入されました。

その後，令和２（2020）年の監査基準の改訂では，リスク・アプローチ監査の強化の一環として，会計上の見積りに関する監査基準の改訂，**特別な検討を必要とするリスク**（significant risk）（p.31およびpp.119-121参照）の評価の強化，および重要な虚偽表示のリスクの評価の強化が図られました。このリスク・アプローチ監査の強化は，会計基準の改訂等により会計上の見積りが複雑化する傾向にあり，財務諸表項目レベルにおける重要な虚偽表示のリスクの評価がより一層重要となってきていることから，固有リスクの性質に着目して重要な虚偽の表示がもたらされる要因などを勘案することが，重要な虚偽表示のリスクのより適切な評価に結びつくと考えられたことに起因します。そのため，財務諸表全体レベルにおいては，固有リスクと統制リスクを結合した重要な虚偽表示のリスクを評価する考え方を維持し，財務諸表項目レベルにおいては，固有リスクと統制リスクを分けて評価することが求められるようになりました（令和２年改訂監査基準前文二２）。

また，令和２（2020）年の監査基準の改訂を受けて，関連する監査基準報告書（監基報）が改訂され，監基報200「財務諸表監査における総括的な目的」（監基報200）は，アサーション・レベル（p.74の**ワンポイントレッスン19**，pp.115-116およびpp.123-128参照）において，重要な虚偽表示リスクを構成する固有リスクと統制リスクを以下のように定義しました（第12項（10））。

- **固有リスク**——関連する内部統制が存在していないとの仮定のうえで，取引種類，勘定残高および注記事項に係るアサーションに，個別にまたは他の虚偽表示と集計すると重要となる虚偽表示が行われる可能性
- **統制リスク**——取引種類，勘定残高および注記事項に係るアサーションで発生し，個別にまたは他の虚偽表示と集計すると重要となる虚偽表示が，企業の内部統制によって防止または適時に発見・是正されないリスク

令和２（2020）年の改訂監査基準は，リスク・アプローチ監査の概念や基本的な考え方について，平成14（2002）年と平成17（2005）年の改訂監査基準の考え方を踏襲しています。そのため上記のアサーション・レベルの固有リスクと統制リスクの定義は，前述した定義（pp.67-68参照）と矛盾するものではありません。

(2)　監査人が変動させることのできるリスク

２種類のリスク概念の２つ目は，監査人が変動させることのできるリスクで

す。このリスクは，企業内部で発生する重要な虚偽表示のリスクを監査人が評価し，その結果を受けて，監査人が自らの意思で変動させることができます。監査人が変動させることのできるリスクには，**発見リスク**が該当します。

財務諸表は，内部統制という第１のフィルターを経た後，監査という第２のフィルターにかけられます。監査のフィルターも内部統制のフィルターと同様に，すべての重要な虚偽の表示を防止・発見できるとは限りません。なぜなら，監査をすり抜けてしまう虚偽の表示や，監査ではとらえられない虚偽の表示がありえるからです。

前者の監査をすり抜けてしまう虚偽の表示が生じる例として，虚偽の表示であるものの，金額的に重要ではないために，重要な虚偽の表示とみなされなかった項目がいくつもあって，それらの金額を合計すると，実は重要な虚偽の

ワンポイントレッスン　19

財務諸表項目レベルとアサーション・レベルの違い

監査基準は重要な虚偽表示のリスクを「財務諸表全体レベル」と「財務諸表項目レベル」の２つのレベルに分けていますが，監基報は「財務諸表全体レベル」と「アサーション・レベル」の２つのレベルに分けています。

財務諸表項目は，ある勘定科目の名称やその残高であるのに対して，アサーションは，ある財務諸表項目に関する経営者の主張の「属性」またはその総称です（p.30のワンポイントレッスン９参照）。たとえば，貸借対照表に売掛金10億円が計上されているとしましょう。財務諸表項目レベルでは，「売掛金10億円」にかかる重要な虚偽表示のリスクを固有リスクと統制リスクに分けて評価します。他方，アサーション・レベルでは，売掛金10億円が実際の取引に基づいているという「実在性」，計上された売掛金10億円に対する権利が当該会社に帰属している（他社の権利ではない）という「権利の帰属」，売掛金10億円が掛けでの売上を漏れなく計上されているという「網羅性」，売掛金10億円がGAAPに基づいて適切な価額で計上されているという「評価の妥当性」，売掛金がその他の債権と区別して表示しているという「表示の妥当性」などの個々のもしくは複数の属性にかかる重要な虚偽表示のリスクを，固有リスクと統制リスクに分けて評価します。

表示になるという場合が考えられます。また，後者の監査ではとらえられない虚偽の表示が生じる例として，虚偽の表示が検証の対象（**監査サンプル**といいます）として抽出されなかった場合が考えられます。

このように監査人が監査手続を実施してもなお重要な虚偽の表示が防止・発見されない可能性を**発見リスク**といい，その程度は高・中・低または%で示されます。

第4節　監査リスク・モデル

監査人は，財務諸表の重要な虚偽の表示を看過しないため，監査リスクを一定の合理的に低い水準に抑える必要があります。監査リスクは，**監査リスク・モデル**とよばれる監査リスクを構成する各要素の積であらわされます（p.69の**図表4-1**参照）。本節では，監査リスク・モデルについて，固有リスクと統制リスクとを別々に評価する場合と，これら2つのリスクを統合した重要な虚偽表示のリスクを評価する場合とに分けて説明します。

1　リスク・アプローチ監査における監査リスク・モデル

監査リスクと監査リスクを構成する各要素の相互関係は，監査リスク・モデルとよばれる次の等式であらわされます。

監査リスク＝固有リスク×統制リスク×発見リスク……①式
（AR）　（IR）　（CR）　（DR）

リスク・アプローチ監査では，監査人は，監査リスクを合理的に低い水準に抑えることが求められています。監査人は，固有リスクと統制リスクの程度を評価して，監査リスクを合理的に低い水準に抑えるような発見リスクを決定することになります。そこで，①式を変形すると，次の②式のようになります。

$$\text{発見リスク} = \frac{\text{監査リスク}}{\text{固有リスク} \times \text{統制リスク}} \quad \cdots\cdots ②\text{式}$$

監査人は，合理的に低い水準に設定した監査リスクの水準と，固有リスクおよび統制リスクの程度の評価の結果（つまり，②式の分母の値）によって算出される発見リスクの程度を決定します。その後，監査人は，決定した発見リスクの程度に適合するように，実施する監査手続や実施の時期および範囲を具体的に策定していくことになります。

固有リスクおよび統制リスクの程度と監査人が設定する発見リスクの程度との概念的な相互関係を表にまとめると**図表4-2**のようになります。**図表4-2**では，横軸は固有リスクの程度を，縦軸は統制リスクの程度を，表中は監査人が設定する発見リスクの程度を示しています。**図表4-2**にあらわされるように，固有リスクと統制リスクの程度がともに高い場合には発見リスクの程度は最低水準に抑えなければなりませんし，逆に，固有リスクと統制リスクの程度がともに低い場合には発見リスクの程度は最高水準でもかまいません。

【図表4-2】構成要素の相互関係

統制リスクの程度 ＼ 固有リスクの程度	高い	中位	低い
高い	最低	低	中位
中位	低	中位	高
低い	中位	高	最高

【図表4-3】数値例（監査リスクが5％のとき）

統制リスクの程度 ＼ 固有リスクの程度	80％	50％	25％
80％	7.8％	12.5％	25％
50％	12.5％	20％	40％
25％	25％	40％	80％

出所：監査基準委員会報告書5号「監査リスクと監査上の重要性」26項。

図表4-2に具体的な数値をあてはめたのが**図表4-3**です。監査リスクの目標水準が5％，固有リスクと統制リスクの程度を評価した結果がそれぞれ80％と50％であったとすると，この場合の発見リスクの程度（**図表4-3**の網掛け部分）は12.5％（＝5％÷(80％×50％)）と算定されます。発見リスクの程度が12.5％ということは，この被監査会社において，監査リスクの水準を5％以下に抑えるためには，重要な虚偽の表示を発見する確率が87.5％（＝100％－12.5％）以上となるような監査を実施しなければならないことを意味します。監査人が重要な虚偽表示を看過することなく正しい監査意見を形成する可能性が87.5％以上となるような監査を実施できると判断すれば，当該企業と監査契

約を締結・更新しても問題ありませんが，そのような監査を実施できないと判断すれば，当該企業との監査契約を締結・更新すべきではありません。

2　事業上のリスク等を重視したリスク・アプローチ監査による監査リスク・モデル

①式（p.75）の固有リスクと統制リスクそれぞれの程度の評価の値を結合したものを重要な虚偽表示のリスクの程度の評価の値に置き換えると，事業上のリスク等を重視したリスク・アプローチ監査による監査リスク・モデルの等式になります（③式）。この事業上のリスク等を重視したリスク・アプローチ監査による監査リスク・モデル（③式）と従来のリスク・アプローチ監査による監査リスク・モデル（①式）は一見異なっていますが，本質的には同じものです。

監査リスク＝重要な虚偽表示のリスク×発見リスク……③式
（AR）　　　　　（RMM）　　　　　　（DR）

監査人は，財務諸表の重要な虚偽の表示を看過しないためには，監査リスクを合理的に低い水準に抑える必要があります。監査人は，監査リスクを合理的に低い水準に抑えるために，財務諸表の重要な虚偽表示のリスクの程度を評価し，その評価結果によってどの程度厳密な監査を行うかを決定します。その厳密度は，発見リスクの程度を高くしたり低くしたりすることによって調整します。そして，調整された発見リスクの程度に応じて監査計画を策定（実施する監査手続の種類，実施時期，および実施範囲の決定）し，これに基づいて監査手続を実施し，監査証拠を入手します。

前掲の**図表４-３**の網掛け部分の例（監査リスク５％，固有リスク80％，統制リスク50％，および発見リスク12.5％）に事業上のリスク等を重視したリスク・アプローチ監査を適用してみましょう。このとき，達成すべき監査リスクの水準は５％，評価された重要な虚偽表示のリスクの程度は40％（80％×50％の値と同じになるはず）なので，③式（p.77）にあてはめると，発見リスクの程度は，従来のリスク・アプローチと同様に12.5％になります。

このように，従来のリスク・アプローチと事業上のリスク等を重視したリスク・アプローチのいずれを適用したとしても，監査人が達成すべき監査リスクのもと，監査人が影響を及ぼすことのできないリスクの程度を評価し，発見リスクの程度を決定するというプロセスや監査戦略に何ら違いはないのです。

なお，事業上のリスク等を重視したリスク・アプローチ監査による監査リスク・モデルにおいて，監査リスク，重要な虚偽表示のリスク，および発見リスクの関係を示すと，**図表4-4**のようになります。

【図表4-4】監査リスク，重要な虚偽表示のリスク，および発見リスクの関係

監査リスク	=	重要な虚偽表示のリスク	×	発見リスク
許容できる一定の合理的に低い水準に抑えるために	…	高ければ	→	低くしなければならない
	…	低ければ	→	高くしてもよい

第5節　監査リスクと監査上の重要性

リスク・アプローチ監査において一番鍵となる概念は，監査リスクです。監査リスクは，監査人が，財務諸表の重要な虚偽の表示を看過して，誤った意見を形成する可能性を意味します。つまり，監査人は，財務諸表にふくまれる虚偽の表示のすべてを発見しなければならないのではなく，虚偽の表示のうち，重要なものを見逃してはならないのです。

したがって，監査人が，リスク・アプローチ監査を実施する場合には，何が重要で，何が重要でないかを判断するための基準が必要となります。監査において重要であるかどうかを判断する規準を，**監査上の重要性**といいます（p.28参照）。「監査上の重要性は，監査計画の策定と監査の実施，監査証拠の評価ならびに意見形成のすべてに関わる監査人の判断の規準」（平成14年改訂監査基準前文三(4)）です。監査基準においても，「監査人は，監査リスクを合理的に低い水準に抑えるために，財務諸表における重要な虚偽表示のリスクを評価し，発見リスクの水準を決定するとともに，監査上の重要性を勘案して監査計画を策定し，これに基づき監査を実施しなければならない」（実施基準・一1）と規

定されており，監査上の重要性と監査リスクは相互に関連しています。

ワンポイントレッスン　20

財務諸表全体に対する重要性の決定における指標の利用

重要性の決定には，職業的専門家としての判断を伴います。監査人は，通常，重要性の基準値を決定する際に，最初に指標を選択し，その指標に対して特定の割合を適用します。適切な指標の識別に影響を与える要因には，以下が含まれます（監査基準委員会報告書320「監査の計画及び実施における重要性」A２）。

- 財務諸表の構成要素（例えば，資産，負債，純資産，収益，費用）
- 当該企業の財務諸表の利用者が特に注目する傾向にある項目の有無（例えば，業績評価のため，財務諸表の利用者が利益，収益又は純資産に注目する傾向がある。）
- 企業のライフサイクルの特性及び企業が属する産業や経済環境
- 企業の所有構造と資金調達の方法（例えば，企業が主に借入で資金調達している場合，財務諸表の利用者は，企業の利益よりも資産の状況を重視することがある。）
- 選択した指標の相対的な安定性

また，監査人は，重要性の基準値を決定する指標を選択した後，選択した指標に適用する割合を判断します。例えば，監査人は，製造業を営む営利を目的とする企業において税引前利益を指標とする場合には５％が適切であると考えることがありますが，状況によっては，これとは異なる割合が適切であると判断することもあります（同Ａ６）。

◆ 練習問題４ ◆

1　次の（　　）内に適当な語句を入れて，文章を完成させなさい。

(1)　リスク・アプローチ監査においては，限られた監査資源を効率的に配分して，効果的に（ ① ）を合理的に低い水準に抑えることを目指しています。

(2)　（ ① ）は，監査人が，財務諸表の（ ② ）を看過して，（ ③ ）を形成する可能性をいいます。

(3)　（ ① ）は，（ ④ ），（ ⑤ ），および（ ⑥ ）という３つのリスク要素から構成されます。しかしながら，前２つのリスクは実際には単独で存在することは少なく，多くの場合，複合的な状態で存在しています。そこで，この２つのリスクを結合したものを（ ⑦ ）とし，原則として，（ ⑦ ）を評価したうえで，（ ⑥ ）の水準を決定するのが（ ⑧ ）です。

(4)　リスク・アプローチ監査におけるリスク概念は，監査人が変動させることの（ ⑨ ）リスクと，監査人が変動させることの（ ⑩ ）リスクの２種類に分けることができます。前者は企業内で発生し，（ ⑪ ）はそれを変動させることができますが，（ ⑫ ）はそれを変動させることはできず，ただ評価するだけです。前者に分類されるものとして，（ ④ ），（ ⑤ ），および（ ⑦ ）の３つがあります。（ ⑥ ）は後者の監査人が変動させることの（ ⑩ ）リスクに分類されます。

2　次の文章が正しければ○を，誤っていれば×を付したうえで，誤っているものについては誤っている理由を説明しなさい。

(1)　監査人は，監査リスクを一定の合理的に低い水準に保つために，重要な虚偽表示のリスクが高い場合には発見リスクを低くしなければなりません。しかし，重要な虚偽表示のリスクが低い場合には発見リスクを高くしてもかまいません。

(2)　事業上のリスク等を重視したリスク・アプローチは，従来のリスク・アプローチとまったく異なる監査戦略です。

(3)　監査計画を策定するときにのみ，監査上の重要性を考慮しなければなりません。

第5章

内部統制

本章のポイント

① COSO報告書による内部統制の目的は，次の3つです。
- 業務の有効性と効率性の追求
- 財務報告の信頼性の確保
- 事業経営に関連する法規の遵守（じゅんしゅ）

② COSO報告書による内部統制の構成要素は，次の5つです。
- 統制環境
- リスクの評価
- 統制活動
- 情報と伝達
- 監視活動

③ 監基報315もCOSO報告書と同じように規定しています。
④ 内部統制は絶対的なものではなく，そこには固有の限界があります。

本章では，主として，トレッドウェイ委員会支援組織委員会（Committee of Sponsoring Organization of the Treadway Commission，COSO）による内部統制に関する報告書（COSO報告書），鳥羽至英・八田進二・高田敏文共訳『内部統制の統合的枠組み 理論篇』（鳥羽他），八田進二・箱田順哉監訳『内部統制の統合的フレームワーク 外部報告篇』（八田他），および，監査基準委員会報告書315「重要な虚偽表示リスクの識別と評価」（監基報315）に基づいて説明します。

第１節　COSO報告書における内部統制の構造

１　３つの目的

トレッドウェイ委員会支援組織委員会（Committee of Sponsoring Organization of the Treadway Commission，**COSO**）が1994年に発表した企業の内部統制に関する報告書『内部統制の統合的枠組み　理論篇』（以下，**COSO報告書**といいます）によれば，内部統制は，「目的の達成に関して合理的な保証を提供することを意図した，事業体の取締役会，経営者およびその他の構成員によって遂行されるプロセスである」（COSO報告書p.13，鳥羽他p.18）と定義されています。そして次の３つの目的が示されています（COSO報告書p.３，鳥羽他p.４）。

①　業務の有効性と効率性の追求
②　財務報告の信頼性の確保
③　事業経営に関連する法規の遵守

①は，事業体の経営にムリ・ムラ・ムダがないことに関連するもので，業績と収益性に関する目標の達成，および資産の保全をふくんでいます。②は，信頼できる公表財務諸表の作成に関する目的です。③は，事業体としての最小限の存続条件に関するものです。

ワンポイントレッスン　21

資産の保全

第11章の「内部統制監査」で取り上げる企業会計審議会制定の内部統制の目的では，上記の①にふくまれている資産の保全が独立して設定され，４つの目的になっています。企業会計審議会が資産の保全を独立して設定した理由は，わが国においては，資産の取得，使用および処分が正当な手続および承認のもとで行われることが重要であるとされているからです。詳細は第11章を参照してください。

COSO報告書は以上の3つを内部統制の目的としています。しかし監査人は，これらの内部統制の目的のすべてを理解し評価する必要はありません。監査人が理解し評価しなければならない内部統制の目的は，②財務報告の信頼性を確保する目的をもつ内部統制に限られます。逆にいえば，監査人は，①と③の内部統制は，②に関係がある場合にのみ取り上げて評価すればよいのです。

例をあげれば次のとおりです（監基報315：A60項-A61項一部修正）。

- 未承認の資産の取得，使用または処分を防止するための資産の保全に関する内部統制は，事業経営の有効性と効率性を高める目的と財務報告の信頼性を確保する目的の両方の目的に関連することがあります。しかし，監査人による検討は，財務報告の信頼性に関係する部分に限定されます。
- 内部統制には，企業目的に関連するものの監査には関連しないため，監査人が検討する必要のないものもあります。たとえば，企業は，効率的で有効な業務運営をもたらす高度に自動化された内部統制（たとえば，航空会社で航空機の運航管理を維持する自動化された内部統制）に依拠する場合がありますが，通常これらの内部統制は監査に関連しないため，監査人は評価する必要はありません。

2　4つの基礎概念

内部統制の目的に関連して，内部統制には次の4つの基礎概念があります（COSO報告書pp.13-16，鳥羽他pp.17-22）。

- 内部統制はプロセスです。

  内部統制は，企業目的を達成するための手段であって，それ自体が目的ではありません。
- 内部統制は企業の構成員によって遂行されます。

  内部統制は，企業の経営者によって構築され，経営者やその構成員によって整備・運用されます。このため，経営者，構成員，および企業組織は内部統制に影響を及ぼすし，また逆に内部統制から影響を受けます。
- 内部統制は企業目的の達成に適合するものです。

  内部統制は，企業が設定している前述の3つの内部統制目的の達成に適合するものとして期待されています。

- 内部統制の果たす機能は企業目的の達成に対する合理的な保証です。

  内部統制がいかに適切に整備され運用されているとしても，その果たす機能は企業目的の達成に対する合理的な保証であって，絶対的な保証ではありません。

3　5つの構成要素

COSO報告書による内部統制は，次の５つの要素から構成されています。

① 統制環境（Control Environment）

② リスクの評価（Risk Assessment）

③ 統制活動（Control Activities）

④ 情報と伝達（Communication）

⑤ 監視活動（Monitoring）

これらの５つの構成要素は，上記の３つの内部統制の目的を達成するために必要な要素であり，かつ内部統制の４つの基礎概念を構築するものとなっています。これらの５つの構成要素は，相互に影響しあい，経営管理の仕組みのなかに組み込まれて一体となって機能します。

まず統制環境は，企業の構成員が自己の活動や統制責任を履行するための環境を提供するものです。そしてこれは，他の４つの構成要素の基礎として機能します。経営者は，この統制環境のなかで企業目的の達成に影響を及ぼすリスクを評価します。そして，経営者の命令が実行されることを保証するために統制活動が行われます。この間，関連する情報が把握され，組織を通じて伝達されます。そして，以上のすべてのプロセスは監視され，状況に応じて修正されます（以上，COSO報告書p.17，鳥羽他p.25一部修正）。

こうしたことから，ある取引に関する内部統制が有効に機能するためには，上記の３つの内部統制目的に関連した５つの構成要素が整備されている必要があります。

【図表5-1】内部統制の構成要素相互間の関係

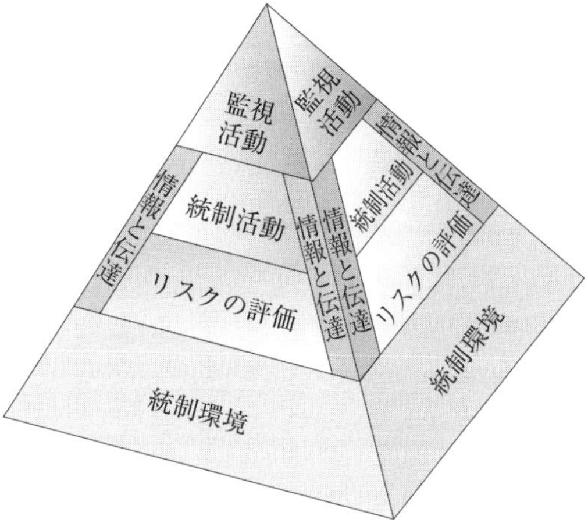

出所：COSO報告書p.17および鳥羽他p.25。

このような内部統制の構成要素相互間の関係は**図表5-1**で示されます。**図表5-1**の各構成要素は大きく3つの部分に分けられます。1つ目は，内部統制の前提となる基礎的条件を提供するものとしての統制環境です。2つ目は，リスクの評価，統制活動，および情報と伝達で，これらは内部統制実施上の中

ワンポイントレッスン　22

内部統制の構成要素間の関係

図表5-1はよく考えて作られています。まず，統制環境は内部統制の前提となる基礎的条件を整備する機能をもっているため最下部におかれています。次は，リスクの評価，統制活動，そして情報と伝達で，これらは内部統制実施上の中核的な要素です。このなかで，情報と伝達だけが斜めになり，他の4つの構成要素のすべてに接するように描かれていますが，これは，情報が上下左右そして双方向に伝達されることを示しているからです。3番目は監視活動です。監視活動は，内部統制の実施状況を監視するために他の4つの構成要素を俯瞰（ふかん）するように描かれています。

核的な要素です。そして3つ目は，これら中核的要素による内部統制の実施状況を監視するための監視活動です。

(1) 統制環境

統制環境とは，内部統制の他の4つの構成要素の基礎で，内部統制に対する従業員の意識に影響を与えるもので会社のカラーまたは社風に相当します。とくに，経営者の考え方や個性は，従業員の意識に影響を与えることによって，企業の内部統制に波及的な影響を及ぼします（八田他p.19）。

COSO報告書は統制環境として次の7項目をあげています（鳥羽他pp.34-45）。

① **誠実性と倫理観**――内部統制の有効性は，それを構築し，管理し，そして監視する人々の誠実性と倫理観に依存します。誠実性と倫理観は統制環境の基本です。

② **能力に対する経営者の取組み**――内部統制の有効性は企業構成員の能力に大きく依存します。したがって，経営者は，有効な内部統制の確立のためには，各職務に必要な能力や具体的な知識・技能の水準を明確にしたうえで，適切な人材を確保し配置する必要があります。

③ **取締役会および監査役等**――取締役会や監査役等の経営者に対する監視機能と内部統制に対する姿勢は，企業構成員の内部統制に対する意識に影響を与えます。

④ **経営者の哲学と行動様式**――これには，経営者が事業上のリスクを管理する方法，事業の運営方法，財務報告に対する考え方，情報処理部門や経理部門の社内における位置づけ等，広範囲の要素があり，内部統制に影響を与えます。

⑤ **組織構造**――企業は，その目的を達成するためにさまざまな事業活動を計画し，実行し，管理し，そして見直しを行います。企業目的に適合した経営組織を構築するためには，適切な権限や職責を定め，適切な指揮・命令・報告の系統を確立し，適切な承認手続等を設定することが必要です。

⑥ **権限と責任の割当て**――企業においては，事業活動に対する権限と責任の付与や，承認と報告に関する指揮命令系統の確立が重要です。また，権

限や責任を付与された者が，その内容と企業目的や事業活動目的との関連性を理解していることも必要です。

⑦　**人的資源に関する方針と管理**――内部統制の有効性は企業構成員の能力に大きく依存するので，人事に関する方針と管理は統制環境に大きな影響を及ぼします。これには，採用，オリエンテーション，教育研修，評価，カウンセリング，昇進，給与体系，懲戒などがあります。

(2)　リスクの評価

リスクとは，ある事象が発生した場合に，目的の達成に不利な影響を及ぼす可能性のことです（八田他p.52）。また，**リスクの評価**とは，経営者が，企業の事業上のリスクをどのように認識し，その重要性をどのように見積り，発生可能性をどのように評価し，そして，リスクに対処する方法をどのように決定するかということです。リスクには，たとえば，法令の改廃，情報システムの導入や改良，事業の成長の程度，新技術の導入，新たなビジネス・モデルや新規事業の採用，新製品の販売開始，企業組織の再編成，海外での事業拡大，新しい会計基準の採用などがあります。

監査人は，財務報告目的のためにこれらのリスクを理解しなければなりません。

(3)　統制活動

統制活動とは，企業の目的の達成に対するリスクを低減させるため（八田他p.83）に，経営者や部門責任者等が自らの命令や指示が適切に実行されるように定めた方針と手続のことです。統制活動は，さまざまな企業目的の達成のために設けられ，組織のあらゆる階層と部署に適用されるため，組織全体のあらゆる階層において，そしてすべての経営職能において実施されなければなりません。こうしたことから，取引の正確性，完全性，承認の有無などを検証するための種々の統制活動が実施されます。

統制活動は業務処理統制と全般統制に分けられます。

業務処理統制（application control）とは，個々の業務処理（application system）において，取引が承認され，漏れなく正確に記録され，そして適時にかつ適切に処理される統制活動です。

全般統制（general control）とは，複数の業務処理統制が有効に機能することを間接的に保証する統制活動で，ITを利用した情報システムが適切に運用・管理されることによって達成されます。たとえば，購買・販売・出納の３つの業務処理統制が１つのホスト・コンピュータで行われ，同一のIT基盤で稼動している場合，当該IT基盤に対して有効な全般統制を構築することによって３つの業務に係る情報の信頼性を高めることができます。

統制活動には，さらに，職務の分離，権限の付与，承認，査閲，照合，調整手続などの広範な手続があります。これらは，企業構成員の業績評価や資産の保全などにも及びます。

⑷ 情報と伝達

経営者は，内部統制の他の構成要素が有効に機能するために質の高い情報を入手または作成し，利用します（八田他p.117）。**情報と伝達**とは，企業の事業活動に必要な情報が適切に認識，把握，処理され，組織内外の関係者に正しく伝達されることをいいます。企業は，その目的達成に必要な情報を適時に入手し，当該情報を必要とする企業構成員に伝達するために情報システムを構築しています。この情報と伝達の機能は，内部統制の３つの目的を達成するために，企業組織のすべての階層において必要とされるものです。

情報システムによって処理された情報は，経営者から従業員へ伝達されるだけでなく，従業員から経営者に対しても伝達されなければならず，また部門間においても効果的に双方向に伝達される必要があります。この意味で情報は，組織の上層から下層へ，下層から上層へ，そして横方向へと縦横に伝達されなければなりません（p.85の**ワンポイントレッスン22**を参照）。

財務報告目的の情報システムは，取引や会計事象を認識，記録，処理および報告し，資産・負債・純資産を適正に計上するための手続と記録から構成される会計システムをふくんでいます。このため，情報システムには次の機能が求められます。

- すべての正当な取引を認識し，かつ適切な分類が可能となるように，取引を記録すること
- 財務諸表に適切な金額で計上するために，取引の金額を測定すること
- 取引を適切な会計期間に記録するために，期間帰属を決定すること
- 取引の結果を財務諸表に適切に開示すること

(5) 監視活動

内部統制の5つの構成要素の最後は監視活動です。**監視活動**は，内部統制の有効性を評価するプロセスですが，内部統制が意図したとおりに運用されているかどうかとか，状況が変化した場合に適切に修正されているかどうかなどに関する検討もふくまれます。

監視活動は日常的監視活動と独立的評価に分けられます。

日常的監視活動とは，日常業務に関連して行われる監視活動です。たとえば，製造部門の責任者が自己の部門の製造量や製造原価などについて自らの認識と著しく異なる報告を受けた場合には，製造工程や原価計算システムについて疑問をもち調査を行うでしょう。また，顧客に販売代金を請求した場合，その顧客が請求書の記載金額どおりに代金を支払ってくれればその請求書には間違いがなかったと推測できますが，逆にクレームがついた場合には，販売取引か請求金額に何らかの間違いがあった可能性があります。

製造部門の責任者や顧客は，調査を行ったりクレームをつけたりすることが自らの業務ではなく，自らの業務を行っているときに量や金額について自らの認識と異なるため違和感を覚え，調査を指示するのです。この調査が結果として監視機能を果たすことになりますが，これを日常的監視活動といいます。

独立的評価とは，日常業務から離れて内部統制の有効性および効率性を定期的に評価するものです。これは一般に**内部監査**として実施されます。

日常的監視活動が内部統制機能の有効性について評価するものであるのに対し，独立的評価はこの日常的監視活動自体の有効性の評価に役立つものです。

監視活動によって発見された事項は，経営者や取締役会等によって評価され，不備は必要に応じて是正されます（八田他p.145）。

第２節　監基報315における内部統制の構造

監基報315は，名称が若干異なっているものの，COSO報告書と同様に内部統制の構成要素として次の５項目をあげています（監基報315：11項（12））。

①　統制環境

②　企業のリスク評価プロセス

③　内部統制システムを監視する企業のプロセス

④　情報システムと伝達

⑤　統制活動

①　**統制環境**（監基報315：A20項）

監査人は，財務諸表の作成に影響を及ぼす次のような統制環境を理解しなければなりません（A89項-A90項）。

・企業環境に対する経営者の監視責任。例えば，企業文化の醸成や，誠実性および倫理観に対する経営者の姿勢など

・監査役等の独立性と企業の内部統制システムの監視状況

・権限と責任の付与の状況

・人材の採用，育成，良好な雇用関係の維持

・内部統制システムの目的の達成について，各構成員が果たすべき役割の認識の仕方

監査人は，以上を理解したうえで，次の項目を評価します（A91項-A96項）。

・経営者は，取締役等による監督及び監査役等による監視の下で，誠実性と倫理的な行動を尊重する企業文化を醸成し維持しているかどうか。

・企業の事業内容と複雑性を考慮した場合，統制環境が内部統制システムの他の構成要素に適切な基礎を提供しているかどうか。

・統制環境の不備によって，企業の内部統制システムの他の構成要素が損なわれていないかどうか。

②　企業のリスク評価プロセス（監基報315：A21項-A22項）

監査人は，財務諸表の作成に影響を及ぼす次のような企業のリスク評価プロセスを理解する必要があります。

・財務報告に影響を及ぼす事業上のリスクの識別
・当該事業上のリスクの発生可能性と重要度の評価
・当該事業上のリスクへの対処

③　内部統制システムを監視する企業のプロセス（315：A23項）

監査人は，以下の理解と評価により，財務諸表の作成に影響を及ぼす内部統制システムを監視する企業のプロセスを理解しなければなりません（A102項-A110項）。

・内部統制の有効性を監視し，内部統制の不備を識別・是正するための日常的評価と独立的評価
・企業の内部監査機能

また，監査人は，内部統制システムを監視する企業のプロセスにおいて利用される情報源を理解し，その情報が監視目的に照らし十分に信頼できると経営者が判断している理由について理解する必要があります。さらに，監査人は，当該内部統制システムの監視プロセスが企業の事業内容と複雑性に照らして，適切であるかどうかについても評価する必要があります。

④　情報システムと伝達（監基報315：A24項）

監査人は，次の項目を評価することにより，財務諸表の作成に関する企業の情報システムと伝達を理解しなければなりません（A119項-A134項）。

・重要な取引種類，勘定残高または注記事項に関する企業の情報処理活動の理解
・企業の情報システムにおける情報の流れ
・会計記録，特定の勘定および情報システムに関し裏付けとなる記録
・注記事項をふくむ，財務諸表を作成するプロセス
・上記に関連するIT環境をふくむ企業の経営資源

また，監査人は，財務諸表の作成に係る重要な事項及び報告責任について企業がどのように内外に伝達しているのかを理解し，企業の情報システムと伝達

が，適用される財務報告の枠組みに従った財務諸表の作成を適切に支援しているかどうかを評価する必要があります。

⑤　**統制活動**（監基報315：A25項）

監査人は，アサーション・レベルの重要な虚偽表示のリスクに対応する以下の内部統制を理解しなければなりません（A135項-A169項参照)。

・特別な検討を必要とするリスクに対応する内部統制
・非経常的な取引や通例でない取引の仕訳，または修正仕訳といった非定型的な仕訳をふくむ，仕訳入力に関する内部統制
・実証手続の種類，時期および範囲を決定するにあたり，監査人が運用評価手続の実施を計画している内部統制

第３節　内部統制の限界

1　企業会計審議会による内部統制の限界

内部統制は，その構成要素が有機的に結びつき，一体となって機能することで，その目的を合理的な範囲で達成しようとするものです。しかし，内部統制は，企業目的の達成にとって絶対的なものではなく，固有の限界があります。**内部統制の固有の限界**とは，適切に整備され運用されている内部統制であっても，内部統制が本来有する制約のために有効に機能しなくなることがあり，内部統制の目的をつねに完全に達成するものとはならないことをいいます。

内部統制の限界には，次のような場合があります（企業会計審議会「財務報告に係る内部統制の評価及び監査に関する実施基準」Ⅰ3)。

①　内部統制は，判断の誤り，不注意，複数の担当者による共謀によって有効に機能しなくなる場合があります。しかし，良好な内部統制を整備し運用することによって，これらのリスクは相当程度低減されます。

②　内部統制は，当初想定していなかった組織内外の環境の変化や非定型的な取引等には，必ずしも対応しない場合があります。しかし，たとえば，これらの環境の変化や非定型的な取引が発生しやすいプロセスに重点的に

知識や経験を有する者を配置するなど，的確に内部統制を整備することによって，これらにも対応できる範囲を相当程度拡げることができるようになります。

③ 内部統側は，組織の経営判断において，費用と便益とを比較衡量して整備・運用されます。組織は，ある内部統制の手続を導入するかまたは維持するかの決定に際しては，それに要する費用と，その手続によって得られる便益とを比較検討します。

④ 経営者が不当な目的のために内部統制を無効ならしめることがあります。しかし，経営者が組織内に適切な内部統制を構築していれば，複数の者が業務に関与することになるので，経営者によるこうした行為は相当程度困難になります。これにより，相応の抑止的効果をもたらすと期待できます。

2 監基報315による内部統制の限界

監基報315は，内部統制の固有の限界を次の3つに分けて示しています（監基報315：付録3，22項-24項）。

① 内部統制は，その目的の達成について企業に合理的な保証を提供するにすぎません。このため，意思決定時の判断誤りや過失によって，内部統制が機能しない場合があります。たとえば，内部統制を運用するためにある情報を作成しても，その情報の責任者が情報の作成目的を理解していなかったり，適切な行動を取らなかったりして効果的に利用されなければ，内部統制は有効に機能しないことがあります。

② 共謀や経営者による内部統制の無効化の場合にも，内部統制は機能しない場合があります。たとえば，経営者が，正規の承認を受けることなく販売契約の取引条件を変更した場合には，不適切な収益認識につながることがあります。また，一定の与信限度を超える取引を検証する機能が，経営者によって無効にされてしまうことがあります。

③ 内部統制のデザインや業務への適用に際し，経営者が判断することがあります。

◆ 練習問題5 ◆

1　COSO報告書における内部統制に関し，次の（　　）内に適当な語句を入れて，文章を完成させなさい。

内部統制の構成要素には，（ ① ），（ ② ），（ ③ ），（ ④ ）および（ ⑤ ）があります。（ ① ）は内部統制の他の4つの構成要素の基礎です。（ ② ）のリスクとは，経営者が，企業の（ ⑥ ）のリスクをどのように認識し，その重要性をどのように見積り，発生可能性をどのように評価し，そして，対処方法をどのように決定するかということです。（ ③ ）には（ ⑦ ）と（ ⑧ ）があります。（ ⑦ ）は，個々の業務処理において，取引が承認され，漏れなく正確に記録され，そして適時にかつ適切に処理される統制活動です。（ ⑧ ）は，複数の（ ⑦ ）が有効に機能することを間接的に保証する統制活動です。（ ④ ）は，企業の事業活動に必要な情報が適切に（ ⑨ ）され，組織内外の関係者に正しく伝達されることです。（ ⑤ ）には，（ ⑩ ）と（ ⑪ ）があります。（ ⑩ ）は，日常業務に関連して行われる（ ⑤ ）です。（ ⑪ ）は，一般に（ ⑫ ）として実施されます。

2　次の文章が正しければ○を，誤っていれば×を付したうえで，誤っているものについては誤っている理由を説明しなさい。

(1)　内部統制の目的は3つありますが，このなかには資産の取得，使用および処分に関する「資産の保全」目的の内部統制もふくまれています。

(2)　監査人が理解し評価しなければならない内部統制の目的は，業務の有効性と効率性の追求です。

(3)　業務処理統制とは，個々の業務処理において，取引が承認され，漏れなく正確に記録され，そして適切に処理されることが確保される統制活動ですが，そこには，適時に処理されることはふくまれません。その理由は，適時に処理されても，いずれ決算の時に決算修正として会計処理が修正される可能性があるからです。

(4)　内部統制の限界とは，内部統制が本来有する制約のために有効に機能しなくなることをいいますが，その制約を補完するように細心の注意を払って内部統制を適切に整備し運用すれば，内部統制の限界は発生しません。

第6章

監査計画

本章のポイント

① 監査人は，監査を効果的かつ効率的な方法で実施するために監査計画を策定します。
② 監査計画の策定目的は，監査リスクを合理的に低い水準に抑えるためであり，またその策定要件は，財務諸表における重要な虚偽表示のリスクを評価して発見リスクの水準を決定することと，監査上の重要性を勘案することです。
③ 監査計画には，監査の基本的な方針と詳細な監査計画があります。
④ 監査の基本的な方針とは，監査業務の範囲，監査の実施時期および監査の方向性を設定することであり，詳細な監査計画を作成するための指針となるものです。
⑤ 詳細な監査計画とは，監査リスクを合理的に低い水準に抑え，十分かつ適切な監査証拠を入手するために，監査チームが実施すべき監査手続の種類，その実施の時期，および範囲を決定することです。
⑥ 監査計画の策定には，監査チームの主要なメンバーが参画（さんかく）して討議しなければなりません。
⑦ 監査計画を策定することによって可能となる事項は６項目あります。
⑧ 監査計画は，必要があればいつでも修正しなければなりません。

本章では，主として，監査基準委員会報告書300「監査計画」（監基報300）に基づいて説明します。

第1節　監査計画の意義

1　2種類の監査計画

監査計画とは,「効果的かつ効率的な方法で監査を実施するために, 監査業務に対する監査の基本的な方針を策定し, 詳細な監査計画を作成すること」(監査基準委員会報告書（序）「監査基準委員会報告書の体系及び用語」) です。

(1)　監査の基本的な方針

監査の基本的な方針とは, 監査業務の範囲, 監査の実施時期, および監査の方向性を設定することであり, 詳細な監査計画を作成するための指針となるものです。**監査の方向性**とはむずかしい表現ですが, これには次のような項目があります（監基報300付録)。

①　**監査業務の特徴**――規制当局によって義務づけられている産業特有の報告事項, 連結の範囲を決定する親会社と構成単位（p.107参照）との支配従属関係など

②　**報告の目的, 監査の実施時期, および必要なコミュニケーションの内容**――監査結果の報告日程や, 監査役等とのコミュニケーションの時期など

③　**重要な要素, 予備的な活動, および他の業務からの情報**――重要な虚偽表示のリスクの程度が高い領域からの情報など

④　**監査チームの編成**――監査チームの選定と, 監査チームのメンバーへの作業の割当てなど

監査人は, 次の点に留意して監査の基本的な方針を策定します（監基報300：7項)。

- 監査業務の範囲に影響を及ぼす事項を識別すること
- 監査の実施時期および必要なコミュニケーションの内容を計画するために監査報告の目的を明確にすること

- 監査人の職業的専門家としての判断により，監査チームの作業に重要な影響を及ぼす要素を考慮すること
- 監査契約に係る予備的な活動の結果を考慮すること
- 監査の実施に必要な監査チームメンバーの能力，実施の時期，および人数を明確にすること

⑵　詳細な監査計画

詳細な監査計画とは，監査リスクを合理的に低い水準に抑え，十分かつ適切な監査証拠を入手するために，監査チームが実施すべき監査手続の種類，その実施の時期，および範囲を決定することです。

詳細な監査計画には，次の監査手続を決定することがふくまれます（監基報300：8項）。

⑴　適用するリスク評価手続の種類，その実施の時期，および範囲の決定

財務諸表全体レベルの重要な虚偽表示のリスクと，アサーション・レベル（財務諸表項目レベル，すなわち取引種類，勘定残高，開示等に関連するアサーションごと）の重要な虚偽表示のリスクを識別し評価するために，次の手続を実施します。

①　経営者，および重要な虚偽表示のリスクに係る有用な情報をもっていると監査人が判断した者への質問

②　分析的手続

③　観察，記録や文書の閲覧

⑵　適用するアサーション・レベルのリスク対応手続の種類，その実施の時期，および範囲の決定

①　評価したアサーション・レベルの重要な虚偽表示のリスクの根拠について，次の点を検討する。

- 関連する取引種類，勘定残高，開示等の特性に起因する重要な虚偽表示の発生可能性の有無とその程度（固有リスク）
- 実証手続の種類，時期，および範囲の決定について，内部統制へ依拠する予定の有無とその程度（統制リスク）

② 評価した重要な虚偽表示のリスクの程度が高いほど，より証明力の強い監査証拠を入手すること

(3) その他の報告書等における要求事項によって計画する監査手続

2 監査計画とリスク・アプローチとの関係

監査計画は，監査人が企業の重要な虚偽表示のリスクを評価し，その結果を踏まえたうえで発見リスクを適切な水準に決定するために策定されます。

平成14（2002）年改訂監査基準は，監査計画とリスク・アプローチとの関係に関連して「監査計画を策定することの重要性については，これまでも『監査基準』で指示されてきたところであるが，リスク・アプローチのもとでは，各リスクの評価と監査手続，監査証拠の評価ならびに意見の形成との間の相関性が一層強くなり，この間の一体性を維持し，監査業務の適切な管理をするために監査計画はより重要性を増している」（前文三8(1)）として，リスク・アプローチのもとにおいては監査計画がより重要となったことと，その策定のあり方を指示しています。このことは**図表6-1**のようにあらわすことができます。

ワンポイントレッスン 23

監査の基本的な方針と詳細な監査計画

詳細な監査計画は，監査の基本的な方針より詳細で，監査チームのメンバーが実施すべき監査手続の種類，時期，および範囲を網羅したものです。詳細な監査計画は，監査の進捗（しんちょく）状況に応じて監査期間全体にわたって作成されます。たとえば，リスク評価手続の計画は監査の初期の段階で作成され，また，リスク対応手続の種類，時期，および範囲に係る計画はリスク評価手続の結果に基づいて作成されます（監基報300：A12項）。

しかし，監査の基本的な方針と詳細な監査計画とは，必ずしも別個の，または前後関係が明確なプロセスではなく，一方に修正が生じれば他方にも修正が生じうるような，相互に密接に関連するものです（監基報300：A10項）。

【図表6-1】リスク・アプローチに基づく監査計画のあり方

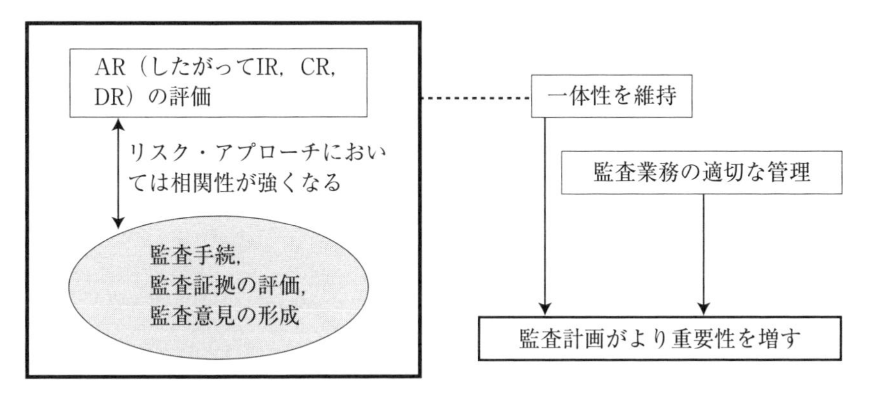

出所：平成14（2002）年改訂監査基準三８(1)に基づいて作成。

3　監査計画の策定目的と策定要件

監査基準は，監査計画の策定目的と策定要件について，次のように規定しています。

> 実施基準・一基本原則１
> 　監査人は，監査リスクを合理的に低い水準に抑えるために，財務諸表における重要な虚偽表示のリスクを評価し，発見リスクの水準を決定するとともに，監査上の重要性を勘案して監査計画を策定し，これに基づき監査を実施しなければならない。

ここでは，監査計画の策定目的は「監査リスクを合理的に低い水準に抑えるため」であり，また，策定要件は「財務諸表における重要な虚偽表示のリスクを評価し，発見リスクの水準を決定する」ことと，「監査上の重要性を勘案」することとされています。

以上の監査基準の内容は，**図表6-2**のように示すことができます。

【図表6-2】監査計画の策定目的と策定要件

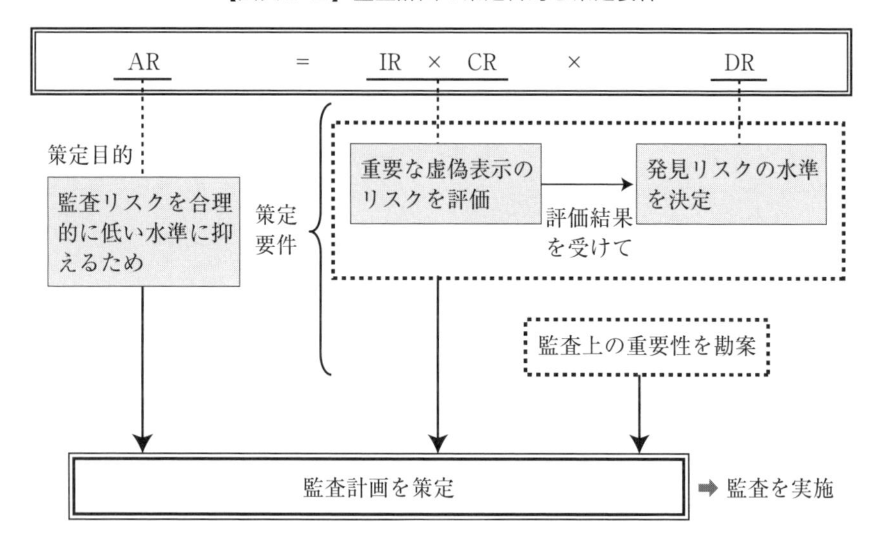

出所：監査基準・第三実施基準・一基本原則1に基づいて作成。

第2節　監査契約に係る予備的な活動

監査人は，監査の開始にあたって，監査契約に係る予備的な活動として，次の手続を実施しなければなりません。これは第2章で述べたパイロット・テスト（p.23参照）です。監査人はこれらの手続を実施することによって，監査の遂行に支障をきたす可能性のある事象または状況を識別し評価することが可能となります（監基報300：5項，A5項）。

① 監査契約の更新の可否に関する手続（監査基準委員会報告書220「監査業務における品質管理」11項，12項）

- 監査責任者は，監査契約の新規の締結および更新が，監査事務所の定める方針および手続にしたがって適切に行われていることを確かめる
- 監査責任者は，監査契約締結後に契約の締結を辞退するような情報を入手した場合，その情報を監査事務所に速やかに報告する。これにより，監査事務所および監査責任者は必要な対応をとることができるようになる

②　独立性をふくむ職業倫理に関する規定の遵守状況の評価（監査基準委員会報告書220「監査業務における品質管理」８項-10項）

- 監査責任者は，監査業務のすべての局面において，監査チームのメンバーが監査事務所の定める職業倫理の遵守に関する方針および手続を遵守していない形跡がないかどうかについて質問等を行う
- 監査責任者は，監査チームのメンバーが職業倫理に関する規定を遵守していないことに気づいたときには，専門的な見解について問合せを行うなど，適切な対応をとる
- 監査責任者は，監査事務所が定める独立性の保持のための方針および手続を遵守するとともに，監査チームのメンバーがこれを遵守していることを確かめる

③　監査契約の条件についての十分な理解（監査基準委員会報告書210「監査業務の契約条件の合意」７項-９項）

- 監査人は，監査業務の契約条件について経営者と合意しなければならない
- 合意した監査契約の条件について，以下の事項を監査契約書またはその他の合意書に記載する
  - ・財務諸表監査の目的および範囲
  - ・監査人の責任
  - ・経営者の責任
  - ・財務諸表の作成において適用される財務報告の枠組み
  - ・想定される監査報告書の様式および内容，ならびに状況によって様式や内容が異なる場合がある旨

監査人は，監査契約に係る予備的な活動を実施することによって，次の事項を考慮した監査計画を策定することが可能となります（監基報300：Ａ６項）。

- 監査人が，必要とされる独立性と監査遂行能力を保持していること
- 監査契約の更新に影響を及ぼす経営者の誠実性に問題がないこと
- 監査の契約条件について企業との間に誤解がないこと

以上の３つは，適切な監査を実施するための前提となる事項です。

また，監査人は，監査業務実施の前に，監査契約の更新の可否や独立性をふくむ職業倫理に関する規定の検討を完了しなければなりません。そのため，継続監査においては，前年度の監査の終了直後または前年度の監査の最終段階からこの検討を開始します。そして，もし監査期間中にこれらの状況が変化した場合には，これらを再検討することになります（監基報300：Ａ７項）。

第３節　監査計画の策定

１　監査計画の策定時期

監査計画の策定は，監査期間全体，すなわち，前年度の監査の終了直後，または前年度の監査の最終段階からはじまり，当年度の監査の終了まで継続する連続的かつ反復的なプロセスです（監基報300：Ａ２項）。つまり，監査計画の策定は監査期間全体にわたって行われる作業です。これは，後述する監査計画の修正も同様です。

しかし，監査計画のなかには，リスク対応手続の実施前に完了しておくことが必要な事項もあります。たとえば次のような事項で，監査人は重要な虚偽表示のリスクの識別と評価を行う前に，これらを検討しておく必要があります（監基報300：Ａ２項）。

- リスク評価手続として実施する分析的手続
- 企業に適用される法令とその遵守状況に関する全般的な理解
- 監査上の重要性の決定
- 専門家の業務の利用の決定
- その他のリスク評価手続の実施

２　監査チームの主要なメンバーの参画と討議

監査計画を策定する際には，監査責任者と監査チームの主要メンバーが監査計画策定に参画（さんかく）して，監査チーム内で討議しなければなりません（監基報300：２項）。その理由は，監査経験や洞察力を十分に有する監査責任者および監査チームの主要メンバーが監査計画の策定に参画することによって，監査計画のプロセスの有効性と効率性を高めることができるようになるからです（監基報300：A４項)。

監査責任者と監査チームの主要メンバーは，財務諸表に重要な虚偽の表示が行われる可能性，ならびに企業の実態や企業環境について討議する必要があります。この討議は，経営者，取締役等および監査役等の信頼性や誠実性に予断をもたないで行います。

監査責任者は，討議に参加していない監査チームの他のメンバーに対して，討議の内容を適切に伝達します（以上，監査基準委員会報告書240「財務諸表監査における不正」14項，監査基準委員会報告書315「重要な虚偽表示リスクの識別と評価」９項)。

3　不正リスクに対応した監査計画の策定

不正リスク対応基準では，監査計画の策定にあたり，不正リスク要因の検討や不正リスクを把握するために必要な監査手続を実施することが規定されています。監査人は，入手した情報が不正リスク要因の存在を示しているかどうかを評価し，それらを財務諸表全体および財務諸表項目の不正リスクの識別において考慮し，そのうえで，識別・評価した不正リスクに応じた監査計画を策定することが求められるのです。

また，監査人は，財務諸表全体に関連する不正リスクが識別された場合には，抜打ちで監査手続を実施したり，往査先や監査実施の時期を変更したりするなど，企業が想定しない要素（p.122の**ワンポイントレッスン28**参照）を監査計画に組み込む必要があります。

第４節　監査計画の策定により可能となる事項

監査基準委員会は，適切な監査計画を策定することによって可能となる事項として**図表6-3**に示す６項目をあげています。

【図表6-3】適切な監査計画の策定により可能となる事項

① 監査の重要な領域に対して監査人が適切な注意を払うこと
② 潜在的な問題を適時に識別し解決すること
③ 監査業務を適切に管理し，その結果，効果的かつ効率的な方法で監査を実施すること
④ リスクに対応するために，適切な能力及び適性を有する監査チームメンバーを選任し，作業を適切に割り当てること
⑤ 監査チームメンバーに対する指示，監督及び監査調書の査閲を適切に行うこと
⑥ 必要に応じて，構成単位の監査人の作業や専門家の業務と連携すること

出所：監基報300：２項。

⑴ 監査の重要な領域への適切な注意

監査計画とは，監査人が監査の重要な領域に適切な注意を払い，監査リスクの程度と監査上の重要性に応じた十分かつ適切な監査証拠を入手するために策定されるものです。監査人は，そのために，監査の重要な領域を把握し，それに関連する会計処理と財務諸表に重要な虚偽の表示が発生する可能性を検討します。監査の重要な領域とは，財務諸表に重要な虚偽の表示が生じる可能性が高い項目か，または重要な虚偽の表示が発生すればその影響が大きいと考えられる項目がふくまれる領域です。

⑵ 潜在的な問題の識別と解決

ここで潜在的な問題とは，企業の財務数値だけに関連するものではなく，非財務の問題もふくむ幅広い概念です。財務諸表監査の目的は企業の潜在的な問題を識別したり，これを解決したりすることではありませんが，企業の財務諸表に重要な虚偽の表示が生じる可能性が高いと考えられる事項や，継続企業の前提に重要な疑義を抱かせるような事項等については，監査人は早めにこれを検討する必要があります。そのためには，監査基準・一般基準３で示されているように，「監査人は，職業的専門家としての正当な注意を払い，懐疑心を保持して監査」を行う必要があります。

(1)の「監査の重要な領域への適切な注意」とこの(2)は，財務諸表の重要な虚偽の表示について注意をうながすものであり，表裏一体をなしています。

(3) 監査業務の管理と効果的かつ効率的な監査の実施

監査人は，監査を組織的に実施し，またその実施期間中においてはすべての監査業務を一元的に管理しなければなりません。監査を組織的に実施するためには，被監査会社ごとに適切な監査チームを編成して，監査責任者は的確に監査業務の指示・指導・監督を行い，補助者はその指示・指導・監督に従って忠実に監査業務を実施し，そして実施した業務の結果を監査責任者に報告する必要があります。

適切な監査計画を策定することによって，以上の監査業務の組織的な実施と適切な管理を行うことができるようになります。そして，これは効果的かつ効率的な監査の実施につながっていきます。

(4) 監査チームのメンバーの選任と適切な業務の割当て

監査責任者は，ある特定の監査領域に存在する重要な虚偽表示のリスクの程度の評価およびこれに基づいて決定される発見リスクの水準等と，当該監査に従事する各監査メンバーの能力，経験，および適性などを比較検討して，各監査メンバーに担当する監査業務を割り当てます。そして監査責任者によるこのような比較検討および割当てがすべての監査領域について終了すれば，その全体が監査計画になるのです。

したがって，監査計画を策定するということは，ある特定の監査領域をある監査メンバーに担当させる場合において，客観的な事情の許す限り，その監査メンバーが担当する業務を最適に配分することです。

(5) 監査チームのメンバーに対する指示・監督・指導と監査調書の査閲

監査計画には，**監査手続指示書**（audit program）もふくまれます。監査手続指示書は「効果的かつ効率的に監査を実施するため，例えば，往査事業所別，財務諸表項目別，又は実施時期別に，実施すべき統制評価手続又は実証手続及び範囲」をまとめたものであり，監査メンバーへの「指示書として監査業務の質的水準を確保するための有効な手段」（以上，監査基準委員会6号（中間報告）「監査計画」，平成14（2002）年3月26日改正，15項）です。

監査手続指示書は具体的な監査業務において，監査人が，科目ごとに，検証する監査要点，適用する監査手続，検証に用いる帳票名，実施上の留意事項，その他の必要な事項などを一覧表にまとめたものです。監査責任者は，必要と思われる科目について監査手続指示書を作成し監査メンバーに渡すことによって，各監査メンバーの職務を適切に指示・監督するのです。

監査手続指示書は，また，監査チームのメンバーに対する監査実施上の指導用具としても機能するものです。監査責任者は，監査メンバーが作成した監査調書を査閲して，自らが指示した監査手続指示書の内容と監査メンバーが行った実際の監査業務とを対照しながら監査メンバーに指導を行います。

すなわち，監査責任者は，監査メンバーが監査手続指示書で指示された監査手続をどのように理解したか，そしてそれをどのように適用したか，監査証拠の入手方法は効率的か，入手した監査証拠の評価過程は合理的か，その評価結果は監査証拠の十分性と適切性を満たしているか，監査実施上の留意事項やその他の必要と考えられる事項についてどのように考えてどのような監査手続を実施したか等，すべて監査手続指示書に記載された指示内容に照らして指導するのです。

(6) 構成単位の監査人の作業や専門家の業務との連携

6番目は，適切な監査計画は構成単位の他の監査人の作業や専門家の業務と

ワンポイントレッスン 24

監査手続指示書

監査手続指示書は，監査責任者が監査メンバーに対して示した業務の命令書であり，また監査メンバーにとっては監査証拠の入手過程やその評価活動に客観的な指針を与えてくれる監査実施上の手引書でもあり，さらには，監査責任者が監査メンバーの行った監査業務について評価する際の評価の基準書となるものです。単に監査手続書ということもあります。

の連携に有意義であることです。**構成単位**とは，財務情報の作成単位となる企業またはその他の事業単位をいい，親会社，子会社，共同支配企業，その他の被投資会社，本社や事業部門または支店をふくむものです（監査基準委員会報告書600「グループ監査」8項(9)，A2項）。

監査人は，企業の事業所や子会社等の監査を実施できない場合や，実施できる場合であっても何らかの理由によってその監査を構成単位の監査人に依頼する方が合理的であると考えられる場合には，構成単位の監査人に監査を依頼し，その結果を利用することがあります。この場合には，当初の監査計画の策定段階から，構成単位の監査人の作業の利用予定を監査計画に組み込むことによって，より合理的で適切な監査を実施することができるようになります。その理由は，構成単位の監査人の作業を利用することが当初からの予定として行われれば，事前の打合わせや，資料の準備，経理責任者や経営者等へのヒアリング等，すべての監査業務が計画的に行われるようになるからです。これによって，監査業務が全体としてより効率的に行われることになります。

また，監査人は，十分かつ適切な監査証拠を入手する際に，会計または監査以外の専門分野における個人または組織（このような個人または組織を**専門家**といいます）に特別な調査を依頼し，そしてその調査結果を自らが受任した監査に利用することがあります。専門家に依頼する専門知識の例としては，次のような業務があります（監査基準委員会報告書620：A1項）。

- 資産および負債の評価
- 保険契約または従業員の年金制度にともなう負債の数理計算
- 石油およびガス埋蔵量の見積り
- 環境債務および土壌浄化費用の評価
- 契約および法令の解釈
- ITを利用した複雑な情報システム

監査人は，こうした専門家の知識を利用する場合であっても，あらかじめ専門家による往査の予定を監査計画に組み込むことができれば，当該専門家の業務を早期にかつ的確に把握することが可能となるので，これによって監査がより効果的かつより効率的に実施されることになります。その理由は，当該監査人は，自らが作成した監査計画に従って当該専門家の行動をつねに把握し，規制し，そして管理することができるようになるからです。

第５節　監査計画の修正

監査計画は，いったん策定されたからといって修正されないものではありません。監査の実施過程で事象や状況に何らかの変化があり不都合が生じたのであれば，むしろ積極的に修正されなければなりません。監査基準委員会は，「監査人は，監査期間中必要に応じて，監査の基本的な方針および詳細な監査計画を見直し修正しなければならない」（監基報300：９項）としています。そして，「監査人は，予期しない出来事が生じた場合，状況が変化した場合，又は監査手続の実施結果が想定した結果と異なった場合には，改訂されたリスク評価の結果に基づき，監査の基本的な方針及び詳細な監査計画並びにこれらに基づき計画したリスク対応手続の種類，時期及び範囲を修正することが必要な場合がある」と指摘したうえで，その場合とは，監査人が「監査手続を計画した時点での利用可能な情報と著しく異なる情報」を入手した場合や，実証手続の実施過程で「内部統制の運用評価手続から入手した監査証拠とは矛盾する監査証拠を入手した場合」（以上，監基報300：A13項）などをあげています。

図表6-4-1～6-4-3で具体的な監査計画の例を示しておきます。

【図表6-4-1】監査計画 ―監査計画策定の前提条件―

1　この監査計画は，東京証券取引所のプライム市場への上場会社（メーカー）を想定し，監査責任者は2名（AとB），主査は1名（C），他はスタッフ（公認会計士）を前提として作成している。

2　経営者とのディスカッションは，当初の計画策定時と年度末の決算方針を確認する際に実施する。

3　監査役とのコミュニケーションは，年2回実施する。

4　審査は，監査計画策定時，中間監査報告書提出時，会社法監査報告書および金融商品取引法監査報告書提出時に，それぞれ受審する。

5　棚卸立会と確認の基準日は3月31日である。

6　その他

………

【図表6-4-2】監査計画 ―時系列別計画―

時系列別年度計画

作成　20××年7月12日
承認　20××年7月14日

往査年月		往査事業所	往査目的	監査責任者			補助者			合計
				人	日	計	人	日	計	
7	1	本社	経営者とのディスカッション	2	0.25	0.5	2	0.25	0.5	1
	2	本社	経営環境の理解			0	2	1	2	2
	5	本社	重要勘定の識別と監査目的の特定			0	2	1	2	2
	10	事務所	監査計画の審査	2	0.25	0.5	2	0.25	0.5	1
	11	事務所	監査手続指示書の策定	2	0.5	1	1	1	1	2
11	2	本社	中間監査	2	0.5	1	2	1	2	3
	3	本社	同上			0	2	1	2	2
	4	本社	同上			0	2	1	2	2
	5	本社	同上			0	2	1	2	2
	6	本社	同上	2	0.5	1	2	1	2	3
	9	本社	中間財務諸表の表示検討			0	2	0.5	1	1
	10	事務所	中間監査報告書の審査	2	0.25	0.5	2	0.25	0.5	1
3	24	本社	経営者とのディスカッション	2	0.25	0.5	2	0.25	0.5	1
	31	工場	棚卸立会			0	4	1	4	4
4	4	本社	現金預金・受取手形・有価証券実査			0	3	1	3	3
	5	本社	売掛金残高確認書の発送			0	2	1	2	2

	6	本社	同上			0	3	1	3	3
4	25	本社	個別財務諸表の監査	1	1	1	4	1	4	5
	26	本社	同上	1	1	1	4	1	4	5
	27	本社	同上	2	1	2	4	1	4	6
	28	本社	同上	2	1	2	4	1	4	6
	29	本社	同上	2	1	2	4	1	4	6
	30	本社	同上	2	1	2	4	1	4	6
5	2	本社	同上			0	2	1	2	2
	6	本社	同上			0	3	1	3	3
	7	本社	同上	2	1	2	3	1	3	5
	2	本社	連結財務諸表の監査	1	1	1	2	1	2	3
	3	本社	同上			0	2	1	2	2
	4	本社	同上	2	1	2	2	1	2	4
	5	本社	同上							
	6	本社	会社法監査意見の審査	1	1	1	2	1	2	3
	9	本社	監査役とのコミュニケーション			0	2	1	2	2
6	1	本社	有価証券報告書の表示検討				2	1	2	2
	3	本社	金融商品取引法監査意見の審査	2	0.25	0.5	2	0.25	0.5	1
	4	事務所	監査報告書の作成			0	2	1	2	2
			合　　計			54			196	250

（注） 4月25日からはじまる個別財務諸表の監査と，5月2日からはじまる連結財務諸表の監査に関する詳細な日程は次の**図表6-4-3**監査計画 ―日程別計画―で示している。

【図表6-4-3】監査計画 ―日程別計画―

20××年7月12日作成
20××年7月14日承認

日　程	4/25	26	27	28	29	30	5/2	3	4	5	6	7	合計
個別財務諸表の監査													
A（責 任 者）	○	―	○	○	○	○	―	―	―	―	―	○	6
B（　〃　）	―	○	○	○	○	○	―	―	―	―	―	○	6
C（主　　査）	○	○	○	○	○	○	―	―	―	―	○	○	8
D（スタッフ）	○	○	○	○	○	○	―	―	―	―	○	○	8
E（　〃　）	○	○	○	○	○	○	○	―	―	―	―	―	7
F（　〃　）	○	○	○	○	○	○	○	―	―	―	○	○	9
合　計	5	5	6	6	6	6	2	0	0	0	3	5	44日
連結財務諸表の監査													
A	―	―	―	―	―	―	○	―	○	△	―	―	2.5
B	―	―	―	―	―	―	―	―	○	△	―	―	1.5
C	―	―	―	―	―	―	○	○	○	○	―	―	4
D	―	―	―	―	―	―	○	○	○	―	―	―	3
合　計	0	0	0	0	0	0	3	2	4	2	0	0	11日

担当科目

（個別財務諸表の監査）

A　稟議書・議事録閲覧，審査資料作成，計算書類表示検討，引当金

B　審査資料作成，計算書類表示検討，販管費，営業外・特別損益

C　審査資料作成，有価証券，固定資産，その他の投資

D　売掛金，前受金，売上

E　棚卸資産，買掛金，前渡金，売上原価，純資産の部

F　現金預金，受取手形，支払手形，その他資産・負債

（連結財務諸表の監査）

A　審査資料作成，連結計算書類表示検討

B　審査資料作成，連結計算書類表示検討

C　審査資料作成，投資資本消去，貸倒引当金修正

D　債権債務・取引高消去，その他

◆ 練習問題6 ◆

1　次の（　）内に適当な語句を入れて，文章を完成させなさい。

監査計画の策定は，（ ① ）全体，すなわち，前年度の監査の（ ② ）直後，または前年度の監査の（ ③ ）からはじまり，当年度の監査の（ ② ）まで継続する連続的かつ（ ④ ）的なプロセスです。監査計画を策定する際には，（ ⑤ ）と監査チームの主要メンバーが監査計画策定に参画して，監査チーム内で討議しなければなりません。その理由は，監査経験や（ ⑥ ）を十分に有する（ ⑤ ）および監査チームの主要メンバーが監査計画の策定に参画することによって，監査計画のプロセスの有効性と効率性を高めることができるようになるからです。

こうした監査計画は，予期しない出来事が生じた場合，状況が変化した場合，または監査手続の実施結果が想定した結果と異なった場合には，監査人は，改訂された（ ⑦ ）の結果に基づき，監査の（ ⑧ ）および詳細な監査計画ならびにこれらに基づき計画した（ ⑨ ）の種類，時期および範囲を修正することが必要な場合があります。

2　次の文章が正しければ○を，誤っていれば×を付したうえで，誤っているものについては誤っている理由を説明しなさい。

(1)　監査計画は，監査人が，企業の重要な虚偽表示のリスクを評価し，その評価結果を踏まえたうえで策定されるものです。したがって，監査計画は発見リスクと密接な関係があります。

(2)　監査人は，監査計画を策定する際，通常は，監査業務の実施前に，監査契約の更新の可否や独立性をふくむ職業倫理に関する規定の検討を完了していなければなりません。しかし，やむを得ない事情があり，かつ監査責任者がそれを相当と認めた時には，これらの検討を監査業務をはじめた後にすることも認められます。

(3)　監査手続指示書は「効果的かつ効率的に監査を実施するため，例えば，往査事業所別，財務諸表項目別，又は実施時期別に，実施すべき統制評価手続又は実証手続及び範囲」をまとめたものです。したがって監査チームのメンバーに対する監査実施上の指導用具として機能するものではありません。

第7章

監査の実施

本章のポイント

① リスク・アプローチ監査では，監査人は，監査リスクを合理的に低い水準に抑えるために，財務諸表における重要な虚偽表示のリスクを評価し，その評価結果に基づいて発見リスクの水準を決定し，また監査上の重要性を勘案して，監査計画を策定し，これに基づき監査を効果的かつ効率的に実施します。
② 監査人は，財務諸表における重要な虚偽表示のリスクを識別し評価するために，リスク評価手続を実施します。
③ 重要な虚偽表示のリスクには，財務諸表全体レベルの重要な虚偽表示のリスクと，アサーション・レベルの重要な虚偽表示のリスクがあります。
④ 財務諸表全体レベルの重要な虚偽表示のリスクには，全般的な対応を立案し実施します。
⑤ アサーション・レベルの重要な虚偽表示のリスクは固有リスクと統制リスクに分けて評価します。特別な検討を必要とするリスクは固有リスクに着目して検討します。
⑥ アサーション・レベルの重要な虚偽表示のリスクには，リスク対応手続（内部統制の運用評価手続と実証手続）を立案し実施します。
⑦ 監査人は，監査の結果をとりまとめ，財務諸表に重要な虚偽の表示がないことについての合理的な保証を得たうえで，監査意見を形成します。

本章では，主として，監査基準委員会報告書315「重要な虚偽表示リスクの識別と評価」（監基報315），および監査基準委員会報告書330「評価したリスクに対応する監査人の手続」（監基報330）に基づいて説明します。

第1節　リスク・アプローチ監査

監査人は，監査リスクを合理的に低い水準に抑えるために，財務諸表における重要な虚偽表示のリスクを評価して発見リスクの水準を決定し，また監査上の重要性を勘案して，監査計画を策定し，これに基づき監査を実施します。このような監査の実施に関する考え方や監査を行う方法を**リスク・アプローチ監査**といいます。この節では，リスク・アプローチ監査の実施手順，そして監査証拠について説明します。

1　リスク・アプローチ監査の実施の手順

リスク・アプローチ監査においては，監査人は，まず，①**リスク評価手続**を実施して虚偽表示のリスクの識別とその金額の評価を行います。次いで，虚偽表示のリスクが識別されかつ重要であれば，それが財務諸表全体レベルの重要な虚偽表示のリスクなのか，それともアサーション・レベルの重要な虚偽表示のリスクなのかについて判断します。そして，②財務諸表全体レベルの重要な虚偽表示のリスクであれば，**全般的な対応**を行い，③アサーション・レベルの重要な虚偽表示のリスクであれば，**リスク対応手続**を実施します。

①は第2節で，②は第3節で，そして③は第4節で説明します。

2　監査証拠

監査人は，監査要点を立証し，監査意見を表明するための基礎を得るために，

【図表7-1】監査証拠の十分性と適切性

監査証拠
- 十分性…監査証拠の量的尺度
- 適切性…監査証拠の質的尺度
  - 適合性…監査要点の立証への適合の程度
  - 証明力…監査要点の立証の強さ

策定した監査計画に基づいてリスク評価手続とリスク対応手続を実施し，監査証拠を入手します。そして，入手した監査証拠が監査要点の立証にとって十分かつ適切であるかどうかを検討します。このような監査要点の立証に対する監査証拠の十分性と適切性の検討を**監査証拠の評価**といいます。**監査証拠の十分性**とは監査証拠の量的尺度であり，**監査証拠の適切性**とは監査証拠の質的尺度で，適合性と証明力からなります。**適合性**とは監査要点の立証への適合の程度であり，**証明力**とは監査要点を立証する強さです。

入手した監査証拠が監査要点の立証にとって十分かつ適切であるかどうかを評価した結果，もし十分または適切でなければ，監査計画を修正して追加的な監査手続を実施し，さらに監査証拠を入手する作業を続けます。

第２節　重要な虚偽表示のリスクの識別と評価

１　リスク評価手続

重要な虚偽表示のリスクの識別と評価においては，監査人は，**リスク評価手続**を実施して３段階の検証を行います。まず，内部統制をふくむ企業および企業環境を理解します。この理解には，財務報告に重要な影響を及ぼす内部統制の整備状況の評価と，企業そのものの理解，および企業環境の理解があります。次に，内部統制の整備状況の評価結果と企業および企業環境の理解によって，企業の事業上のリスク等を特定し，事業上のリスク等がもたらす重要な虚偽表示のリスク（Risk of Material Misstatement，RMM）が財務諸表に内在しているかどうかについて検討します。監査人が，重要な虚偽表示のリスクが財務諸表に内在していると判断した場合には，その重要な虚偽表示のリスクが，財務諸表全体に広くかかわり多くのアサーションに潜在的に影響を及ぼす**財務諸表全体レベルの重要な虚偽表示のリスク**なのか，それとも，財務諸表の特定の項目に関連している**アサーション・レベル**（財務諸表項目レベル）**の重要な虚偽表示のリスク**なのかを識別します。

第３番目に，財務諸表全体レベルにおいては，固有リスクと統制リスクを結合した重要な虚偽表示リスクを評価します。財務諸表項目レベルにおいては，固有リスクと統制リスクを分けて評価します。固有リスクについて，その性質に着目して重要な虚偽の表示がもたらされる要因を勘案し，虚偽の表示が生じる可能性と当該虚偽の表示が生じた場合の影響を組み合わせて評価します。

以上のことは**図表7-2**のように示されます。

近年における取引や会計上の見積りの複雑化により，財務諸表項目レベルの重要な虚偽表示のリスクの評価の重要性が高まり，監査基準が改訂されました。財務諸表項目レベルの重要な虚偽の表示に適切に対応するため，固有リスクと統制リスクを分けて評価することが強調され，リスク・アプローチの厳格な適用を求めています。固有リスクを適切に評価することが重要であり，固有リスクに着目して「特別な検討を必要とするリスク」を決定する必要があります。

2　内部統制をふくむ企業および企業環境の理解

監査人は，財務諸表の重要な虚偽表示のリスクを評価するために，内部統制をふくむ企業および企業環境を理解しなければなりません。

ワンポイントレッスン　25

監査証拠の適合性

監査証拠の適合性とは，監査要点（p.30のワンポイントレッスン9を参照）の立証への監査証拠の適合の程度です。たとえば，買掛金の過大計上の有無（実在性）を検証する場合，帳簿に計上された買掛金を検証することはこの目的に適合しています。実在性の検証とは，帳簿に計上された買掛金が本当に存在しているのかどうかについての検証であるため，帳簿に計上された買掛金だけを検証すればよいからです。しかし，買掛金の過小計上（網羅性）を検証する場合，帳簿に計上された買掛金を検証することは目的に適合していません。網羅性の検証とは，帳簿に計上された買掛金以外に買掛金が存在していないかどうかの検証なので，帳簿以外の買掛金の有無を検証しなければならないからです。このため，網羅性の検証では，期末日後の支払状況，未払の請求書・仕入先からの支払通知書，検収報告書などの検証を行う必要があります。

【図表7-2】リスク評価手続の流れ

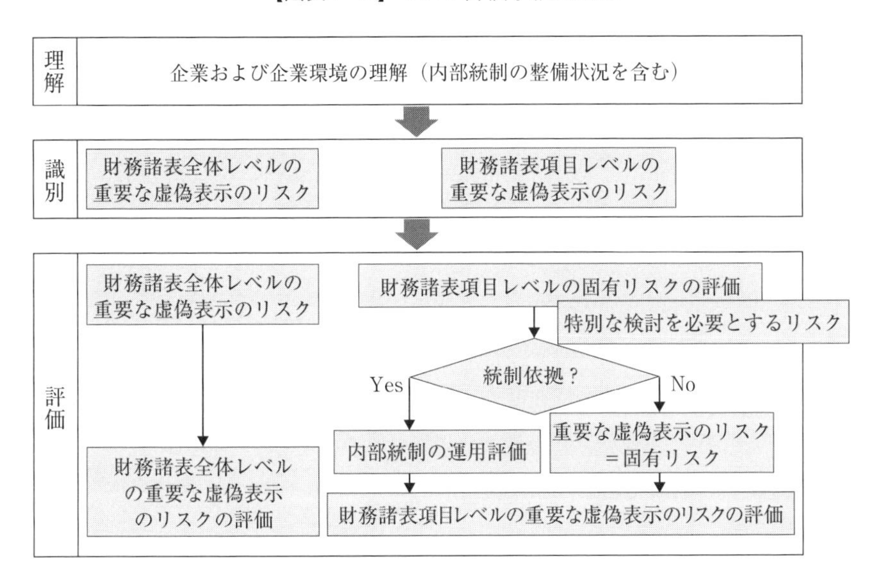

内部統制については第5章で説明しました。

監査人は，内部統制をふくむ企業および企業環境を理解するために，分析的手続，企業の経営者および担当者への質問，企業活動の観察，取締役会議事録・中期経営計画・予算書等の閲覧等の監査手続を実施して，たとえば次のような情報を入手します。

①　企業の理解

- 企業の事業活動等
  - ・事業運営（収益の源泉，製品・サービス・市場の特性，事業セグメントと地理的分散，主要得意先，主要仕入先，生産工程と方法等）
  - ・投資活動（事業買収または事業売却，投融資，設備投資等）
  - ・財務活動（主要な子会社と関連会社，負債構成，デリバティブ取引等）
  - ・財務報告（業界特有の会計実務，収益認識の方法等）
- 企業の会計方針の選択と適用
  - ・重要かつ通例でない取引の会計処理
  - ・会計方針の変更

- 企業目的および戦略，これらに関連する事業リスク
  - ・新しい製品やサービス（製造物責任の増加）
  - ・事業の拡大（需要を正確に予測できないこと）
  - ・新しい会計基準（不完全または不適切な導入等）
- 企業の業績の測定と検討（業績に対する経営者のプレッシャー等）
  - ・内部情報の利用（主要な業績指標，業績の期間比較分析，事業部別業績報告，競合他社との業績比較）
  - ・外部情報の利用（アナリストや格付機関の報告書，政府刊行物等）

②　企業環境の理解

- 企業に関連する産業，規制等の外部要因
  - ・市場と競争（需要，供給および価格競争をふくむ）
  - ・企業の製品に関連する生産技術
  - ・企業の事業運営に著しく影響を与える法令

③　内部統制の整備状況の評価

内部統制の整備状況として**内部統制のデザイン**を評価し，内部統制のデザインが実際の業務にどのように適用されているかを評価して，内部統制の有効性について暫定的に評価します。この暫定的な評価は，内部統制の運用状況を評価する前に実施します。

内部統制の整備状況の評価は，たとえば，企業担当者への質問，文書や報告書の閲覧，特定の内部統制の適用状況の観察，ウォークスルー等の監査手続により，内部統制のデザインと業務への適用の妥当性に関する監査証拠を入手します。これらの監査手続はリスク評価手続の一部です。

3　事業上のリスク等と重要な虚偽表示のリスク

監査人は，企業および企業環境を理解し，内部統制の整備状況を検証して，事業上のリスク等を特定します。そして，この結果として重要な虚偽表示のリスクを識別します。この関係は**図表7-3**のようになります。

【図表7-3】企業環境・事業上のリスク等・重要な虚偽表示のリスクの例

企業環境	事業上のリスク等	重要な虚偽表示のリスク	
		アサーション・レベル	財務諸表全体レベル
企業が技術革新の激しい産業に属している場合	棚卸資産の販売価格の大幅な下落，または陳腐化による販売不能化	棚卸資産の過大計上（評価）	継続企業の前提の妥当性
	遊休資産の発生 生産設備の陳腐化	固定資産の過大計上・減損（評価）	
重要な顧客の業績が悪化している場合	滞留債権の発生	売掛金の過大計上（評価）	（注１）
	滞留在庫の発生	棚卸資産の過大計上（評価）	
	売上の減少	売上の過大計上	
新規ビジネスに積極的に投資している場合	関係会社の業績悪化	関係会社株式の過大計上（評価）	（注２）
	過大な設備投資	固定資産の減損（評価）	

（注１）　重要な得意先が倒産し，債権が回収不能となり，資金繰りが苦しくなれば，財務諸表全体レベルのリスクとなる場合もあります。
（注２）　新規ビジネスが失敗し，巨額の損失が発生した場合，財務諸表全体レベルのリスクとなる場合もあります。

このように，事業上のリスク等には，アサーション・レベルと財務諸表全体レベルの重要な虚偽表示のリスクの両方に関連するものもあります。

4　特別な検討を必要とするリスク

監査人は，財務諸表項目レベルのリスクの評価において，虚偽の表示が生じる可能性と虚偽の表示が生じた場合の影響の両方を考慮して，固有リスクが最も高い領域に存在すると評価した場合に，そのリスクを**特別な検討を必要とするリスク**（significant risk）として取り扱わなければなりません。この概念は，監査人がリスク・アプローチ監査を実施するに当たって，財務諸表項目レベルにおける重要な虚偽表示のリスクを適切に評価することがより一層重要となるため，まず，固有リスクに着目して，特別な検討を行う必要があるかどうかについて検討するために設けられたものです。

【図表7-4】固有リスクの分布図

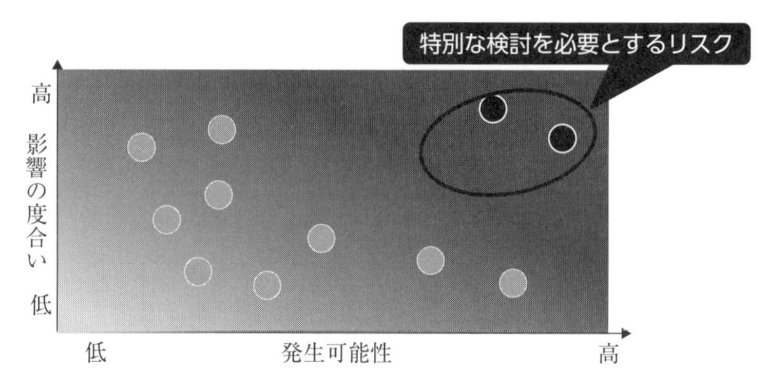

出所：日本公認会計士協会監査基準委員会報告書315改正の概要。

監査人は，会計上の見積りや収益認識等の判断に関して財務諸表に重要な虚偽の表示をもたらす可能性があるもの，不正の疑いがある取引，特異な取引等，特別な検討を必要とするリスクがあると判断した場合には，そのリスクに対応する監査手続を計画し実施する必要があります。

ワンポイントレッスン 26

会計上の見積りの監査

企業環境の不確実性・複雑性が増し将来予測が難しくなり，繰延税金資産や固定資産の減損の評価など会計上の見積りについて，重要な虚偽表示のリスクが生じるリスクが高くなり，その虚偽の表示が生じた場合の影響も大きくなってきています。会計上の見積りの複雑化と監査リスクの高まりに対応するため，「会計上の見積りの監査」（監基報540）が改正され，令和５（2023）年３月期決算から強制適用されています。

固有リスク要因として，①見積りの不確実性，②複雑性，③主観性，④その他（経営者の偏向や不正による虚偽の表示が発生し得るリスクなど）があげられており，監査手続の明確化・詳細化，注記事項の検討の充実などが求められています。また，職業的専門家としての懐疑心の一層の発揮や，監査役等のコミュニケーションの必要性が強調されています。

監査人は，会計上の見積りについては，重要な虚偽表示のリスクに対応する監査手続として，経営者が採用した手法ならびに見積りに用いられた仮定およびデータの評価，経営者の見積りと監査人自らが行った見積りや実績との比較などの手続を行い，十分かつ適切な監査証拠を入手しなければなりません。

第3節　財務諸表全体レベルの重要な虚偽表示のリスク

監査人は，監査の過程において，財務諸表全体に広くかかわりがあり，多くのアサーションに潜在的に影響を及ぼすような財務諸表全体レベルの重要な虚偽表示のリスクを識別することがあります。このリスクは，必ずしも特定のアサーションに結びつけられるものではなく，むしろ，経営者による内部統制の無効化やコンピュータ・プログラムのバグのように，さまざまなアサーションにおいて重要な虚偽表示のリスクを増大させるものです。

監査人が，財務諸表全体レベルの重要な虚偽表示のリスクを識別した場合には，監査人は次のような**全般的な対応**を実施します。

- 監査チームメンバーが職業的懐疑心を強化すること
- 監査チームメンバーの増員
- 豊富な経験，特定分野における専門的な知識や技能をもつ監査チームメンバーの配置，IT・税務・評価・年金数理・不正等に関する専門家の利用
- 監査チームメンバーへの指導監督の強化

ワンポイントレッスン　27

職業的懐疑心

職業的懐疑心の保持とは，監査証拠を鵜呑み（うのみ）にせず，批判的に評価する姿勢をいい，また，入手した監査証拠が不正による重要な虚偽の表示が存在する可能性を示していないかどうかについて，継続的に疑問をもつことなどです。なお，平成25（2013）年に新設された不正リスク対応基準では，職業的懐疑心がとくに強調されています（第3章第5節を参照）。

- リスク対応手続の選択にあたって，企業が想定しない要素の組込み
- 実施すべき監査手続の種類，時期および範囲の変更（たとえば，売掛金の確認の基準日を期末日前から期末日への変更，より証明力が強い監査証拠を入手するための監査手続の変更）

内部統制の**統制環境**も，財務諸表全体レベルの重要な虚偽表示のリスクの評価と全般的な対応に大きな影響を及ぼします。統制環境が有効な場合は，監査人は内部統制に依拠した監査を行うことができます。たとえば，統制環境が有効であれば，企業内部で作成された情報は監査証拠としての証明力が高いと判断できるため，監査人は，確認や立会等を実施する基準日を期末日ではなく期末日以前の日に変更することができます。しかし，もし統制環境が不備の場合には，監査人は，基準日を期末日にしたり，監査手続等に企業が想定しない要素を組み込むなど，全般的な対応を取らなければなりません。

ワンポイントレッスン 28

企業が想定しない要素の組込み

監査人は，不正による財務諸表全体レベルの重要な虚偽表示のリスクを識別した場合，全般的な対応として，実施する監査手続の種類，時期および範囲の決定にあたって，企業が想定しない要素を組み込まなければならないとされています。企業が想定しない要素として，次のようなことが考えられます（監基報240：A34項）。

- 重要性やリスクの観点からは通常選択しない勘定残高やアサーションを選択し，これについて実証手続を実施する。
- 監査手続を実施する時期を変更する。
- 監査サンプリングの方法を変更する。
- 往査事業所の選定方法を変更したり，または予告なしに往査する。

第4節　アサーション・レベルの重要な虚偽表示のリスク

1　監査リスクと監査手続

監査人は，アサーション・レベルの重要な虚偽表示のリスクを識別した場合には，監査リスクを許容可能な低い水準に抑えるために，アサーション・レベルにおけるリスク対応手続の種類，時期および範囲を計画し，実施します。

リスク対応手続とは，監査リスクを許容可能な低い水準に抑えるために，識別したアサーション・レベルの重要な虚偽表示のリスクに対応して立案し実施する手続で，内部統制の運用評価手続と発見リスクの水準に応じた実証手続からなっています。**図表7-5**のとおりです。

【図表7-5】リスク対応手続の構成

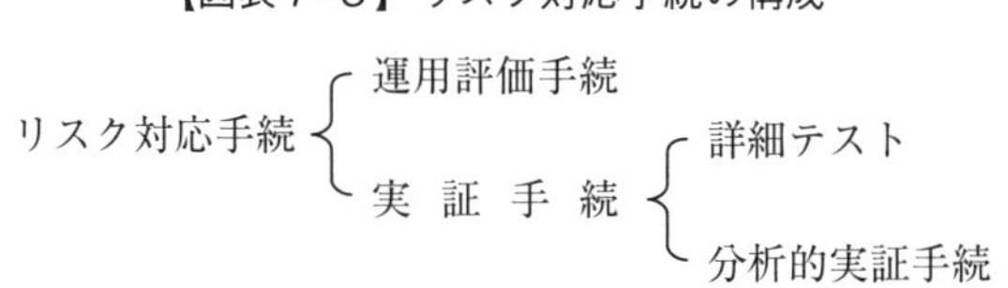

運用評価手続とは，アサーション・レベルの重要な虚偽の表示を防止または発見・是正する内部統制の運用状況の有効性を評価するために立案し実施する監査手続です。経営者や従業員に対する質問に，観察，記録や文書の閲覧，再実施等を組み合わせて実施します。

実証手続とは，アサーション・レベルの重要な虚偽の表示を看過しないために立案し実施する監査手続で，詳細テストと分析的実証手続があります。

詳細テストは，通常，実在性や評価の妥当性等のアサーションを立証するために，証明力が強い監査証拠を入手する必要がある場合に実施します。実査，立会，確認，質問，視察，閲覧，突合（とつごう），再実施などがあります。

分析的実証手続は，ある項目の妥当性を検証するために，その項目に関する会社のデータを入手して概算値を試算し，これと会社が計上した当該項目の金額とを比較する手続等です。一般に，取引量が多く予測可能な取引に対して用いられます。たとえば，１部屋当たりの平均賃料，部屋数および空室率等のデータを会社から入手して，建物に関する賃貸収入の概算値を試算し，これと会社が計上した賃貸収入額とを比較して，その妥当性を検証するのです。

監査人は，実証手続として，詳細テストだけで実施するか，分析的実証手続だけで実施するか，または，詳細テストと分析的実証手続を組み合わせて実施するかを慎重に計画し実施します。

リスク対応手続を実施する場合には，実施する監査手続の種類，その実施の時期，そして実施の範囲を検討しなければなりません。

監査手続の種類とは，実施する監査の目的に対応した手続（運用評価手続または実証手続）と，それを達成するための手法（質問，観察，閲覧，再実施，実査，立会，確認，突合，視察，分析的実証手続など）があります（p.33の**図表2-3**参照）。

監査手続の時期とは，監査手続を実施する時期，または監査証拠を入手する期間もしくは時点のことです。

監査手続の範囲とは，たとえば，検証する監査サンプルの数や統制活動の観察回数等，監査手続を実施する対象の量のことです。

【図表7-6】監査リスクと監査手続との関係

<table>
<tr><td rowspan="4">監査リスク</td><td colspan="4">重要な虚偽表示のリスク</td><td colspan="2" rowspan="4">発見リスク</td></tr>
<tr><td rowspan="3">固有リスク</td><td colspan="3">統制リスク</td></tr>
<tr><td colspan="2">内部統制の整備状況</td><td rowspan="2">内部統制の運用状況</td></tr>
<tr><td>デザイン</td><td>業務への適用</td></tr>
<tr><td rowspan="4">監査手続</td><td colspan="3">リスク評価手続</td><td colspan="3">リスク対応手続</td></tr>
<tr><td rowspan="2">企業および企業環境の理解等</td><td colspan="2" rowspan="2">内部統制の整備状況の評価手続</td><td rowspan="2">内部統制の運用状況の評価手続</td><td colspan="2">実証手続</td></tr>
<tr><td>詳細テスト</td><td>分析的実証手続</td></tr>
<tr><td>分析的手続，質問，閲覧，観察等</td><td colspan="2">質問，閲覧，観察，ウォークスルー等</td><td>質問，閲覧，観察，再実施等</td><td>実査，立会，確認，質問，観察，閲覧，突合，再実施等</td><td>分析的手続</td></tr>
</table>

監査リスクと監査手続との関係は，**図表7-6**のようになります。

2　リスク評価手続とリスク対応手続

リスク・アプローチ監査においては，評価したアサーション・レベルの重要な虚偽表示のリスクに応じたリスク対応手続を立案して実施することにより，リスク評価手続とリスク対応手続との間に明確な関連が構築されます。

アサーション・レベルの重要な虚偽表示のリスク評価手続とリスク対応手続の関係の例を示すと**図表7-7**のようになります。

図表7-7の１段目「売上高が減少し業績が厳しいため，架空売上のリスク」がある場合には，監査人は，まず固有リスクを評価し非常に高ければ，特別な検討を必要とするリスクにあたると判断します。次に，内部統制も有効に機能していないと評価すれば統制リスクも高くなります。この場合，固有リスクと統制リスクのいずれのリスクも高いので，重要な虚偽表示のリスクは高くなります。したがって，監査リスクを合理的に低い水準に抑えるためには，発見リスクを低くしなければならず，そのためには強い証明力をもつ監査証拠を入手できる厳しい監査手続を実施しなければなりません。すなわち，監査手続の種類としてたとえば売掛金の確認を実施し，監査手続の時期としては確認の基準日を期末日にし，監査手続の実施の範囲としては確認の発送件数を増加する等が必要になります。

一方，**図表7-7**の２段目「取引量が多いため，二重計上や計上漏れのリスク」がある場合には，固有リスクは中程度であるものの内部統制がしっかりしていれば統制リスクは低く，したがって重要な虚偽表示のリスクも低くなります。この場合には，発見リスクを少々高くしても監査リスクを低い水準に抑えることができるので，厳しい監査手続は必要ありません。したがって，監査手続の種類として，確認を省略して分析的手続を実施したり，または，確認を実施する場合でも，監査手続の時期としては基準日を期末日の２カ月前にしたり，監査手続の範囲として確認の発送件数を減少させることができます。

このように，リスク・アプローチ監査では，重要な虚偽表示のリスクの程度に応じてリスク対応手続を計画し実施していくことになります。

【図表7-7】アサーション・レベルのリスク評価手続とリスク対応手続との関係

勘定残高	アサーション・レベルの虚偽表示のリスク	関連アサーション						会計上の見積り						主な実証手続の種類・時期・範囲
		実在性	網羅性	権利と義務の帰属	評価の妥当性	期間配分の適切性	表示の妥当性		不正リスク	特別な検討を必要とするリスク	固有リスク	統制リスク	重要な虚偽表示のリスク	
売掛金	売上高が減少し業績が厳しいため，架空売上のリスク	○				○			○	○	高	高	高	・期末日を基準日として一定の基準に基づいて選定した相手先に対して残高確認を実施する。【期末】 ・期末日前後5日間の出荷について期間帰属の妥当性を確かめる。【期末】
	取引量が多いため，二重計上や計上漏れのリスク	○	○	○							中	低	低	・販売部門別や得意先別の残高および回転期間について，前期比較や予算比較等の分析的手続を実施する。【期末】
	業界の景気が悪化し債権が滞留しているため，回収不能額の評価を誤るリスク				○		○	○		○	高	口	高	・売掛金の年齢調べを通査し，滞留債権の有無を把握し，貸倒引当金の計上が適切かどうかを検証する。【期末】 ・翌期における得意先からの入金状況を検証する。【期末】 ・滞留先の財務内容を吟味し，債権の回収可能性を検討する。【期末】

出所：日本公認会計士協会監査基準報告書300実務ガイダンス第1号「監査ツール」調書様式例様式3-13-1及び様式5-2を参考に作成。

3　監査リスクの低減

リスク・アプローチ監査で採用されているリスク評価手続とリスク対応手続は，いずれも非常に重要です。リスク・アプローチ監査においては，まず，リスク評価手続で重要な虚偽表示のリスクの程度を評価します。そして，その評価結果に基づいて重要な虚偽表示のリスクを低減するために，監査資源を効率的に配分して，リスク対応手続を実施します。

では，監査リスクの低減について，**図表7-8**に基づいて説明します。

【図表7-8】監査リスクの低減

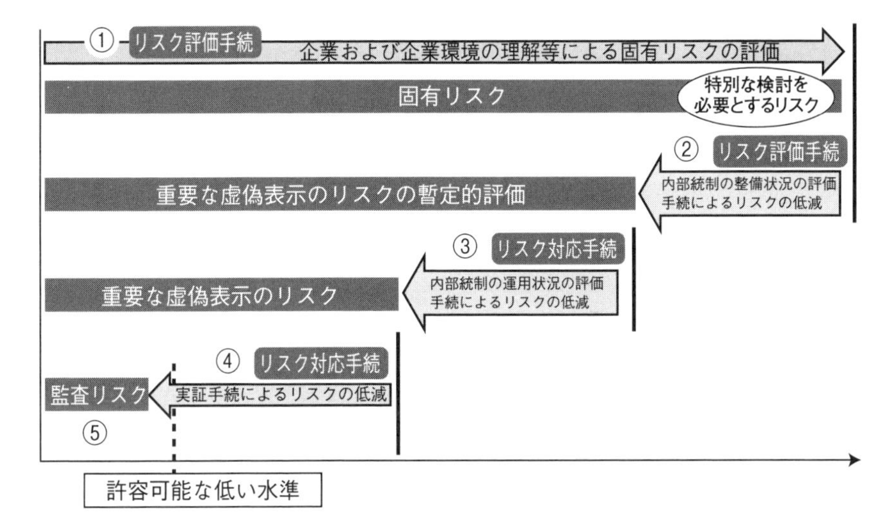

① 監査人は，まず，企業および企業環境を理解して，固有リスクの要因を検討します。「売上高が減少し業績が厳しいため，架空売上のリスクがある」と判断した場合，取引・勘定残高（販売取引・売上高）に関連づけて，アサーション・レベル（実在性）で，固有リスクを評価します。固有リスクが最も高い領域にあれば，特別な検討を必要とするリスクと判断します。

② 次に，販売取引に関する内部統制の整備状況の評価を実施します。売上取引について上司の承認が必要であり，製品の引渡のエビデンス（納品書

の受領印）に基づき売上が計上され，代金の請求業務，入金チェックを行うといった内部統制が整備されている場合には，架空売上のリスクは低減することができます。このように内部統制の整備状況の評価を行って重要な虚偽表示のリスクを暫定的に評価します。

③ つづいて，内部統制の運用状況を評価し，決められたとおりに内部統制を有効に運用しているかにより，売上の過大計上（架空売上）の重要な虚偽表示のリスクが実際にどの程度低減されているかを評価します。

④ 評価した重要な虚偽表示のリスクに対して，実証手続（売掛金の確認など）を実施してリスクを低減し，残存するリスクを評価します。

⑤ 以上の各手続を実施した結果，実証手続の実施後もなお残るリスクが**監査リスク**です。監査人は，監査意見の表明にあたって，この監査リスクを許容可能な低い水準まで引き下げる必要があります。

監査人は，以上のように監査手続を実施して，監査リスクを許容可能な一定の合理的に低い水準まで引き下げることが求められます。

第5節　不正リスク対応基準

平成25（2013）年に「監査における不正リスク対応基準」（不正リスク対応基準）が制定されましたが，第3章第5節で説明したように，不正リスクの評価，不正リスクに対応する監査手続の実施および監査証拠の評価の各段階において職業的懐疑心を発揮することが重要です（p.121の**ワンポイントレッスン27**参照）。不正リスク対応基準では，監査の実施に関して，次のとおり9項目が規定されています。

① **不正リスクに対応した監査計画の策定**――監査人は，入手した情報が不正リスク要因（不正を引き起こす動機・プレッシャー，機会，姿勢・正当化など，不正リスク対応基準 付録1に例示されています）の存在を示しているかどうかを検討し，それらを財務諸表全体および財務諸表項目の不正リスクの識別において考慮します。そして，監査人は，識別・評価した不正リスクに応じた監査計画を策定します。すなわち，不正リスクのシナ

リオを仮説で構築し，それに応じた監査手続を選択し，監査計画に組み込んでいきます。監査人は，財務諸表全体に関連する不正リスクを識別した場合には，企業が想定しない要素を監査計画に組み込まなければなりません（p.24の**ワンポイントレッスン７**，p.122の**ワンポイントレッスン28**参照）。

② **不正リスクに対応して実施する確認**――監査人は，不正リスクに対応する監査手続として積極的確認を実施したものの，その回答が得られないか，または回答が不十分な場合には，安易に代替手続に移行せず，すべての記載事項について回答を入手しなければなりません。

③ **不正リスクに関連する監査証拠**――監査人は，不正リスクに関連する監査要点に対しては，他の監査要点に比し，より適合性が高く，より証明力が強く，またはより多くの監査証拠を入手しなければなりません。

④ **不正による重要な虚偽の表示を示唆する状況**――監査人は，監査の実施中に不正による重要な虚偽の表示を示唆する状況（企業内外からの通報，不適切な売上やオフバランス取引など合理性が不明瞭な通例でない取引，文書の変造・偽造・隠蔽の可能性，期末日近くの会計上の不適切な調整など，不正リスク対応基準 付録２に例示されています）を識別した場合には，その疑義が存在していないかどうかを判断するために，適切な階層の経営者に質問し，かつ追加的な監査手続を実施しなければなりません。

⑤ **不正による重要な虚偽の表示の疑義があると判断した場合の監査手続**――監査人は，不正による重要な虚偽の表示について入手した監査証拠と，経営者の説明との間に合理性がないと判断した場合や，不正リスクに対応した追加的な監査手続を実施してもなお十分かつ適切な監査証拠を入手できない場合には，これを**不正による重要な虚偽の表示の疑義**として扱います。

不正による重要な虚偽の表示の疑義があると判断した場合には，想定される不正の態様等に直接対応した監査手続を立案し監査計画を修正して，監査手続を実施しなければなりません。

⑥ **専門家の業務の利用**――監査人は，不正リスクに関連する監査においては，不正リスクの内容や程度に応じて，不正リスクに対応した金融商品の

評価，企業価値評価，不動産の評価，不正調査の専門家，さらにはIT等に関する専門家等の技能または知識を利用する必要があるかどうかを判断しなければなりません。

⑦ **不正リスクに関連する審査**――不正による重要な虚偽の表示の疑義が識別された場合には，監査事務所は適切な監査意見を形成するために，適切な審査の担当者による審査が完了するまでは，監査人は監査意見を表明することができません。

⑧ **監査役等との連携**――監査人は，不正による重要な虚偽の表示の疑義があると判断した場合や経営者の関与が疑われる不正を発見した場合には，監査人は，監査の各段階において，監査役等との連携を図らなければなりません。

⑨ **監査調書**――監査人が不正による重要な虚偽の表示の疑義があると判断した場合，当該疑義について実施した監査手続とその結果，またその結論およびその判断の内容について，監査人は監査調書に記載しなければなりません。

不正リスク対応基準は，リスク・アプローチの考え方にしたがって不正リスクを適切に評価し，評価した不正リスクに適切な監査手続を実施して監査の有効性を確保しようとするものであり，画一的に不正リスクに対応するために過重な手続を求めるものではありません。とはいえ，不正リスク要因や不正による重要な虚偽の表示を示唆する状況を具体的に例示し，不正リスクに対応する監査手続を詳細に記載しているため，監査実務において，通常の監査手続に追加手続を加えるなどの影響を及ぼしています。

第６節　監査上の重要性

1　監査上の重要性の決定

監査上の重要性とは，財務諸表の虚偽の表示が，財務諸表の利用者の経済的意思決定に重要な影響を与えると見込まれるかどうかに関する判断基準です。

つまり，ある財務諸表の虚偽の表示が，財務諸表の利用者の経済的意思決定に影響を与えると見込まれればその虚偽の表示は重要となり，与えないと見込まれれば重要ではないということになる判断の基準です。

監査人は，職業的専門家として，一般的な財務諸表の利用者が有する財務情報に対する共通のニーズを勘案したうえで，監査上の重要性を決定します。営利企業の場合，税引前当期純利益に対する一定割合（%）で設定することが多いです。

監査人が決定する監査上の重要性には，重要性の基準値と手続実施上の重要性があります。

重要性の基準値とは，財務諸表全体において重要であると監査人が判断する一定の金額で，財務諸表全体に対する重要性（Materiality for the financial statements as a whole）を示します。これは監査計画の策定時に決定します。

手続実施上の重要性（Performance materiality，PM）とは，財務諸表の虚偽の表示が重要か否かを評価し，実施する監査手続を決定するための重要性です。この重要性は，監査人が発見したものの企業が修正しない虚偽の表示（未修正の虚偽の表示。**監査差異**や検出事項ともいいます）と，あり得る虚偽の表示（未発見の虚偽の表示）の合計です。監査人は，未修正の虚偽の表示と未発見の虚偽の表示の合計が重要性の基準値を上回る可能性を低い水準に抑えるために，手続実施上の重要性を重要性の基準値よりも小さい金額で設定します。

2　監査上の重要性の適用時期

監査人は，①監査計画の策定時・監査手続の実施時と②監査意見形成時に，監査上の重要性を適用します。

①　監査計画の策定時・監査手続の実施時

監査人は，監査計画の策定時と監査手続の実施時に監査上の重要性を適用します。これは，次の点について決定したり評価するための基礎になります。

- 適用するリスク評価手続の種類，その実施時期，および実施範囲の決定
- 虚偽表示のリスクの識別と評価
- 適用するリスク対応手続の種類，その実施時期，および実施範囲の決定

② 監査意見形成時

監査人は，監査手続の実施過程で明らかになった財務諸表の虚偽の表示や，未修正の虚偽の表示が財務諸表全体に与える影響を評価するときに監査上の重要性を適用します。

3 重要性の基準値の改定

重要性の基準値を決定する際に用いた過年度の財務諸表数値または当年度の予想利益と，当年度の実績値とが大きく乖離した場合には，監査人は，重要性の基準値や手続実施上の重要性の改定を検討する必要があります。

監査人は，重要性の基準値を改定した場合，発見リスクに及ぼす影響を考慮するとともに，すでに実施した監査手続への影響も検討する必要があります。状況によっては，追加的な監査手続を実施することもあります。

4 監査上の重要性と監査リスクとの関係

重要性の基準値が改定された場合には，監査人は，その改定が監査リスクにどのような影響を与えるかについて検討する必要があります。

ワンポイントレッスン 29

監査上の重要性と監査リスクとの関係

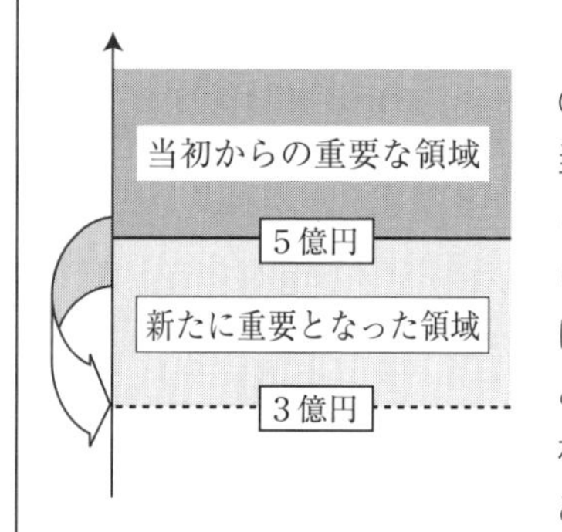

監査上の重要性と監査リスクとの間には負の相関関係があります。左の図で示すように，当初５億円で設定していた監査上の重要性を３億円に下げた場合，重要となる領域が広がります。この場合，新たに重要となった領域に対する監査手続が強化されなければ，結果としてそこにふくまれる虚偽の表示は発見されにくいことになり，監査リスクは増大することになります。そのため，監査人は監査リスクを引き下げることができるように監査手続を強化しなければなりません。

その理由は，監査上の重要性と監査リスクとの間には負の相関関係があるからです。たとえば，監査上の重要性を当初の水準より大きくした場合，他の条件が一定であれば，監査リスクは当初の水準より低くなります。逆に，重要性を当初の水準より小さくした場合には，監査リスクは当初より高くなります。この場合，監査人は，より強い証明力をもつ監査証拠を入手してより少額の虚偽の表示も発見できるように監査手続を厳格に適用する必要があります。

第7節　監査結果のとりまとめと監査調書

1　監査結果のとりまとめ

(1)　監査差異と監査差異要約表

監査人は，本来，発見されたすべての虚偽の表示について企業に修正を要求すべきですが，あまりにも小さな金額まで修正を求めると却って業務が煩雑(はんざつ)になります。そこで，発見された虚偽の表示について企業に修正を求める一定の基準値を**監査差異要約基準値**として設定し，これを超える虚偽の表示を**監査差異要約表**に記載します。監査人は，監査差異要約表に記載されたすべての監査差異を適切な階層の経営者に報告し，その修正を求めます。

監査差異には，要修正事項と要組替(くみかえ)事項とがあります。

- **監査差異（要修正事項）**……貸借対照表の純資産や損益計算書の各段階利益に影響を与えるもの
- **監査差異（要組替事項）**……貸借対照表または損益計算書の表示上，組替を要するもの

経営者がそのすべてまたは一部の修正に同意しない場合には，監査人は，経営者が修正しない理由を把握したうえで，未修正の虚偽の表示を集計して，財務諸表全体に対して重要でないかどうかを評価します。

(2)　財務諸表の総括的吟味

監査人は，財務諸表が，関連する開示をふくめて，一般に公正妥当と認めら

れる企業会計の基準に準拠して作成されているかどうかについて，**分析的手続**を用いて総括的に吟味します。これは，同時に，財務諸表の適否に関する監査人の意見表明の基礎となる十分かつ適切な監査証拠を入手できたかどうかの検討でもあります。そこでは，入手した監査証拠と財務諸表の適正性に関する結論との間に大きな矛盾や乖離がないかどうか，財務諸表の表示が全体として合理的かどうかなどについて検討します。たとえば，会社が作成した財務諸表と次のような情報との比較・検討です。

- 比較可能な過年度情報
- 予算や見込みなどの会社の業績予想，同業他社との業績比較
- 資産額などの予測値
- 減価償却の見積りなどの監査人の推定値
- 売掛金や在庫の回転期間等の業界平均や同業他社との比較
- 経営者の質問や取締役議事録等から入手した情報

(3) 監査人の結論

監査人は，以上の監査の各過程とその結果をとりまとめ，不正か誤謬かを問わず，財務諸表に全体として重要な虚偽の表示がないということについての合理的な保証を得たかどうかを判断したうえで，監査意見を形成します。

ここでは，次のような結論が求められます。

- 監査手続を実施した結果，表明する監査意見の根拠となる十分かつ適切な監査証拠を入手したかどうかに関する監査人の結論
- 未修正の虚偽の表示が，個別にまたは集計した場合に，重要であるかどうかに関する監査人の結論
- 財務諸表がすべての重要な点において適正に表示しているかどうかに関する監査人の結論

監査人は，監査を実施した結果得られた財務諸表の適正性に関する結論を監査意見としてまとめ，監査報告書に記載します。

⑷ 審　査

監査意見の表明に先立ち，監査意見が一般に公正妥当と認められる監査の基準に準拠して適切に形成されていることを確かめるために，監査事務所の品質管理の方針や手続に従って，意見表明のための審査を受けます。**審査**とは，監査報告書日またはそれ以前に，監査チームが行った監査手続，監査上の重要な判断および監査意見の形成を客観的に評価するために実施する手続をいいます。審査は，監査チームからは独立した審査担当者によって実施されます。

審査は，監査意見の表明のときだけに行われるわけではなく，監査契約の締結・更新からはじまり，監査計画，リスク・アプローチの適用，監査上問題となる個別案件，特別な検討を必要とするリスクの評価と対応手続，財務諸表の表示，監査報告書，監査調書など，監査の全局面において，審査が実施されます。

2　監査調書の作成と査閲

監査人は，実施した監査手続，入手した監査証拠および監査人が到達した結論の記録を，監査調書として作成します。

監査調書には以下の事項を記載します。

- 実施した全般的な対応とリスク対応手続の種類，時期および範囲
- アサーション・レベルの重要な虚偽表示のリスクと実施したリスク対応手続との関連性
- 監査手続を実施した結果

監査人は，監査調書を十分かつ適切な記録として適時に作成し，また，監査責任者は，作成された監査調書に記載された監査証拠および結論が適切であるかどうかを適時に査閲（レビュー）することによって，監査業務の品質を確保することが必要です。

◆ 練習問題７ ◆

1　次の（　　）内に適当な語句を入れて，文章を完成させなさい。

監査人は，（ ① ）を合理的に低い水準に抑えるために，財務諸表における（ ② ）のリスクを評価し，その評価結果に基づき，また（ ③ ）を勘案して（ ④ ）を策定し，これに基づき監査を実施します。このような監査の考え方や仕方を（ ⑤ ）監査といいます。（ ⑤ ）監査においては，監査人は，まず，監査計画を立案する際に，（ ⑥ ）に内在する事業上のリスク等がもたらす財務諸表の（ ② ）のリスクを評価します。財務諸表の（ ② ）のリスクを評価するために，監査人は，（ ⑦ ）手続を計画・実施して，内部統制をふくむ（ ⑥ ）を十分に理解します。財務諸表の（ ② ）のリスクには，（ ⑧ ）のリスクと（ ⑨ ）のリスクがあります。（ ⑧ ）のリスクは，その程度に応じて，監査チームメンバーの編成，専門家の利用，適切な監査時間の確保等の（ ⑩ ）を監査計画に反映させます。また，（ ⑨ ）のリスクについては，その程度に応じて，（ ① ）を合理的に低い水準に抑えるために，内部統制の（ ⑪ ）と発見リスクの水準に応じた（ ⑫ ）という２種類の（ ⑬ ）を計画・実施します。

2　次の文章が正しければ○を，誤っていれば×を付したうえで，誤っているものについては誤っている理由を説明しなさい。

(1)　重要性の基準値が改定された場合には，監査人は，その改定が監査リスクにどのような影響を与えるかについて検討する必要があります。その理由は，監査上の重要性と監査リスクとの間には負の相関関係があるからです。たとえば，監査上の重要性を当初の水準より小さくした場合，他の条件が一定であれば，監査リスクは当初の水準より低くなります。逆に，重要性を当初の水準より大きくした場合には，監査リスクは当初より高くなります。

(2)　リスク・アプローチ監査においては，監査リスクを合理的に低い水準に抑えるために限られた監査資源を効率的に配分して，まず，リスク評価手続を実施して重要な虚偽表示のリスクの識別と評価を行い，識別した重要な虚偽表示のリスクに対応したリスク対応手続を実施します。

(3)　買掛金の過小計上（網羅性）を検証する場合，帳簿に計上された買掛金が事実を示しているかどうかが検証の対象になるので，帳簿に計上された買掛金を検証することが適切です。

第8章

監査結果の報告

本章のポイント

① 監査報告書は，財務諸表の適正性に関する監査人の意見を表明する手段であると同時に，監査人の責任を示す手段でもあります。
② 監査報告書では，財務諸表監査実施の基礎的前提となる二重責任の原則が明確に謳(うた)われています。
③ 「合理的な保証」を得たとは，監査が対象とする財務諸表の性格的な特徴や監査の特性などの条件があるなかで，職業的専門家としての監査人が一般に公正妥当と認められる監査の基準に準拠して監査を実施して，絶対的ではないが相当程度の心証を得たことを意味します。
④ 監査上の主要な検討事項とは，当年度の財務諸表の監査において，監査人が職業的専門家としてとくに重要であると判断した事項をいいます。監査上の主要な検討事項は，監査人が監査役等とコミュニケーションを行った事項から選択されます。
⑤ 除外事項とは，無限定適正意見の表明を不可能とさせる原因となる事項をいい，除外事項の付いた監査意見を除外事項付意見といいます。
⑥ 追記情報は，監査報告書の情報提供機能を担っており，強調事項とその他の事項の2つのタイプがあります。

本章は，主として，監査基準報告書700「財務諸表に対する意見の形成と監査報告」(監基報700)，監査基準報告書701「独立監査人の監査報告書における監査上の主要な検討事項の報告」(監基報701)，監査基準報告書705「独立監査人の監査報告書における除外事項付意見」(監基報705)，監査基準報告書706「独立監査人の監査報告書における強調事項区分とその他の事項区分」(監基報706)に基づいて説明します。

第1節　監査報告書の意義

監査基準・「監査の目的」1は，「財務諸表の監査の目的は，経営者の作成した財務諸表が，一般に公正妥当と認められる企業会計の基準に準拠して，企業の財政状態，経営成績及びキャッシュ・フローの状況を全ての重要な点において適正に表示しているかどうかについて，監査人が自ら入手した監査証拠に基づいて判断した結果を意見として表明することにある」と規定しています。これを受けて，「報告基準」・基本原則・一1では，「監査人は，適正性に関する意見を表明する場合には，経営者の作成した財務諸表が，一般に公正妥当と認められる企業会計の基準に準拠して，企業の財政状態，経営成績及びキャッシュ・フローの状況を全ての重要な点において適正に表示しているかどうかについて意見を表明しなければならない」と規定されています。この財務諸表の適正性ないし適正表示に関する監査人の意見表明の手段が，監査報告書です。なお，第3章第3節で説明したように，平成26（2014）年改訂監査基準において，従来の適正性に関する意見表明の形式に加えて，準拠性に関する意見表明の形式が導入されました。本章では，適正性に関する意見が表明される監査報告書のみを取り扱います。

監査人は，職業的専門家として，自らが表明した監査意見について責任を負います。したがって，監査報告書は，監査人が監査意見を表明する手段であると同時に，財務諸表の監査において引き受ける責任を示す手段でもあります。このように，監査報告書においては，監査意見とそれにともなう監査人の責任が表裏一体となって示されます。なお，監査意見の表明は，口頭ではなく，文書（Web開示をふくむ）によらなければなりません。

【図表8-1】標準監査報告書の記載内容と様式

独立監査人の監査報告書

［宛先］

［監査報告書の日付］
［○○監査法人］
［事業所名］
［監査人の署名］

<財務諸表監査>

監査意見

当監査法人は，○○株式会社の×年×月×日から×年×月×日までの事業年度の財務諸表，すなわち貸借対照表，損益計算書，株主資本等変動計算書，キャッシュ・フロー計算書及び重要な会計方針を含む財務諸表の注記について監査を行った。

当監査法人は，上記の財務諸表が，［適用される財務報告の枠組み］に準拠して，○○株式会社の×年×月×日現在の財政状態並びに同日をもって終了する事業年度の経営成績及びキャッシュ・フローの状況を，すべての重要な点において適正に表示しているものと認める。

監査意見の根拠

当監査法人は，我が国において一般に公正妥当と認められる監査の基準に準拠して監査を行った。監査の基準における当監査法人の責任は，「財務諸表監査における監査人の責任」に記載されている。当監査法人は，我が国における職業倫理に関する規定に従って，会社から独立しており，また，監査人としてのその他の倫理上の責任を果たしている。当監査法人は，意見表明の基礎となる十分かつ適切な監査証拠を入手したと判断している。

監査上の主要な検討事項

監査上の主要な検討事項とは，当事業年度の財務諸表の監査において，監査人が職業的専門家として特に重要であると判断した事項である。監査上の主要な検討事項は，財務諸表全体に対する監査の実施過程及び監査意見の形成において対応した事項であり，当監査法人は，当該事項に対して個別に意見を表明するものではない。

［監査基準委員会報告書701に従った監査上の主要な検討事項の記載］

その他の記載内容

［監査基準報告書720に従った記載］

財務諸表に対する経営者並びに監査役及び監査役会の責任

経営者の責任は，［適用される財務報告の枠組み］に準拠して財務諸表を作成し適正に表示することにある。これには，不正又は誤謬による重要な虚偽表示のない財務諸表を作成し適正に表示するために経営者が必要と判断した内部統制を整備及び運用することが含まれる。

財務諸表を作成するに当たり，経営者は，継続企業の前提に基づき財務諸表を作成することが適切であるかどうかを評価し，[適用される財務報告の枠組み]に基づいて継続企業に関する事項を開示する必要がある場合には当該事項を開示する責任がある。

監査役及び監査役会の責任は，財務報告プロセスの整備及び運用における取締役の職務の執行を監視することにある。

財務諸表監査における監査人の責任

監査人の責任は，監査人が実施した監査に基づいて，全体としての財務諸表に不正又は誤謬による重要な虚偽表示がないかどうかについて合理的な保証を得て，監査報告書において独立の立場から財務諸表に対する意見を表明することにある。虚偽表示は，不正又は誤謬により発生する可能性があり，個別に又は集計すると，財務諸表の利用者の意思決定に影響を与えると合理的に見込まれる場合に，重要性があると判断される。

監査人は，我が国において一般に公正妥当と認められる監査の基準に従って，監査の過程を通じて，職業的専門家としての判断を行い，職業的懐疑心を保持して以下を実施する。

- 不正又は誤謬による重要な虚偽表示リスクを識別し，評価する。また，重要な虚偽表示リスクに対応した監査手続を立案し，実施する。監査手続の選択及び適用は監査人の判断による。さらに，意見表明の基礎となる十分かつ適切な監査証拠を入手する。
- 財務諸表監査の目的は，内部統制の有効性について意見表明するためのものではないが，監査人は，リスク評価の実施に際して，状況に応じた適切な監査手続を立案するために，監査に関連する内部統制を検討する。
- 経営者が採用した会計方針及びその適用方法の適切性，並びに経営者によって行われた会計上の見積りの合理性及び関連する注記事項の妥当性を評価する。
- 経営者が継続企業を前提として財務諸表を作成することが適切であるかどうか，また，入手した監査証拠に基づき，継続企業の前提に重要な疑義を生じさせるような事象又は状況に関して重要な不確実性が認められるかどうか結論付ける。継続企業の前提に関する重要な不確実性が認められる場合は，監査報告書において財務諸表の注記事項に注意を喚起すること，又は重要な不確実性に関する財務諸表の注記事項が適切でない場合は，財務諸表に対して除外事項付意見を表明することが求められている。監査人の結論は，監査報告書日までに入手した監査証拠に基づいているが，将来の事象や状況により，企業は継続企業として存続できなくなる可能性がある。
- 財務諸表の表示及び注記事項が，[適用される財務報告の枠組み]に準拠しているかどうかとともに，関連する注記事項を含めた財務諸表の表示，構成及び内容，並びに財務諸表が基礎となる取引や会計事象を適正に表示しているかどうかを評価する。

監査人は，監査役及び監査役会に対して，計画した監査の範囲とその実施時期，監査の実施過程で識別した内部統制の重要な不備を含む監査上の重要な発見事項，及び監査の基準で求められているその他の事項について報告を行う。
監査人は，監査役及び監査役会に対して，独立性についての我が国における職業倫理に関する規定を遵守したこと，並びに監査人の独立性に影響を与えると合理的に考えられる事項，及び阻害要因を除去又は軽減するためにセーフガードを講じている場合はその内容について報告を行う。
監査人は，監査役及び監査役会と協議した事項のうち，当事業年度の財務諸表の監査で特に重要であると判断した事項を監査上の主要な検討事項と決定し，監査報告書において記載する。ただし，法令等により当該事項の公表が禁止されている場合や，極めて限定的ではあるが，監査報告書において報告することにより生じる不利益が公共の利益を上回ると合理的に見込まれるため，監査人が報告すべきでないと判断した場合は，当該事項を記載しない。

＜法令等に基づくその他の報告＞
（省略）

利害関係
会社と当監査法人又は業務執行社員との間には，公認会計士法の規定により記載すべき利害関係はない。

出所：監基報700「財務諸表に対する意見の形成と監査報告」2023年１月12日最終改正文例１（一部省略）。

第２節　無限定適正意見と監査報告書の構造

１　無限定適正意見

無限定適正意見とは，経営者が作成した財務諸表が適用される財務報告の枠組みに準拠して，企業の財政状態，経営成績およびキャッシュ・フローの状況を全ての重要な点において適正に表示していると認められると判断したときに，監査人が監査報告書で表明しなければならない意見です。

無限定適正意見は，財務諸表に重要な虚偽表示が存在しないことについて監査人が合理的な保証を得た場合に表明されます。また，監査人は，監査報告書において無限定適正意見を表明することで，財務諸表利用者に対して，財務諸表に重要な虚偽表示が存在しないことについて合理的な保証を与えたことになります。

図表8-1は，無限定適正意見が表明される場合を前提に監査報告書の記載内容と様式を示したものです。無限定適正意見が表明されている監査報告書は，一般に，標準監査報告書とよばれています。

2 監査報告書の構造

(1) 表 題 等

① 表 題

監査報告書には，まず，冒頭で，独立監査人の報告書であることを明瞭に示す表題を付さなければなりません。「独立監査人の監査報告書」という表題は，監査人が独立性についてのわが国における職業倫理に関する規定のすべてを満たしていることを表明するものです。また，独立監査人の報告書を内部監査人等の独立監査人以外の者が発行する報告書と区別する意味もあります。

② 日 付

監査報告書の日付は，財務諸表監査において監査人が引き受ける責任の時間的限界を示します。監査報告書には，監査人が，財務諸表に対する意見表明の基礎となる十分かつ適切な監査証拠を入手した日よりも前の日付を付してはいけません。監査人は，十分かつ適切な監査証拠を入手したと判断するためには，関連する注記をふくむすべての財務諸表の項目が作成されていること，認められた権限をもつ者が当該財務諸表に対して責任を受け入れたことについて証拠

ワンポイントレッスン 30

コミュニケーション手段としての監査報告書

監査報告書は，財務諸表利用者と監査人を結ぶ唯一の接点であり，監査人にとって唯一のコミュニケーション手段であるといえます。ただし，このコミュニケーションは，監査人から財務諸表利用者に対する一方向的なもので，財務諸表利用者が監査人に対して監査報告書の記載内容について質問すること等はありません。そのため，監査人のメッセージが的確に財務諸表利用者に伝達され理解されるように，監査報告書は簡潔明瞭を旨とし，記載内容および様式はきわめて標準化されています。

を入手する必要があります。

③　宛　　先

監査報告書においては，監査対象となる財務諸表を作成する企業の機関設計に応じて，監査報告書の提出先を宛先とします。わが国の場合，通常，取締役会であるとされます。

④　監査人の署名

監査報告書には，わが国の場合，公認会計士法の規定（第34条の12第２項）に従い，監査法人が会社その他の者の財務書類について証明する場合には，当該証明に係る業務を執行した社員（監査責任者）が，当該証明書にその資格を表示して署名しなければなりません。個人の公認会計士の場合には，その公認会計士事務所の代表者（監査責任者）が，その資格を表示して署名しなければなりません。なお，ここでいう署名は，自署または電子署名を指します。

(2)　監査意見

監査人の署名に続いて，監査報告書の本文の冒頭に，「監査意見」という見出しを付した区分を設け，監査意見を記載しなければなりません。「監査意見」の区分には，以下の事項を記載しなければなりません。

(1)　監査対象である財務諸表を作成している企業の名称
(2)　財務諸表の監査を行った旨
(3)　財務諸表の名称
(4)　財務諸表に関連する注記事項（重要な会計方針を含む。）
(5)　財務諸表が対象とする日付又は期間

上記の事項を記載することで，監査の対象範囲，したがって監査人が財務諸表監査において負う責任の範囲が確定されることとなります。**図表８-１**をみればわかるように，上記の事項に続いて監査意見が記載されます。適正表示の枠組みに準拠して作成された財務諸表に対して無限定適正意見を表明する場合，監査人は，本区分において，「財務諸表が，［適用される財務報告の枠組み］に準拠して，企業の財政状態，経営成績及びキャッシュ・フローの状況をすべての重要な点において適正に表示している」と記載しなければなりません。

⑶ 監査意見の根拠

監査報告書には，「監査意見」の区分に続けて「監査意見の根拠」という見出しを付した区分を設け，以下を記載しなければなりません。

⑴ 我が国において一般に公正妥当と認められる監査の基準に準拠して監査を実施した旨
⑵ 監査人の責任に関し，監査報告書の「財務諸表監査における監査人の責任」の区分に記載がある旨
⑶ 監査人は，我が国における職業倫理に関する規定に従って，会社から独立しており，また，監査人としてのその他の倫理上の責任を果たしている旨
⑷ 意見表明の基礎となる十分かつ適切な監査証拠を入手したと判断した旨

「監査意見の根拠」の区分は，監査意見の表明に関する重要な前提が記載されます。それゆえ，当該区分は「監査意見」の区分に続けて記載することが求められています。上記の⑴は，実施した監査全体の質が一般に公正妥当と認められる監査の基準の求める最低限の水準を達成していることを示しています。また，⑶に関して，わが国における職業倫理に関する規定を遵守していることを明示することは，監査の透明性の向上に役立つものとされています。さらに，⑷は，監査人が意見表明の基礎となる十分かつ適切な監査証拠を入手できたとの宣言です。仮に十分かつ適切な監査証拠を入手できなかった場合には，後述するようにその旨が記載されることになります。

⑷ 監査上の主要な検討事項

監査人は，法令により要求される場合，「監査意見の根拠」の区分に続けて，「監査上の主要な検討事項」の区分を設けなければなりません。監査上の主要な検討事項とは，当年度の財務諸表の監査において，監査人が職業的専門家としてとくに重要であると判断した事項をいいます。監査上の主要な検討事項は，監査人が監査役等とコミュニケーションを行った事項から選択されます。

監査報告書において監査上の主要な検討事項を報告する目的は，実施された監査に関する透明性を向上させることにより，監査報告書の情報伝達手段としての価値を向上させることにあります。監査上の主要な検討事項の報告により，

想定される財務諸表の利用者に対して，当年度の財務諸表監査において監査人が職業的専門家としてとくに重要であると判断した事項を理解するのに役立つ追加的な情報が提供され，監査の透明性を高めることができます。また，監査上の主要な検討事項の報告は，想定される財務諸表の利用者が企業や監査済財務諸表における経営者の重要な判断がふくまれる領域を理解するのに役立つ場合があります。

監査報告書における監査上の主要な検討事項の報告は，監査人が全体としての財務諸表に対する監査意見を形成したうえで行われるものです。したがって，監査報告書における監査上の主要な検討事項の報告は，以下のいずれも意図するものではありません。

(1)　適用される財務報告の枠組みにより経営者に求められている財務諸表の表示および注記事項，または適正表示を達成するために必要な財務諸表の追加的な注記事項の代替
(2)　除外事項付意見を表明しなければならない状況における除外事項付意見の表明の代替
(3)　継続企業の前提に関する重要な不確実性に関する報告の代替
(4)　監査人が，財務諸表全体に対する監査意見とは別に行う，個別の事項に対する意見表明

なお，意見不表明の場合には，監査上の主要な検討事項の報告を行ってはいけません。

前述したように，監査上の主要な検討事項は，監査人が監査役等とコミュニケーションを行った事項から選択されます。監査人は，監査役等とコミュニケーションを行った事項のなかから，監査を実施するうえで監査人がとくに注意を払った事項を決定しなければなりません。その際，監査人は以下の項目等を考慮しなければなりません。

(1)　特別な検討を必要とするリスクまたは重要な虚偽表示リスクが高いと評価された領域
(2)　見積りの不確実性の程度が高いと識別された会計上の見積りをふくむ，

経営者の重要な判断を伴う財務諸表の領域に関連する監査人の重要な判断

(3) 当年度に発生した重要な事象または取引が監査に与える影響

監査人は，監査を実施するうえでとくに注意を払った事項のなかから，当年度の監査において，職業的専門家としてとくに重要であると判断した事項を監査上の主要な検討事項として決定しなければなりません。

【図表8-2】監査上の主要な検討事項の決定プロセス

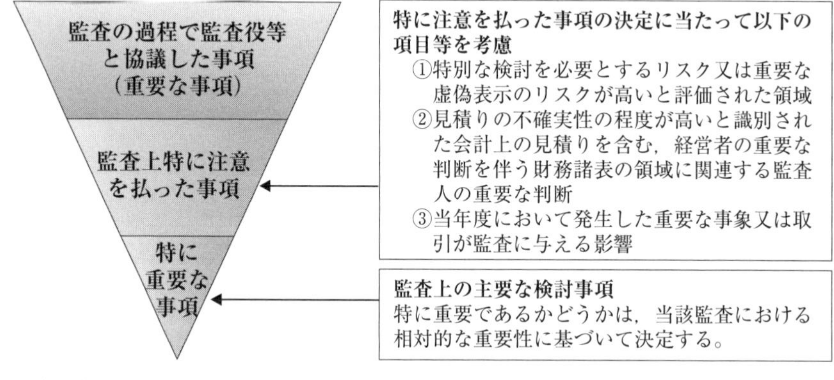

出所：監査基準報告書700実務ガイダンス第１号「監査報告書に係るQ&A（実務ガイダンス）」。

前述したように，「監査意見の根拠」の区分に続けて，「監査上の主要な検討事項」の区分を設けなければなりません。その際，個々の監査上の主要な検討事項に適切な小見出しを付して記述しなければなりません。また，本区分の冒頭に以下を記載しなければなりません。

(1) 監査上の主要な検討事項は，当年度の財務諸表の監査において，監査人が職業的専門家としてとくに重要であると判断した事項である。

(2) 監査上の主要な検討事項は，財務諸表全体に対する監査の実施過程および監査意見の形成において監査人が対応した事項であり，当該事項に対して個別に監査意見を表明するものではない。

監査人は，本区分において，以下を記載しなければなりません。

⑴　関連する財務諸表に注記事項がある場合には，当該事項への参照
⑵　個々の監査上の主要な検討事項の内容
⑶　財務諸表監査においてとくに重要であるため，当該事項を監査上の主要な検討事項に決定した理由
⑷　当該事項に対する監査上の対応

⑸　その他の記載内容

監査人は，監査報告書に「その他の記載内容」または他の適切な見出しを付した区分を設けなければなりません。その他の記載内容とは，監査した財務諸表を含む開示書類のうち当該財務諸表と監査報告書とを除いた部分の記載内容をいいます。その他の記載内容は，通常，財務諸表およびその監査報告書を除く，企業の年次報告書に含まれる財務情報および非財務情報となります。

「その他の記載内容」の区分には以下をふくめなければなりません。ただし，その他の記載内容が存在しないと判断した場合には，その他の記載内容が存在しないと判断した旨およびその他の記載内容に対していかなる作業も実施していない旨を記載します。

⑴　その他の記載内容の特定
　①　監査報告書日以前に監査人が入手したその他の記載内容
　②　監査報告書日より後に入手する予定のその他の記載内容
⑵　経営者のその他の記載内容に対する責任及び監査役等のその他の記載内容に対する責任
⑶　監査意見の対象にはその他の記載内容は含まれておらず，監査人は意見を表明するものではなく，また表明する予定もない旨
⑷　その他の記載内容の通読，検討および報告に関する監査人の責任
⑸　監査報告書日以前に入手したその他の記載内容がある場合には，以下のいずれかの記載
　①　監査人が報告すべき事項はない旨
　②　監査人がその他の記載内容に未修正の重要な誤りがあると結論付けた場合，当該未修正の重要な誤りの内容

その他の記載内容は，監査意見の対象ではないことに留意する必要があります。その他の記載内容に関連して，監査人は，その他の記載内容を通読し，通

読の過程において，その他の記載内容と財務諸表または監査人が監査の過程で得た知識との間に重要な相違があるかどうか検討すること，また，そのような重要な相違以外にその他の記載内容に重要な誤りの兆候があるかどうか注意を払うことが求められています。このように監査人に対してその他の記載内容に関する通読や検討を要求しているのは，財務諸表または監査人が監査の過程で得た知識と重要な相違があるその他の記載内容の存在が，財務諸表に重要な虚偽表示があることまたはその他の記載内容に重要な誤りがあることを示唆している可能性があり，そのいずれの場合においても財務諸表およびその監査報告書の信頼性を損なう可能性があるためです。

(6) 財務諸表に対する責任

監査報告書には，「財務諸表に対する経営者並びに監査役及び監査役会の責任」（監査役会設置会社の場合）という見出しを付した区分を設けなければなりません。本区分には，経営者の責任として，以下の事項を記載しなければなりません。

(1) 経営者は，適用される財務報告の枠組みに準拠して財務諸表を作成する責任を有する旨，また，不正又は誤謬による重要な虚偽表示のない財務諸表を作成するために経営者が必要と判断した内部統制を整備及び運用する責任を有する旨
(2) 経営者は，継続企業を前提として財務諸表を作成することが適切であるかどうかを評価し，財務報告の枠組みに基づいて継続企業に関する事項を開示する必要がある場合は当該事項を開示する責任がある旨

(1)にいう「適用される財務報告の枠組み」は，通常，「我が国において一般に公正妥当と認められる企業会計の基準」がこれに相当します。また，適正な財務諸表の作成には有効な内部統制が不可欠であることから，内部統制の整備および運用に対する経営者の責任も本区分に記載されます。そもそも，監査人が作成する監査報告書に経営者の財務諸表等に対する責任を記載する理由は，財務諸表監査実施の前提である二重責任の原則のうちの経営者の側の責任を明示するためです。

財務諸表は継続企業の前提の下で作成されます。それゆえ，財務諸表を作成する責任を負う経営者は，継続企業を前提として財務諸表を作成することが適切であるかどうかについて評価する責任を負っています。仮に，財務報告の枠組みに基づいて継続企業に関する事項を開示する必要がある場合，経営者は当該事項を開示する責任を有することになります。(2)は，経営者が負うこれらの責任を監査報告書に明示することを求めるものです。

本区分では，加えて，監査役もしくは監査役会，監査等委員会または監査委員会（以下，「監査役等」）の責任として，財務報告プロセスの整備および運用における取締役（監査委員会の場合は執行役および取締役）の職務を監視する旨を記載しなければなりません。経営者による財務諸表作成責任のみならず，当該作成プロセスに係る監査役等の監視責任をも，監査報告書に記載しなければならないのです。

(7)　財務諸表監査における監査人の責任

監査報告書には，「財務諸表監査における監査人の責任」という見出しを付した区分を設けなければなりません。そして，本区分には，以下を記載しなければなりません。

ワンポイントレッスン　31

合理的な保証

合理的な保証を得たとは，監査が対象とする財務諸表の性格的な特徴（たとえば，財務諸表の作成には経営者による見積りの要素が多くふくまれること）や，監査の特性（たとえば，試査で行われること）などの条件があるなかで，職業的専門家としての監査人が一般に公正妥当と認められる監査の基準にしたがって監査を実施して，絶対的ではないが相当程度の心証を得たことを意味します。

> ⑴　監査人の責任は，実施した監査に基づき，全体としての財務諸表に不正又は誤謬による重要な虚偽表示がないかどうかについて合理的な保証を得て，監査報告書において独立の立場から財務諸表に対する意見を表明すること
> ⑵　虚偽表示は不正又は誤謬により発生する可能性があること，及び虚偽表示は個別に又は集計すると，財務諸表の利用者の意思決定に影響を与えると合理的に見込まれる場合に，重要性があると判断されること

本区分の⑴は，財務諸表監査における監査人の責任が財務諸表に対する意見の表明にあることを示し，これにより，前区分の⑴とあわせて財務諸表監査実施の前提である二重責任の原則を監査報告書において明確に謳っていることになります。さらに，ここでは，「合理的な保証」という言葉に留意すべきです。

他方，⑵は，監査上の重要性について，それを虚偽表示が財務諸表の利用者の意思決定に及ぼす影響の観点から判断していることを伝えるものです。

「財務諸表監査における監査人の責任」区分には，あわせて以下を記載しなければなりません。

> ⑶　監査人は，我が国において一般に公正妥当と認められる監査の基準に準拠して実施する監査の過程を通じて，職業専門家としての判断を行い，職業的懐疑心を保持すること。
> ⑷　以下に関する監査人の責任
> ①　不正又は誤謬による重要な虚偽表示リスクの識別及び評価並びに評価したリスクへの対応
> ・不正又は誤謬による財務諸表の重要な虚偽表示リスクを識別し，評価すること
> ・重要な虚偽表示リスクに対応した監査手続を立案し，実施すること
> ・監査手続の選択及び適用は監査人の判断によること
> ・意見表明の基礎となる十分かつ適切な監査証拠を入手すること
> ②　内部統制の理解
> ・財務諸表監査の目的は，内部統制の有効性について意見表明するためのものではないが，監査人は，リスク評価の実施に際して，状況に応じた適切な監査手続を立案するために，監査に関連する内部統制を検討すること
> ③　会計方針及び会計上の見積りの評価
> ・経営者が採用した会計方針及びその適用方法の適切性，並びに経営者によって行われた会計上の見積りの合理性及び関連する注記事項の妥当性

を評価すること

④　継続企業の前提の評価

・経営者が継続企業を前提として財務諸表を作成することが適切であるかどうか，また，入手した監査証拠に基づき，継続企業の前提に重要な疑義を生じさせるような事象又は状況に関して重要な不確実性が認められるかどうか結論付けること

・継続企業の前提に関する重要な不確実性が認められる場合は，監査報告書において財務諸表の注記事項に注意を喚起すること，又は重要な不確実性に関する財務諸表の注記事項が適切でない場合は，財務諸表に対して除外事項付意見を表明すること

・監査人の結論は，監査報告書日までに入手した監査証拠に基づいているが，将来の事象や状況により，企業は継続企業として存続できなくなる可能性があること

⑤　表示及び注記事項の検討

・財務諸表の表示及び注記事項が適用される財務報告の枠組みに準拠しているかどうかを評価すること

・適正表示の枠組みに従って作成されている場合，関連する注記事項を含めた財務諸表の表示，構成及び内容を評価するとともに，財務諸表が基礎となる取引や会計事象を適正に表示しているかどうかを評価すること

わが国において一般に公正妥当と認められる監査の基準が監査人に対して監査の過程を通じて職業専門家としての判断を行い，職業的懐疑心を保持することを要求しているため，監査人は当然にその要請に応える責任を有しています。(3)は，監査人の負う当該責任を明示するものです。(4)は，わが国において一般に公正妥当と認められる監査の基準に準拠して実施した監査の内容をより具体的に示すことで，監査人が負う責任の内容とともに監査の性質を伝達しています。

「財務諸表監査における監査人の責任」区分には，さらに以下を記載しなければなりません。

(5)　監査人は，監査役等に対して，計画した監査の範囲とその実施時期，監査の実施過程で識別した内部統制の重要な不備を含む監査上の重要な発見事項，及び監査の基準で求められているその他の事項について，報告を行うこと

(6)　上場企業の財務諸表監査の場合，監査人は，監査役等に対して，独立性に

ついての我が国における職業倫理に関する規定を遵守したこと，並びに監査人の独立性に影響を与えると合理的に考えられる事項，及び阻害要因を除去又は軽減するためのセーフガードを講じている場合にはその内容について報告を行うこと

(7) 監査上の主要な検討事項を報告する場合，監査人は監査役等と協議を行った事項のうち，当年度の財務諸表監査で特に重要であると判断した事項を監査上の主要な検討事項と決定し，監査報告書に記載すること。ただし，法令等により当該事項の公表が禁止されている場合や，極めて限定的ではあるが，監査報告書において報告することにより生じる不利益が公共の利益を上回ると合理的に見込まれるため，監査人が報告すべきでないと判断した場合は，当該事項を記載しないこと

(8) 利害関係

監査報告書の最後の「利害関係」の区分では，被監査会社と監査人との間に公認会計士法の規定により記載すべき利害関係はない旨の記載がなされます。これは，公認会計士法の25条２項の規定により記載が強制されているからです。

すでに述べたように，監査報告書の冒頭に示される表題は，「独立監査人の監査報告書」です。このように，監査報告書はその最初と最後で，監査の実施主体である監査人が独立した立場であることを明示し，強調しているのです。

第３節　意見に関する除外事項と除外事項付意見監査報告書

1 除外事項付意見の類型

これまでは，無限定適正意見が表明される場合を前提に，監査報告書の構造と記載内容について説明してきました。しかしながら，必ずしも常に無限定適正意見が表明されるとは限りません。監査報告書において無限定適正意見が表明されない場合，その原因となる事項を除外事項といい，除外事項の付いた監査意見を除外事項付意見といいます。

除外事項付意見は，除外事項付意見を表明する原因となる事項の性質と，当該事項が財務諸表に及ぼす影響の範囲，または及ぼす可能性のある範囲が広範

なものかどうかに係る監査人の判断によって，**図表8-3**のように類型化されます。

【図表8-3】除外事項付意見の類型

財務諸表に及ぼす影響の範囲に係る監査人の判断 ／ 除外事項の性質	重要だが広範ではない	重要かつ広範である
財務諸表に重要な虚偽の表示がある	限定付適正意見（タイプA）	不適正意見
十分かつ適切な監査証拠が入手できず，重要な虚偽の表示の可能性がある	限定付適正意見（タイプB）	意見不表明

この表で，「重要」は，第2章第3節で説明した監査上の重要性のうち，重要性の基準値，つまり，財務諸表全体に対する重要性のことを指します。重要性の基準値は，たとえば，税引前利益を指標とする場合には，その5％が適切であると考えられることがあります（p.79，**ワンポイントレッスン20**を参照）。また，「広範」は，未修正の虚偽表示が財務諸表全体に及ぼす影響の程度、または監査人が十分かつ適切な監査証拠を入手できず，未発見の虚偽表示がもしあるとすれば，それが財務諸表全体に及ぼす可能性のある影響の程度について説明するために用いられます。ここで，未修正の虚偽表示とは，発見された虚偽表示のうち企業に修正を求める一定の基準値（監査差異要約基準値）を超える虚偽表示（これらは監査差異要約表に記載されます。p.133を参照）であって，経営者がその修正に応じなかったものを指します。

2　意見に関する除外事項

除外事項の1つ目のタイプは，監査人が十分かつ適切な監査証拠に基づいて財務諸表に重要な虚偽表示が存在すると判断した場合における，当該重要な虚偽表示です。これは，意見に関する除外事項とよばれています。本節では，意見に関する除外事項と，意見に関する除外事項の付いた除外事項付意見監査報告書について説明します。意見に関する除外事項も，除外事項である限り，それが財務諸表全体に及ぼす影響が重要であると監査人が認めた結果として，無限定適正意見の表明を不可能とさせる原因となった事項です。

意見に関する除外事項は，それに関連する十分かつ適切な監査証拠が入手できた事項ですから，当該除外事項が財務諸表全体に及ぼす影響の範囲が広範かどうかの監査人の判断により，表明すべき除外事項付意見の類型が決定されます。

当該除外事項の及ぼす影響の範囲が広範ではないと判断した場合，監査人は監査報告書において，当該除外事項を付した限定付適正意見（タイプA）を表明しなければなりません（説明の都合上，**図表8-3**ではタイプAと称していますが，実際はそのような名称は使用されません）。他方，当該除外事項の及ぼす影響の範囲が広範であると判断した場合には，監査人は，監査報告書において不適正意見を表明しなければなりません。

以上のように，意見に関する除外事項に起因する除外事項付意見には，限定付適正意見（タイプA）と不適正意見の２つの類型があります。

3　意見に関する除外事項による限定付適正意見

まず，前述した限定付適正意見（タイプA），つまり意見に関する除外事項が付いた限定適正意見について説明します。限定付適正意見（タイプA）が表明されるのは，当該除外事項（重要な虚偽表示）の財務諸表に及ぼす影響の範囲が広範でないと監査人が判断した場合です。**図表8-4**でこのタイプの限定

ワンポイントレッスン　32

除外事項

除外事項は，かつて限定事項とよばれていた時代がありました。除外事項が存在する場合で，当該除外事項の及ぼす（あるいは及ぼす可能性がある。以下同様）影響が重要ではあるが広範ではないと監査人が判断したときは，当該除外事項の及ぼす影響を除いて適正である旨の監査意見が表明されます。この監査意見は，当該除外事項の及ぼす影響を除いた部分に限定して適正である旨の意見であるといえます。かつては，後者の意味が前面に出されて，除外事項ではなく限定事項とよばれていたと考えられます。

付適正意見が表明される場合の監査報告書の文例（一部）を示します。

まず，監査人の署名に続く監査報告書の本文の冒頭に，「限定付適正意見」の見出しを付した区分を設けなければなりません。本区分においては，まず，標準監査報告書の場合と同様に，監査の対象範囲に関する事項を記載しなければなりません。さらにそれに続いて，適正表示の枠組みの場合，財務諸表が，「限定付適正意見の根拠」に記載した事項の及ぼす影響を除き，適用される財務報告の枠組みに準拠して，すべての重要な点において適正に表示している旨を記載しなければなりません。

「限定付適正意見」の区分に続いて，「限定付適正意見の根拠」の見出しを付した区分を設けなければなりません。意見に関する除外事項が付いた限定付適正意見の場合，当該除外事項（重要な虚偽表示）を裏付ける十分かつ適切な監査証拠を入手しています。そこで，定量的な注記事項を含め，財務諸表の特定の金額に関連する重要な虚偽表示が存在する場合，監査人は，金額的な影響を算定することが困難でない限り，本区分に，当該虚偽表示による金額的な影響額とそれに関する説明を記載しなければなりません。仮に，金額的な影響額を算定することが困難な場合，本区分にその旨を記載しなければなりません。他

【図表8-4】意見に関する除外事項による限定付適正意見の文例（一部）

限定付適正意見

当監査法人は，○○株式会社及び連結子会社の×年×月×日から×年×月×日までの連結会計年度の連結財務諸表，すなわち…について監査を行った。

当監査法人は，上記の財務諸表が，「限定付適正意見の根拠」に記載した事項の連結財務諸表に及ぼす影響を除き，我が国において一般に公正妥当と認められる企業会計の基準に準拠して，……をすべての重要な点において適正に表示しているものと認める。

限定付適正意見の根拠

会社は，……について……ではなく，……により計上している。我が国において一般に公正妥当と認められる企業会計の基準に準拠していれば，……を計上することが必要である。この結果，営業利益，経常利益及び税金等調整前当期純利益はそれぞれxxx百万円過大に表示され，当期純利益は△△△百万円過大に表示されている。

……。当監査法人は，限定付適正意見表明の基礎となる十分かつ適切な監査証拠を入手したと判断している。

方，財務諸表に，定性的な注記事項に関連する重要な虚偽表示が存在する場合，監査人は，本区分に，当該虚偽表示の内容について記載しなければなりません。また，本区分の末尾に，「当監査法人は，限定付適正意見表明の基礎となる十分かつ適切な監査証拠を入手したと判断している」と記載されます。

4　不適正意見

上で説明したように，意見に関する除外事項があり，それが財務諸表に及ぼす影響の範囲が広範であると判断した場合には，監査人は監査報告書において不適正意見を表明しなければなりません。**図表8-5**で不適正意見が表明される場合に発行される監査報告書の文例（一部）を示します。

【図表8-5】不適正意見の文例（一部）

不適正意見

当監査法人は，○○株式会社及び連結子会社の×年×月×日から×年×月×日までの連結会計年度の連結財務諸表，すなわち…について監査を行った。

当監査法人は，上記の財務諸表が，「不適正意見の根拠」に記載した事項の連結財務諸表に及ぼす影響の重要性に鑑み，一般に公正妥当と認められる企業会計の基準に準拠して，……を適正に表示していないものと認める。

不適正意見の根拠

会社は，……について……ではなく，……により計上している。我が国において一般に公正妥当と認められる企業会計の基準に準拠していれば，……を計上することが必要である。この結果，営業利益，経常利益及び税金等調整前当期純利益はそれぞれxxx百万円過大に表示され，当期純利益は△△△百万円過大に表示されている。

……。当監査法人は，不適正意見表明の基礎となる十分かつ適切な監査証拠を入手したと判断している。

まず，監査人の署名に続く監査報告書の本文の冒頭に，「不適正意見」の見出しを付した区分を設けなければなりません。本区分においては，まず，標準監査報告書の場合と同様に，監査の対象範囲に関する事項を記載しなければなりません。さらにそれに続いて，適正表示の枠組みの場合，財務諸表が，「不適正意見の根拠」区分に記載した事項の及ぼす影響の重要性に鑑み，適用される財務報告の枠組みに準拠して，適正に表示していない旨を記載しなければなりません。

「不適正意見の根拠」の区分に記載される事項の性格は，それが財務諸表に及ぼす影響の広範性を除いて，「限定付適正意見の根拠」（意見による除外事項による限定付適正意見の場合）に記載される事項と異なることはありません。それゆえ，監査人は，本区分に，定量的な注記事項を含め，財務諸表の特定の金額に関連する重要な虚偽表示が存在する場合，金額的な影響を算定することが困難でない限り，当該虚偽表示による金額的な影響額とそれに関する説明を記載しなければなりません。仮に，金額的な影響額を算定することが困難な場合，本区分にその旨を記載しなければなりません。他方，財務諸表に，定性的な注記事項に関連する重要な虚偽表示が存在する場合，監査人は，本区分に，当該虚偽表示の内容について記載しなければなりません。また，本区分の末尾に，「当監査法人は，不適正意見表明の基礎となる十分かつ適切な監査証拠を入手したと判断している」と記載されます。

第4節　監査範囲の制約による除外事項と除外事項付意見監査報告書

1　監査範囲の制約による除外事項

監査範囲に制約があるために，全体としての財務諸表に重要な虚偽表示がないと判断するための十分かつ適切な監査証拠を監査人が入手できない場合があります。これは，監査範囲に制約があるために無限定適正意見を表明できない場合なので，監査範囲の制約による除外事項です。これが2つ目のタイプの除外事項です。

監査範囲の制約を原因として十分かつ適切な監査証拠を入手できない場合は，次のように大別できます。

①　企業の管理の及ばない状況

②　監査人の作業の種類または実施時期に関する状況

③　経営者による監査範囲の制約

①には，企業の会計記録が滅失している状況や，グループ監査のためにリスク対応手続が必要と判断される構成単位の会計記録が行政当局によって長期にわたり差し押さえられている状況等があります。②には，監査人の選任時期により棚卸資産の実地棚卸に立会うことのできない状況等があります。③には，特定の勘定残高に関する外部確認についての監査人の要求を経営者が拒否している状況等があります。

ところで，除外事項とは，それが財務諸表全体に及ぼす影響，または及ぼす可能性のある影響が重要であると監査人が認めたものであり，それゆえ，監査報告書において無限定適正意見の表明を不可能とさせる原因となる事項です。そこで問題となるのは，当該除外事項が財務諸表全体に及ぼす影響の範囲または及ぼす可能性のある影響の範囲が広範かどうかに関する監査人の判断です。監査範囲の制約による除外事項の場合は，十分かつ適切な監査証拠を入手できない状況なので，当該除外事項が及ぼす可能性のある影響の範囲の広範性が表明すべき除外事項付意見の類型のいずれに該当するかが判断のポイントになります。

監査人は，当該除外事項の及ぼす可能性のある影響の範囲は広範ではないと判断した場合，監査報告書において当該除外事項を付した限定付適正意見（タイプB）を表明しなければなりません（説明の都合上，**図表8-3**ではタイプBと称していますが，実際はそのような名称は使用されません）。他方，監査人は，当該除外事項の及ぼす可能性のある影響の範囲は広範であると判断した場合，監査報告書において意見表明できないこと（意見不表明）になります。

以上のように，監査範囲の制約による除外事項に起因する除外事項付意見には，限定付適正意見（タイプB）と意見不表明の２つの類型があります。

以下でそれぞれについて説明します。

2　監査範囲の制約による限定付適正意見

まず，限定付適正意見（タイプB），つまり監査範囲の制約による除外事項が付いた限定付適正意見について説明します。限定付適正意見（タイプB）が表明されるのは，当該除外事項の財務諸表に及ぼす可能性のある影響が広範で

【図表8-6】監査範囲の制約による限定付適正意見の文例（一部）

> 限定付適正意見
> 　当監査法人は，○○株式会社及び連結子会社の×年×月×日から×年×月×日までの連結会計年度の連結財務諸表，すなわち…について監査を行った。
> 　当監査法人は，上記の財務諸表が，「限定付適正意見の根拠」に記載した事項の連結財務諸表に及ぼす可能性のある影響を除き，我が国において一般に公正妥当と認められる企業会計の基準に準拠して，……をすべての重要な点において適正に表示しているものと認める。
> 限定付適正意見の根拠
> 　会社は，……している。当監査法人は，……により……できなかったため，…について十分かつ適切な監査証拠を入手することができなかった。
> 　……。当監査法人は，限定付適正意見表明の基礎となる十分かつ適切な監査証拠を入手したと判断している。

はないと，監査人が判断した場合です。**図表8-6**で，このタイプの限定付適正意見が表明される場合の監査報告書の文例（一部）を示します。

まず，監査人の署名に続く監査報告書の本文の冒頭に，「限定付適正意見」の見出しを付した区分を設けなければなりません。本区分においては，標準監査報告書の場合と同様に，監査の対象範囲に関する事項を記載しなければなりません。それに続いて，適正表示の枠組みの場合，財務諸表が，「限定付適正意見の根拠」に記載した事項の及ぼす可能性のある影響を除き，適用される財務報告の枠組みに準拠して，すべての重要な点において適正に表示している旨を記載しなければなりません。ここで表明される監査意見は，文字通り，連結財務諸表が除外事項の及ぼす可能性のある影響を除いて，その他の部分に限定して適正であるとの意です。

「限定付適正意見」の区分に続いて，「限定付適正意見の根拠」の見出しを付した区分を設けなければなりません。監査範囲に制約があることによって限定付適正意見を表明する場合であるため，特定の事項に関して十分かつ適切な監査証拠を入手することができず，そのため当該事項に係る金額に修正が必要となるかどうか判断することができなかった旨の記載がなされることになります。また，本区分の末尾に，「当監査法人は，限定付適正意見表明の基礎となる十分かつ適切な監査証拠を入手したと判断している」と記載されていることに注目してください。ここにいう「十分かつ適切な監査証拠」はあくまでも限定付適正意見を裏付けるためのものであることが明示されているのです。

3　意見不表明

上で説明したように，監査範囲による除外事項が財務諸表全体に及ぼす可能性のある影響が広範であると監査人が判断した場合，監査人は監査報告書において監査意見を表明してはなりません。**図表8-7**でこういった意見不表明の場合の監査報告書の文例（一部）を示します。なお，意見不表明の場合であっても監査人は監査報告書を発行しなければならないことに留意してください。

意見不表明の場合，まず，監査人の署名に続く監査報告書の本文の冒頭に，「意見不表明」の見出しを付した区分を設けなければなりません。本区分にお

【図表8-7】監査範囲の制約による意見不表明（一部）

意見不表明

当監査法人は，○○株式会社及び連結子会社の×年×月×日から×年×月×日までの連結会計年度の連結財務諸表，すなわち…について監査を行った。

当監査法人は，「意見不表明の根拠」に記載した事項の連結財務諸表に及ぼす可能性のある影響の重要性に鑑み，連結財務諸表に対する意見表明の基礎となる十分かつ適切な監査証拠を入手することができなかったため，監査意見を表明しない。

意見不表明の根拠

会社の共同支配企業XYZ社に対する投資は，会社の連結貸借対照表上XXX百万円で計上されており，これは，X年12月31日現在の会社の純資産の90％超に相当する。当監査法人は，XYZ社の経営者及び監査人とのコミュニケーションが認められず，また，XYZ社の監査人の監査調書の閲覧も認められなかった。その結果，当監査法人は，共同支配企業であるXYZ社の資産，負債及び損益に係る持分相当額，並びに連結株主資本等変動計算書と連結キャッシュ・フロー計算書を構成する数値に修正が必要となるか否かについて判断することができなかった。

連結財務諸表に対する経営者並びに監査役及び監査役会の責任（省略）

連結財務諸表に対する監査人の責任

監査人の責任は，……することにある。しかしながら，本報告書の「意見不表明の根拠」に記載されているとおり，当監査法人は連結財務諸表に対する意見表明の基礎となる十分かつ適切な監査証拠を入手することができなかった。
（以下省略）

いても，標準監査報告書の場合と同様に，監査の対象範囲に関する事項を記載しなければなりません。それに続いて，「意見不表明の根拠」に記載した事項の及ぼす可能性のある影響の重要性に鑑み，財務諸表に対する意見表明の基礎となる十分かつ適切な監査証拠を入手することができなかったため，意見を表明しない旨を記載しなければなりません。

「意見不表明」の区分に続いて，「意見不表明の根拠」の見出しを付した区分を設けなければなりません。この区分では，実施できなかった重要な監査手続と実施できなかった理由が記載されます。

また，意見不表明の場合，「財務諸表監査における監査人の責任」の区分において以下の事項を記載しなければなりません。

⑴　監査人の責任は，我が国において一般に公正妥当と認められる監査の基準に準拠して監査を実施し，監査報告書において意見を表明することにある旨

⑵　しかしながら，「意見不表明の根拠」区分に記載されているとおり，監査人は，財務諸表に対する意見表明の基礎となる十分かつ適切な監査証拠を入手できなかった旨

⑶　監査人は，我が国における職業倫理に関する規定に従って，会社及び連結子会社から独立しており，また，監査人としてのその他の倫理上の責任を果たしている旨

第５節　追記情報

1　追記情報の意義

第１節で述べたように，監査報告書は，財務諸表の適正性に関する監査人の意見を表明する手段です。監査報告書のもつこの機能は，従来，意見表明機能とよばれてきました。これに対して，監査報告書には，もう１つ情報提供機能という機能があります。現行の監査報告書において，この情報提供機能を担っているのが，ここで説明する追記情報です。監査基準・報告基準九は，追記情報について**図表8-8**のように規定しています。

【図表8-8】追記情報に関する規定

監査人は，次に掲げる強調すること又はその他説明することが適当と判断した事項は，監査報告書にそれらを区分した上で，情報として追記するものとする。
⑴　会計方針の変更
⑵　重要な偶発事象
⑶　重要な後発事象

この規定からわかるように，追記情報には，①財務諸表における記載を前提に監査人が強調することが適当と判断して記載する強調事項と，②監査人の判断において説明することが適当として記載するその他の事項の２つのタイプがあります。それぞれのタイプについてより詳しく説明する前に，追記情報の重要な特徴について説明しましょう。

追記情報は，監査意見に影響を及ぼすものではありません。いい換えると，追記情報は除外事項に相当するものではないので，追記情報をもって，限定付適正意見，不適正意見，または意見不表明に代えることはできません。財務諸表監査において監査人は，監査意見の表明を通して財務諸表の信頼性を利害関係者に保証する機能を果たしています。これは，財務諸表監査の保証機能とよばれ，財務諸表監査の本質的機能とされているものです。追記情報は，この保証機能の枠組みの外にあるものであり，監査報告書の情報提供機能を担っています。

2　強調事項

追記情報の1つ目のタイプは，強調事項とよばれるものです。強調事項とは，財務諸表に表示または開示されている事項であって，利用者が財務諸表を理解する基礎として重要であるため，当該事項を強調し利用者の注意を喚起する必要があると監査人が判断して監査報告書に記載する事項をいいます。ただし，監査人が当該事項を強調事項として監査報告書に記載するためには，当該事項について財務諸表の重要な虚偽表示がないという十分かつ適切な監査証拠を入手しなければなりません。

監査人が強調事項を記載する際には，「強調事項」という用語をふくめた適

ワンポイントレッスン　33

追記情報と追加情報

追記情報とは，本文中で示したように，監査人が監査報告書において監査意見とは別に情報として追記するものをいいます。追記情報は，監査報告書における情報提供機能を担っています。

一方，追加情報とは，会計方針あるいは貸借対照表または損益計算書等に注記すべきものとして規則等で具体的に規定しているもの以外の注記による情報で，経営者が財務諸表に記載します。追加情報は，利害関係人が企業集団または企業の財政状態，経営成績およびキャッシュ・フローの状況に関する適正な判断を行うために必要と認められる情報です。追加情報が設けられた理由は，企業にとって開示の対象となる会計事象や取引は，業種・業態によってさまざまであり，また，同一企業であっても，その時々において予期し得ぬ事態が起こることがあるため，規則等がとくに定めた記載事項のみでは，利害関係人が財務諸表等によって開示された情報を適切かつ十分に理解できない場合が生ずるからです。監査・保証実務委員会実務指針77号「追加情報の注記について」Ⅱ4を参照してください。

切な見出しを付して，当該区分を監査報告書の独立した区分として設け，当該区分に，財務諸表における記載箇所と関連付けて，強調する事項を明瞭に記載しなければなりません。当該区分は，財務諸表において表示または開示されている情報にのみ参照されます。また，強調事項は監査人の意見に影響を及ぼすものではないことを記載しなければなりません。

強調事項は，あくまでも監査人が財務諸表利用者の注意を喚起するために必要と判断した場合に設けられるものであり，これを多用すると，強調事項の記載の有効性を損ねることになります。強調事項区分が必要と監査人が判断する可能性がある場合とは，たとえば，**図表8-8**の(1)で示されている「会計方針の変更」に関しては，財務諸表に重要な影響を及ぼす新しい会計基準を会社が早期に適用し，それに関する注記が存在する場合等が想定されます。また，(2)の「重要な偶発事象」に関しては，重要な訴訟や規制上の措置の将来の結果に関する不確実性が存在し，それを会社が注記開示している場合等が想定されます。さらに，(3)の「重要な後発事象」に関しては，まず追記情報の対象となり得る後発事象は，後発事象のなかでも開示後発事象といわれるものです。これは，たとえば，期末日の翌日から監査報告書日までの間に発生した重要な合併等，次期以降の財務諸表に重要な影響を及ぼす事象であり，会社の側で注記による開示が必要な事象です。監査人は，開示後発事象について適切な開示が行われていることに関する十分かつ適切な監査証拠が得られた場合で，かつ当該事項を監査報告書において強調する必要があると判断した場合に，強調事項区分を設けこれを記載することになります。

3　その他の事項

追記情報の2つ目のタイプは，「その他の事項」とよばれるものです。その他の事項とは，財務諸表に表示または開示されていない事項について，監査，監査人の責任または監査報告書についての利用者の理解に関連するため，監査報告書において当該事項を説明する必要があると監査人が判断した場合の事項をいいます。ただし，「その他の事項」区分を設け当該事項を記載するには，(1)法令等によって監査報告書に記載することが禁止されていない，(2)「その他の事項」区分への記載を検討する事項が監査上の主要な検討事項に該当しないと判断していることが必要です。監査人が監査報告書に「その他の事項」区分を設ける場合，監査人は，独立した区分として「その他の事項」または他の適切な見出しを付さなければなりません。

法令または一般に認められる実務慣行によって，財務諸表監査における監査人の責任または監査報告書について追加的な説明を記載することが監査人に要求されているまたは認められる場合があります。たとえば，わが国の場合，公認会計士法の規定により要求される利害関係の記載がこれに該当します。

◆ 練習問題8 ◆

1　次の（　　）内に適当な語句を入れて，文章を完成させなさい。

⑴「独立監査人の監査報告書」という表題は，監査人が独立性についての（ ① ）に関する規定のすべてを満たしていることを表明するものです。

⑵ 監査人が，意見に関する除外事項が財務諸表に及ぼす影響の範囲が広範であると判断した場合，監査報告書において（ ② ）が表明されます。

⑶ 監査人が，監査範囲の制約による除外事項が財務諸表に及ぼす可能性のある影響の範囲が広範ではないと判断した場合，監査報告書において（ ③ ）が表明されます。

⑷ 追記情報は，財務諸表監査における保証機能の枠組みの外にあるものであり，監査報告書の（ ④ ）機能を担っています。

2　次の文章が正しければ○を，誤っていれば×を付したうえで，誤っているものについては誤っている理由を説明しなさい。

⑴ 監査人は，意見表明の基礎として十分かつ適切な監査証拠を入手したと判断するために，注記をふくむすべての財務諸表項目が作成されていることについて，監査人の立場から証拠を入手する必要がありますが，経営者が財務諸表の作成責任を認めたことについて証拠を入手する必要はありません。

⑵ 監査報告書において「一般に公正妥当と認められる監査の基準に準拠して監査を行った」旨の記載をすることは，実施した監査全体の質が「一般に公正妥当と認められる監査の基準」が求める平均的な水準を達成していることを明示するものです。

⑶「財務諸表監査における監査人の責任」の区分においては，意見不表明の場合であっても，監査人の責任は財務諸表に対する意見を表明することである旨の記載がなされます。

⑷ 監査上の主要な検討事項とは，当年度の財務諸表の監査において，監査人が職業的専門家としてとくに重要であると判断した事項をいい，監査人がとくに重要であると判断した場合には，監査人が監査役等とコミュニケーションを行った事項以外からも選択されることがあります。

第9章

監査の品質管理

本章のポイント

① 監査の品質管理とは，監査が一般に公正妥当と認められる監査の基準に準拠して適切に実施されるために必要な質の管理を意味します。
② 監査の品質管理には，監査事務所が遵守すべき品質管理と個々の監査業務を実施する監査実施者が遵守すべき品質管理があります。
③ 「品質管理基準」は，監査基準と一体として適用されるものであり，それとともに「一般に公正妥当と認められる監査の基準」を構成しています。
④「品質管理基準」は，財務諸表の監査を実施する監査事務所および監査チームに，監査業務の質を合理的に確保することを求めるものです。
⑤ 監査事務所は，監査業務の質を，主体的に管理し，合理的に確保するために，監査事務所が実施する業務の内容および状況ならびに監査事務所の性質および状況を考慮した上で，職業専門家としての判断に基づき，品質管理システムを適切に整備し，運用しなければなりません。
⑥ 監査事務所の最高責任者は，品質管理システムに関する説明責任を含む最終的な責任を負わなければなりません。
⑦ 監査実施の責任者は，監査事務所が設けた品質管理システムに準拠し，監査業務における品質管理に責任を負わなければなりません。

本章は，「監査に関する品質管理基準」（令和３（2021）年11月16日最終改訂，企業会計審議会）および「監査における不正リスク対応基準」（平成25（2013）年３月25日企業会計審議会制定）に基づいて説明します。

第１節　監査の品質管理の意義

１　「監査基準」の一般基準における品質管理に関する規定

第３章第４節で説明したとおり，監査の品質管理に関しては，監査基準の一般基準の６および７に次の規定が設けられています。

> 監査基準・第二　一般基準
> ６　監査人は，自らの組織として，全ての監査が一般に公正妥当と認められる監査の基準に準拠して適切に実施されるために必要な質の管理（以下「品質管理」という。）の方針と手続を定め，これらに従って監査が実施されていることを確かめなければならない。
> ７　監査人は，監査を行うに当たって，品質管理の方針と手続に従い，指揮命令の系統及び職務の分担を明らかにし，また，当該監査に従事する補助者に対しては適切な指示，指導及び監督を行わなければならない。

上記の６で定義されているように，監査の品質管理とは，「監査が一般に公正妥当と認められる監査の基準に準拠して適切に実施されるために必要な質の管理」を意味します。監査の品質管理には，監査事務所が遵守すべき品質管理と個々の監査業務を実施する監査実施の責任者が遵守すべき品質管理があり，上記６が前者を，７が後者を規定しています。

２　「監査に関する品質管理基準」

監査の品質管理に関しては，上記の一般基準の規定を受け，独立した基準として「監査に関する品質管理基準」（企業会計審議会制定，最終改訂令和３（2021）年11月16日。以下「品質管理基準」といいます）が設けられています。品質管理基準は，監査事務所に対し，リスク・アプローチに基づく品質管理システムの導入を求めています。ここでリスク・アプローチに基づく品質管理システムとは，監査事務所自らが，品質管理システムの項目ごとに達成すべき品質目標を設定し，当該品質目標の達成を阻害しうるリスクを識別して評価を行い，評価したリスクに対処するための方針または手続を定め，これを実施することを指します。

品質管理基準は，公認会計士（監査法人をふくむ）による監査業務の質を合理的に確保するためのものであり，監査基準とともに，「一般に公正妥当と認められる監査の基準」を構成し，監査基準と一体となって適用されるものです。次節では，この品質管理基準の規定に沿って監査の品質管理の具体的な内容について説明します。

第2節　品質管理の内容と考え方

1　品質管理基準の目的

品質管理基準は，冒頭にその目的を次のように規定しています。

> 品質管理基準・第一　目的
> 本基準は，監査基準と一体として適用されるものであり，財務諸表の監査を実施する監査事務所及び監査チームに，監査業務の質を合理的に確保することを求めるものである。

まず，上で述べたとおり，品質管理基準は，監査基準と一体となって適用されるものであり，「一般に公正妥当と認められる監査の基準」を構成していま

ワンポイントレッスン　34

2つの品質管理報告書

日本公認会計士協会は，企業会計審議会が制定した品質管理基準を受け，監査の品質管理に関する実務指針として，監査事務所での品質管理に関しては「監査事務所における品質管理」（品質管理基準報告書第1号）を，個々の監査業務での品質管理に関しては「監査業務における品質管理」（監査基準報告書220）をそれぞれ公表しています。

す。品質管理基準における監査事務所および監査実施の責任者は，監査基準における監査人に相当します。また，監査事務所とは，個人事務所および監査法人をいいます。さらに，監査チームとは，監査実施の責任者および監査業務に従事する補助者をいいます。補助者には，監査事務所および監査事務所が所属するネットワークの内外の者で，個々の監査業務において，監査手続を実施する者が含まれます。

2　品質管理システムの整備および運用

品質管理基準・第二　品質管理システムの整備及び運用

1　監査事務所は，監査業務の質を，主体的に管理し，合理的に確保するために，監査事務所が実施する業務の内容及び状況並びに監査事務所の性質及び状況を考慮した上で，職業専門家としての判断に基づき，品質管理システムを適切に整備し，運用しなければならない。

2　監査事務所の最高責任者は，品質管理システムに関する説明責任を含む最終的な責任を負わなければならない。

3　監査事務所は，品質管理システムに関する最高責任者，品質管理システムの整備及び運用に関する責任者並びにモニタリング及び改善プロセスの運用に関する責任者を明確にしなければならない。

4　監査実施の責任者は，監査事務所が設けた品質管理システムに準拠し，監査業務における品質管理に責任を負わなければならない。

5　監査事務所は，品質管理システムの整備及び運用の状況を適切に記録し，保存するための方針又は手続を定め，それらが遵守されていることを確かめなければならない。

監査の品質管理には，監査事務所における品質管理と監査業務における品質管理があります。監査事務所は，監査業務の質を主体的に管理し，合理的に確保するために，品質管理システムを適切に整備し，運用しなければなりません。これに対して，監査実施の責任者は，監査事務所が設けた品質管理システムに準拠し，監査業務における品質管理に責任を負うことになります。そして，監査事務所は，品質管理システムの整備および運用の状況を適切に記録し，保存するための方針または手続を定め，個々の監査業務においてそれらが遵守されていることを確かめねばなりません。

3　品質管理システムの構成

品質管理基準・第三　品質管理システムの構成
　監査事務所は，以下の項目からなる，品質管理システムを設けなければならない。
(1)　監査事務所のリスク評価プロセス
(2)　ガバナンス及びリーダーシップ
(3)　職業倫理及び独立性
(4)　監査契約の新規の締結及び更新
(5)　業務の実施
(6)　監査事務所の業務運営に関する資源
(7)　情報と伝達
(8)　品質管理システムのモニタリング及び改善プロセス
(9)　監査事務所間の引継
　監査事務所は，監査業務の質を合理的に確保するために必要であると判断する場合には，これら以外の品質管理システムの項目を設けなければならない。

品質管理基準は，品質管理システムを構成する品質項目として上記の項目を設けるよう監査事務所に求めています。各品質項目の具体的な内容については，品質管理基準の第四以降で規定されています。なお，監査業務の質を合理的に確保するために必要と判断する場合には，監査事務所はこれら以外の品質項目を設けなければなりません。

4　監査事務所のリスク評価プロセス

品質管理基準・第四　監査事務所のリスク評価プロセス
1　監査事務所は，品質目標の設定，品質リスクの識別及び評価，品質リスクへの対処からなるリスク評価プロセスを整備し，運用しなければならない。
2　監査事務所は，監査業務の質を合理的に確保するために必要であると判断する場合には，本規定に規定されている品質目標に加え，監査事務所が必要と考える品質目標を設定しなければならない。
3　監査事務所は，設定した品質目標の達成を阻害しうる品質リスクを識別して評価しなければならない。
4　監査事務所は，評価した品質リスクに対処するための方針又は手続を定め，これを実施しなければならない。

品質管理基準は，監査事務所に対して，リスク・アプローチに基づく品質管理システムを導入することを求めています。これは，監査事務所自らが，品質管理システムの項目ごとに達成すべき品質目標を設定し，当該品質目標の達成を阻害しうるリスクを識別して評価を行い，評価したリスクに対処するための方針または手続を定め，これを実施するものです。監査事務所には，実施する業務内容や監査事務所の状況を考慮した上で，監査の品質に影響及ぼす可能性のあるリスクを積極的に識別し，監査事務所として主体的に対応することが求められます。

5　ガバナンスおよびリーダーシップ

品質管理基準・第五 ガバナンス及びリーダーシップ

監査事務所は，品質管理システムの基礎となる環境を確立するために，ガバナンス及びリーダーシップに関する品質目標を設定しなければならない。当該品質目標には，(1)健全な組織風土の醸成，(2)最高責任者等の品質に関する説明責任を含む説明責任の明確化，(3)最高責任者等が果たすべき主導的役割，(4)適切な組織構造と職務分掌，(5)業務運営に関する資源の適切な利用に関する目標を含めなければならない。

（注）最高責任者等とは，監査事務所の最高責任者及び監査事務所の運営に関与する者をいう。

監査事務所において品質管理システムの基礎となる環境を確立するためには，最高責任者が組織的に監査の質を確保するという意識を持ち，品質管理体制の構築に向けてリーダーシップを発揮することが重要となります。こういった観点から，品質管理基準は，監査事務所に対して，健全な組織風土の醸成，最高責任者等の品質に関する説明責任の明確化，監査事務所において最高責任者等が果たすべき主導的役割等に関する品質目標を設定することを求めています。

6　職業倫理および独立性

品質管理基準・第六　職業倫理及び独立性

一　職業倫理

1　監査事務所は，職業倫理の遵守を品質目標として設定しなければならない。当該品質目標には，監査事務所及びその専門要員並びに当該監査事務所が所属するネットワーク等による職業倫理の遵守に関する目標を含めなければならない。
2　監査事務所は，職業倫理の遵守に対する脅威を識別して評価し，それに対処するための方針又は手続を定めなければならない。また，監査事務所は，職業倫理に抵触する事項を発見し，対処するための方針又は手続を定めなければならない。
3　監査実施の責任者は，職業倫理を遵守するとともに，補助者が職業倫理を遵守していることを確かめなければならない。

（注）1　専門要員とは，監査事務所に所属する社員（監査法人の場合）又は業務執行者（個人事務所の場合）及び監査事務所の専門的な業務に従事するその他の者をいう。
2　当該監査事務所が所属するネットワーク等には，監査業務に従事する際に求められる職業倫理に関する規程が対象とする，当該監査事務所が所属するネットワーク，当該ネットワークに属する他の事務所，外部の業務提供者その他の者が含まれる。
3　外部の業務提供者とは，品質管理システムの運用又は監査の実施において使用される，業務運営に関する資源を提供する，監査事務所，当該監査事務所が所属するネットワーク及び当該ネットワークに属する他の事務所の外部の個人又は組織をいう。

二　独立性

1　監査事務所には，独立性の保持を品質目標として設定しなければならない。当該品質目標には，監査事務所及びその専門職員並びに当該監査事務所が所属するネットワーク等による独立性の保持に関する目標を含めなければならない。当該品質目標については，監査事務所及び当該監査事務所が所属するネットワークに属する他の事務所が提供する非監査業務が独立性に与える影響を考慮しなければならない。
2　監査事務所は，独立性の保持に対する脅威を識別して評価し，それに対処するための方針又は手続を定めなければならない。また，監査事務所は，独立性を侵害する事項を発見し，対処するための方針又は手続を定めなければならない。
3　監査事務所は，専門要員の独立性が適切に保持されていることを確かめなければならない。
4　監査実施の責任者は，独立性を保持するとともに，補助者が独立性を保持していることを確かめなければならない。

本規定は，監査事務所に対して，職業倫理の遵守と独立性の保持を品質目標として設定することを求めています。近年，企業活動のグローバル化や業務内容の複雑化・専門化に対応して，監査事務所が，本規定のいう外部の業務提供者を利用することが多くなっています。監査事務所は，外部の業務提供者の利用に関しても責任を負わなければなりません。そこで，本規定は，外部の業務提供者による職業倫理の遵守と独立性の保持を品質目標に含める内容となっています。

7　監査契約の新規の締結および更新

品質管理基準・第七　監査契約の新規の締結及び更新
1　監査事務所は，監査契約の新規の締結及び更新に関する品質目標を設定しなければならない。当該品質目標には，監査契約の新規の締結及び更新に際し，監査業務の内容，経営者の誠実性，監査事務所の能力等を考慮するとともに，監査事務所の財務上及び業務上の目的を優先することなく，適切に判断することに関する目標を含めなければならない。
2　監査事務所は，監査契約の新規の締結及び更新の後に，当該契約の解除につながる可能性のある情報を把握した場合に対処するための方針又は手続を定めなければならない。
3　監査実施の責任者は，監査契約の新規の締結及び更新が，監査事務所の定める方針又は手続に従って適切に行われていることを確かめなければならない。また，監査実施の責任者は，当該契約の新規の締結及び更新の適切性に重要な疑義をもたらす情報を入手した場合には，監査事務所に，当該情報を速やかに報告しなければならない。

監査契約の新規の締結および更新に際しては，監査事務所が監査業務を適切に実施できるかを判断することが重要です。そこで，本規定は，監査事務所に対して，監査契約の新規の締結および更新に関する品質目標を設定するように求めています。当該品質目標の中に，「監査事務所の財務上及び業務上の目的を優先することなく，適切に判断すること」に関する品質目標が含まれている点に留意することが重要です。これは，監査業務の公益性を鑑みて特に取り入れられたものと考えます。

8　業務の実施

(1)　監査業務の実施

品質管理基準・第八　業務の実施　一　監査業務の実施

1　監査事務所は，より質の高い監査の実施を目指すために，監査業務の実施に関する品質目標を設定しなければならない。当該品質目標には，(1)監査実施の責任者及び監査業務に従事する補助者による責任ある業務遂行，(2)補助者に対する適切な指揮，監督及び監査調書の査閲，(3)職業専門家としての適切な判断並びに懐疑心の保持及び発揮，(4)監査業務に関する文書の適切な記録及び保存に関する目標を含めなければならない。

2　監査実施の責任者は，監査事務所の定める方針又は手続を遵守し，補助者の指揮，監督及び監査調書の査閲を適切に行い，監査調書が適切に作成及び

ワンポイントレッスン　35

専門的な見解の問合せ

監査責任者は，専門的な見解の問合せに関して，以下の事項を確かめなければなりません（監査基準報告書220「監査業務における品質管理」35項）。

- ・監査チーム内および監査チームと監査事務所内外の適切な者との間で，監査チームのメンバーが監査の実施中に専門的な見解の問合せを適切に実施したこと
- ・専門的な見解の問合せの内容および範囲ならびにその結論について助言者と合意していること
- ・助言者と合意した結論に従って業務を実施していること

保存されているかを確かめなければならない。
3 監査実施の責任者は，監査意見の表明に先立ち，監査調書の査閲等を通して，十分かつ適切な監査証拠が入手されていることを確かめなければならない。

経済社会を取り巻く環境変化が加速し，監査を取り巻く環境にも変化が生じている中で，より質の高い監査の実施が求められています。そこで，より質の高い監査の実施が可能となるよう，監査事務所に対して，

・監査実施の責任者および監査業務に従事する補助者による責任ある業務の遂行
・補助者に対する適切な指揮，監督および監査調書の査閲
・職業専門家としての適切な判断ならびに懐疑心の保持および発揮
・監査業務に関する文書の適切な記録および保存

に関する品質目標を設定することを求めています。

(2) 専門的な見解の問合せ

品質管理基準・第八 業務の実施 二 専門的な見解の問合せ
1 監査事務所は，より質の高い監査の実施を目指すために，業務の実施における専門的な見解の問合せに関する品質目標を設定しなければならない。当該品質目標には，専門性が高く，判断に困難が伴う事項及び見解が定まっていない事項について専門的な見解の問合せを行い，監査業務の実施及び監査意見の形成において当該見解を十分に検討することに関する目標を含めなければならない。
2 監査実施の責任者は，監査事務所の定める方針又は手続に従って，専門的な見解の問合せを行う責任を負い，専門的な見解を得た場合には，その内容を適切に記録し，得られた見解が監査業務の実施及び監査意見の形成において十分かつ適切に検討されているかを確かめなければならない。
(注) 専門的な見解の問合せとは，監査業務に関して，監査事務所の内外の専門的な知識，経験等を有する者から，専門的な事項に係る見解を得ることをいう。

監査事務所は，品質目標の1つとして，業務の実施における専門的な見解の問合せに関する品質目標を設定しなければなりません。専門的な見解の問合せの対象となるのは，専門性が高く，判断に困難が伴う事項および見解が定まっ

ていない事項です。専門的な見解の問合せを行う責任を負うのは，監査実施の責任者です。監査実施の責任者は，得られた見解が監査業務の実施および監査意見の形成において十分かつ適切に検討されているかを確かめなければなりません。

(3)　監査上の判断の相違

品質管理基準・第八　業務の実施　三　監査上の判断の相違

1　監査事務所は，より質の高い監査の実施を目指すために，業務の実施における監査上の判断の相違に関する品質目標を設定しなければならない。当該品質目標には，監査チーム内又は監査チームと審査の担当者等との間の判断の相違を適切に解決することに関する目標を含めなければならない。

2　監査実施の責任者は，監査事務所の定める方針又は手続に従って，監査チーム内又は監査チームと審査の担当者等との間の判断の相違を解決しなければならない。

3　監査事務所は，監査実施の責任者と監査業務に係る審査の担当者等との間の判断の相違が解決しない限り，監査報告書を発行してはならない。

（注）審査の担当者等とは，審査の担当者及び監査チーム外で専門的な見解を含む監査上の判断について見解を提供する者をいう。

ワンポイントレッスン　36

審査担当者の適格性

審査を実施するために必要な適性を審査担当者が有しているかを判断する際に，監査事務所が考慮する事項には以下が含まれることがあります（品質管理基準委員会報告書第2号「監査業務に係る審査」Ａ５項）。

- 職業的専門家としての基準および適用される法令，ならびに監査業務に関連する監査事務所の方針又は手続の理解
- 企業の属する産業に関する知識
- 類似の内容および複雑さを有する監査業務の理解および関連する経験
- 審査の実施および文書化における審査担当者の責任の理解

これらは，監査事務所の関連する研修を受けることにより達成又は強化されることがあります。

監査上の判断の相違とは，監査チーム内での判断の相違，および監査チームと審査担当者等との間の判断の相違をいいます。後者には，監査チームと監査チーム外の者による専門的な見解の間の判断の相違が含まれます。なお，監査事務所は，監査上の判断の相違が解決されない限り，監査報告書を発行してはなりません。

(4) 監査業務に係る審査

品質管理基準・第八　業務の実施　四　監査業務に係る審査

1　監査事務所は，原則として全ての監査業務について，監査チームが行った監査上の重要な判断及び監査意見を客観的に評価するために，審査に関する方針又は手続を定めなければならない。なお，監査報告の対象となる財務諸表の社会的影響が小さく，かつ，監査報告の利用者が限定されている監査業務については，審査に関する方針又は手続において，意見が適切に形成されていることを確認できる他の方法が定められている場合には，審査を要しないとすることができる。

　当該審査に係る方針又は手続には，審査の担当者の選任，審査の担当者及び監査チームの責任，審査の実施並びに審査の記録及び保存を含めなければならない。

2　監査事務所は，審査に関する方針又は手続に従って，審査の担当者が，十分な審査時間の確保を含めて，適性，能力及び適切な権限を有すること，並びに審査の担当者として，客観性及び独立性を保持するとともに，職業倫理を遵守することを確かめなければならない。

3　監査事務所は，審査に関する方針又は手続に従って，審査における審査の担当者及び監査チームの責任が果たされていることを確かめなければならない。

4　監査事務所は，審査に関する方針又は手続に従って，審査の担当者が監査の計画，実施及び報告における重要な事項，判断及び結論について，適時に適切な審査を行っていることを確かめなければならない。

5　監査事務所及び審査の担当者は，審査に関する方針又は手続に従って，監査業務に係る審査の内容及び結論を，監査調書として記録及び保存しなければならない。

審査の担当者の選任にあたっては，過去に監査実施の責任者として行った重要な判断が審査に影響を与えないよう，監査実施の責任者として関与していた監査業務の審査の担当者に就任する際には適切なインターバルを設けることが必要です。そこで，本規定は，監査事務所に対して，審査の担当者が客観性および独立性を保持し，審査の担当者としての職業倫理を遵守していることを確かめるよう求めています。なお，監査事務所は，意見表明前だけでなく，監査業務全体を通じて適時に適切な審査が行われていることを確かめなければなりません。

9　監査事務所の業務運営に関する資源

品質管理基準・第九　監査事務所の業務運営に関する資源

1　監査事務所は，品質管理システムの整備及び運用を可能とするために，監査事務所の業務運営に関する資源に関する品質目標を設定しなければならない。当該品質目標には，人的資源，テクノロジー資源，知的資源等の監査事務所の業務運営に関する十分かつ適切な資源の取得又は開発，維持及び配分に関する目標を含めなければならない。

　人的資源に関する品質目標については，専門要員に対する適切な採用，教育，訓練及び評価を考慮しなければならない。

　テクノロジー資源に関する品質目標については，監査事務所におけるITの統制を含むITへの対応に関する事項を考慮しなければならない。

2　監査実施の責任者は，監査チームが監査事務所の業務運営に関する十分かつ適切な資源を適時に利用可能かを判断し，不十分又は不適切であると判断した場合には，適切な措置を講じなければならない。

近年，監査業務の実施においては，ITの活用や監査実務における業務上のノウハウの蓄積が必要不可欠となっています。そこで，本規定は，人的資源に加え，テクノロジー資源，知的資源等の業務運営に関する資源の取得または開発，維持および配分に関する品質目標を設定することを，監査事務所に対して求めています。ここで，人的資源の適切な採用，教育，訓練および評価に関する品質目標の対象に，公認会計士以外の専門要員を含めなければなりません。また，テクノロジー資源に関する品質目標については，IT統制を含むITへの対応（監査事務所のセキュリティ対策，監査業務のIT化など）に関する事項を考慮しなければなりません。

10　情報と伝達

品質管理基準・第十　情報と伝達

1　監査事務所は，品質管理システムの整備及び運用を可能とするために，情報と伝達に関する品質目標を設定しなければならない。当該品質目標には，(1)監査事務所の内外からの適時の情報収集，(2)監査事務所及び監査チームによる監査事務所の内外との適時の伝達に関する目標を含めなければならない。

2　監査事務所は，監査業務に係る専門要員の関連法令違反，不適切な行為，判断及び意見表明，監査事務所の定める品質管理システムへの抵触等に関して，監査事務所の内外からの情報を適切に収集し，活用するための方針又は手続を定め，それらが遵守されていることを確かめなければならない。

3　監査事務所は，監査役等との品質管理システムに関する協議について，内容，時期及び形式を含めた方針又は手続を定めなければならない。

4　監査事務所は，必要に応じて実施する監査事務所の外部の者への品質管理システムに関する情報の提供について，内容，時期及び形式を含めた方針又は手続を定めなければならない。

5　監査事務所は，品質管理システムの状況等について，監査報告の利用者が適切に評価できるよう，十分な透明性を確保しなければならない。

監査事務所の品質管理において，監査事務所の内外から適時に情報を収集し，監査事務所の内外と適時に情報の伝達を行うことが重要です。そこで，本規定は，監査事務所に対して，監査事務所の内外からの適時の情報収集，監査事務所および監査チームによる監査事務所内外との適時の伝達に関する品質管理目標を設定することを求めています。また，本規定は，監査事務所に対して，品質管理システムの状況等について，監査報告の利用者が適切に評価できるよう，品質管理に関する積極的な情報発信を行うなど，十分な透明性を確保することを求めています。

11　品質管理システムのモニタリングおよび改善プロセス

品質管理基準・第十一　品質管理システムのモニタリング及び改善プロセス

1　監査事務所は，品質管理システムの整備及び運用の状況に関する情報を適時に把握するとともに，識別した不備に適切に対処するためのモニタリング及び改善プロセスを整備し，適用しなければならない。当該モニタリングには，品質管理システムに関する日常的監視及び完了した監査業務の定期的な検証が含まれる。

2　監査事務所は，モニタリング，改善活動の実施，監査事務所の外部からの検査及びその他の関連する情報から得られた発見事項を評価し，品質管理システムに不備が存在するかを判断しなければならない。

3　監査事務所は，識別された不備の根本原因を調査し，当該不備が品質管理システムに及ぼす影響を評価することによって，不備の重大性及び影響を及ぼす範囲を分析しなければならない。

4　監査事務所は，識別された不備の根本原因分析の結果を踏まえ，不備に対処する改善活動を実施しなければならない。モニタリング及び改善プロセスの運用に関する責任者は，不備と関連する根本原因に対処するために，当該改善プロセスが適切に整備され，運用されているかを評価しなければならない。また，モニタリング及び改善プロセスの運用に関する責任者は，改善活動が適切に整備されていない，又は適切に運用されていないと判断した場合には，適切に対応しなければならない。

5　モニタリング及び改善プロセスの運用に関する責任者は，品質管理システムに関する最高責任者並びに品質管理システムの整備及び運用に関する責任者に対して，実施したモニタリングの内容，品質管理システムの不備とその評価結果及び不備に対処する改善措置について適時に報告しなければならない。

6　監査実施の責任者は，監査事務所から伝達された特定の監査業務に関する発見事項が監査意見の適切な形成に影響を与えていないこと及び必要な措置が適時かつ適切に講じられたかを確かめなければならない。

7　監査実施の責任者は，監査事務所から伝達された監査事務所及び監査事務所が所属するネットワークのモニタリング及び改善プロセスに関連する情報を理解し，実施する監査業務への影響を考慮することによって，適切な措置を講じなければならない。また，監査実施の責任者は，監査業務全体を通じて，モニタリング及び改善プロセスに関連する可能性のある情報に留意し，必要に応じて監査事務所に伝達しなければならない。

リスク・アプローチに基づく品質管理システムの整備および運用が適切に行われるためには，品質管理システムの整備および運用の状況に関する情報を適時に把握し，識別した不備に適切に対処するモニタリングおよび改善プロセスが重要となります。本規定は，監査事務所に対して，監査事務所自身によるモニタリング，改善活動の実施，監査事務所の外部からの検査およびその他の関連する情報から得られた発見事項を評価することを求めています。

その際，監査事務所が，不備を識別した場合には，その根本原因を調査・分析し，不備の根本原因に対処する改善活動を実施することを，監査事務所は求められることになります。ここで，根本原因とは，特定の不備に関する直接原因や，複数の不備に共通した原因について，原因が生じた原因を検討・分析することで究明される，不備の本質的な原因をいいます。

効果的なモニタリングおよび改善を可能とするためには，監査実施の責任者も相応の役割を果たさねばなりません。本規定は，監査実施の責任者に対して，監査事務所から伝達されたモニタリングおよび改善プロセスに関する情報を理解し，実施する監査業務への影響を考慮して適切な措置を講じることを求めています。

12　監査事務所が所属するネットワークへの対応

品質管理基準・第十二　監査事務所が所属するネットワークへの対応

1　監査事務所は，監査事務所が所属するネットワークの要求事項又はサービス若しくは業務運営に関する資源を監査事務所の品質管理システムにおいて適用又は利用する場合には，監査事務所としての責任を理解した上で，それらの適用方法又は利用方法を決定しなければならない。

2　監査事務所は，ネットワークが監査事務所の品質管理システムに関するモニタリングを行う場合には，当該モニタリングが監査事務所の品質管理システムのモニタリング及び改善プロセスに与える影響を考慮しなければならない。

監査事務所の中には，グローバルな規模で活動するネットワークに所属し，ネットワークの要求事項を適用するとともに，業務運営に関する資源等を利用した監査を行っているところがあります。そこで，本規定は，監査事務所に対し，品質管理システムにおいてネットワークの要求事項を適用し，または業務運営に関する資源等を利用する場合，監査事務所としての責任を理解した上で，適用または利用すること，また，ネットワークが監査事務所の品質管理システムに対するモニタリングを行う場合，それが監査事務所自身によるモニタリングおよび改善プロセスに与える影響を考慮することを監査事務所に求めています。

13　品質管理システムの評価

品質管理基準・第十三　品質管理システムの評価
　監査事務所の品質管理システムに関する最高責任者は，少なくとも年に一度，基準日を定めて品質管理システムを評価し，当該システムの目的が達成されているという合理的な保証を監査事務所に提供しているかを結論付けなければならない。

本規定から，品質管理システムの目的が達成されているとの合理的な保証は，当該システムに関する最高責任者から監査事務所に対して与えられるという構図となっていることがわかります。なお，当該システムの評価の結論や当該結論に至った理由を含む品質管理システムの状況等については，監査報告の利用者が監査事務所の監査品質を適切に評価できるよう，各監査事務所において公表することが望ましいとされます。

14　監査事務所間の引継

品質管理基準・第十四　監査事務所間の引継
1　監査事務所は，監査人の交代が監査業務の質に重大な影響を及ぼさないようにするために，後任の監査事務所への引継に関する品質目標を設定しなければならない。当該品質目標には，監査事務所が，財務諸表の重要な虚偽の表示に関する情報又は状況，あるいは企業との間の重要な意見の相違等を含め，監査上の重要な事項を後任の監査事務所に伝達するとともに，後任の監査事務所から要請があった場合にはそれらに関連する監査調書の閲覧に応じるための方針又は手続を遵守することに関する目標を含めなければならない。
2　監査事務所は，前任の監査事務所からの引継に関する品質目標を設定しなければならない。当該品質目標には，監査事務所が，交代事由，企業との間の重要な意見の相違等の監査上の重要な事項に関する問合せのための方針又は手続を遵守することに関する目標を含めなければならない。
3　監査事務所は，監査事務所間の引継に関する方針又は手続において，監査実施の責任者が，実施した引継の状況を適切な部署又は者に報告することを定めなければならない。

監査事務所間の引継は，監査人の交代による知識や経験の蓄積の中断を防ぐ重要な手続です。監査事務所が交代する場合には，後任の監査事務所にとって過年度の監査に関する情報は非常に重要です。本規定は，監査事務所に対し，後任の監査事務所への引継に関する品質目標と，前任の監査事務所からの引継に関する品質目標の設定を求めています。また，本規定は，監査実施の責任者が実施した引継の状況を適切な部署または者に報告することを，監査事務所間の引継に関する方針または手続において定めるよう，監査事務所に求めています。

15　共同監査

品質管理基準・第十五　共同監査

監査事務所及び監査実施の責任者は，複数の監査事務所が共同して監査業務を行う場合には，他の監査事務所の品質管理システムが，本基準に準拠し，当該監査業務の質を合理的に確保するものであるかを，監査契約の新規の締結及び更新の際，並びに，必要に応じて監査業務の実施の過程において評価し，適切に対応しなければならない。

監査事務所が，他の監査事務所と共同で監査を実施する場合があります。この場合であっても，監査業務の質が合理的に保たれる必要があるのは当然のことです。共同監査を担当する複数の監査事務所の品質管理システムが同一でないとしても，それらが品質管理基準に準拠したものであれば，監査業務の質は合理的に確保できると考えられます。そこで，本規定は，監査事務所に対して，他の監査事務所の品質管理システムが品質管理基準に準拠しているかどうかを評価し，適切に対応することを求めています。

第３節　不正リスクに対応した監査事務所の品質管理

1　総　　論

第３章第５節で説明したように，平成25（2013）年の監査基準の改訂に際して，新たに「監査における不正リスク対応基準」（以下，**「不正リスク対応基準」**といいます）が設けられました。本節では，不正リスク対応基準のうちの「不正リスクに対応した監査事務所の品質管理」の内容について説明します。

本規定は，現在各監査事務所で行っている品質管理のシステムに加えて新たな品質管理のシステムの導入を求めているものではなく，監査事務所が整備すべき品質管理のシステムにおいて，不正リスク（不正による重要な虚偽表示のリスク）に対応する観点から，とくに留意すべき点を明記したものです。また，整備および運用が求められる監査事務所の方針と手続は，監査事務所の規模および組織，当該監査業務の内容等により異なることから，すべての監査事務所において画一的な不正リスクに対応した品質管理の方針と手続が求められているものではありません。

本規定が監査事務所に求めているのは，不正リスクに適切に対応できるよう，監査業務の各段階における品質管理のシステムを整備および運用するとともに，品質管理のシステムを適切に監視することです。そのため，監査事務所は，不正リスクに留意して品質管理に関する適切な方針および手続を定め，不正リスクに対応する品質管理の責任者を明確にしなければなりません。

2　監査契約の新規の締結および更新における不正リスクの考慮

> 監査事務所は，監査契約の新規の締結及び更新の判断に関する方針及び手続に，不正リスクを考慮して監査契約の新規の締結及び更新に伴うリスクを評価すること，並びに，当該評価の妥当性について，新規の締結時，及び更新時はリスクの程度に応じて，監査チーム外の適切な部署又は者により検討することを含めなければならない。（「不正リスク対応基準」第三・２）

監査事務所は，監査契約の新規の締結および更新の判断に関する方針および手続に，不正リスクを考慮して監査契約の締結および更新にともなうリスクを評価することをふくめなければなりません。これに関連して，監査契約の新規の締結および更新の判断に際して，更新時はその程度に応じ監査事務所としての検討を求めるという観点から，監査事務所には，当該リスク評価の妥当性について監査チーム外の適切な部署または者により検討することが求められます。

3　不正に関する教育・訓練

> 監査事務所は，監査実施者の教育・訓練に関する方針及び手続を定め，監査実施者が監査業務を行う上で必要な不正事例に関する知識を習得し，能力を開発できるよう，監査事務所内外の研修等を含め，不正に関する教育・訓練の適切な機会を提供しなければならない。（「不正リスク対応基準」第三・３）

監査事務所は，監査実施者に対する教育・訓練に関する方針および手続の一環として，監査実施者が監査業務を行ううえで必要な不正事例に関する知識を習得し，能力を開発できるよう，監査事務所内外の研修をふくめ，監査実施者に対して不正に関する教育・訓練の適切な機会を提供しなければなりません。

4　不正リスクに対応した監督および査閲

> 監査事務所は，不正リスクに適切に対応できるように，監査業務に係る監督及び査閲に関する方針及び手続を定めなければならない。（「不正リスク対応基準」第三・４）

監査業務の実施に関する品質管理の方針および手続の一環として，監査事務所は，不正リスクに適切に対応できるように，監査業務に係る監督と査閲に関する方針および手続を定めなければなりません。

5　不正リスクに関連して監査事務所内外からもたらされる情報への対処

> 監査事務所は，監査事務所内外からもたらされる情報に対処するための方針及び手続において，不正リスクに関連して監査事務所に寄せられた情報を受け付け，関連するチームに適時に伝達し，監査チームが監査の実施において当該情報をどのように検討したかについて，監査チーム外の監査事務所の適切な部署又は者に報告することを求めなければならない。(「不正リスク対応基準」第三・5)

品質管理システムの監視に関する方針および手続の一環として，監査事務所は，とりわけ監査事務所内外からもたらされる不正リスクに関連する情報に対処するための方針および手続において，監査事務所に寄せられた情報を受け付け，関連するチームに適時に伝達し，監査チームが監査の実施において当該情報をどのように検討したかについて，監査チーム外の監査事務所の適切な部署または者に報告することを，監査実施の責任者に求めなければなりません。

6　不正による重要な虚偽の表示の疑義があると判断した場合等の専門的な見解の問合せ

> 監査事務所は，不正による重要な虚偽の表示を示唆する状況が識別された場合，又は不正による重要な虚偽の表示の疑義があると判断された場合には，必要に応じ監査事務所内外の適切な者（例えば，監査事務所の専門的な調査部門等）から専門的な見解を得られるようにするための方針及び手続を定めなければならない。(「不正リスク対応基準」第三・6)

本項は，通常時ではなく，不正による重要な虚偽の表示を示唆する状況が識別された場合，あるいは，さらに進んで不正による**重要な虚偽の表示の疑義**があると判断された場合における専門的な見解の問合せに係る規定です。監査事務所は，このような場合に事務所内外の適切な者に専門的な見解を得られるようにするための方針および手続を，あらかじめ定めておかなければなりません。

7　不正による重要な虚偽の表示の疑義があると判断された場合の審査

　監査事務所は，不正による重要な虚偽の表示の疑義があると判断された場合には，修正後の監査計画及び監査手続が妥当であるかどうか，入手した監査証拠が十分かつ適切であるかどうかについて，監査事務所として審査が行われるよう，審査に関する方針及び手続を定めなければならない。
　監査事務所は，当該疑義に対応する十分かつ適切な経験や職位等の資格を有する審査の担当者（適格者で構成される会議体を含む）を監査事務所として選任しなければならない。（「不正リスク対応基準」第三・７）

　不正による重要な虚偽の表示の疑義があると判断された場合には，通常の審査担当者による審査と比べて，監査事務所としてより慎重な審査が行われる必要があります。このため，監査事務所は，当該監査業務の監査意見が適切に形成されるよう，当該疑義に対応する十分かつ適切な経験や職位等の資格を有する審査の担当者を監査事務所として選任することを，審査に関する方針および手続に定めなければなりません。

8　監査業務の引継に関する規程

監査事務所内における監査実施の責任者の間の引継
　監査事務所は，監査業務の実施に関する品質管理の方針及び手続において，同一の企業の監査業務を担当する監査実施の責任者が全員交代した場合，不正リスクを含む監査上の重要な事項が適切に伝達されるように定めなければならない。（「不正リスク対応基準」第三・８）
監査事務所間の引継
　監査事務所は，後任の監査事務所への引継に関する方針及び手続において，後任の監査事務所に対して，不正リスクへの対応状況を含め，監査上の重要な事項を伝達するとともに，後任の監査事務所から要請のあったそれらに関連する調書の閲覧に応じるように定めなければならない。
　監査事務所は，前任の監査事務所からの引継に関する方針及び手続において，前任の監査事務所に対して，監査事務所の交代事由，及び不正リスクへの対応状況等の監査上の重要な事項について質問するように定めなければならない。
　監査事務所は，監査事務所間の引継に関する方針及び手続において，監査チームが実施した引継の状況について監査チーム外の適切な部署又は者に報告する

ことを定めなければならない。(「不正リスク対応基準」第三・9)

監査業務の引継に関する規程は，不正リスクへの対応状況をふくむ監査上の重要な事項の適切な伝達等を定めるもので，監査事務所内における監査実施の責任者間の引継に係る規定と，監査事務所の交代時における監査事務所間の引継に係る規定があります。前者は，監査事務所内において，同一企業の監査業務を担当する監査実施の責任者が全員交代する場合に適用されます。後者は，監査事務所の交代時に，前任監査事務所と後任監査事務所の各々に対して適用されます。前任監査事務所には，監査上の重要な事項に関して後任監査事務所から要請があった場合に関連する調書の閲覧に応じる旨等の規定を定めることが求められています。後任監査事務所には，監査事務所の交代事由をふくめ監査上の重要な事項について前任監査事務所に質問する旨等の規定を定めることが求められています。

◆ 練習問題9 ◆

1　次の（　　）内に適当な語句を入れて，文章を完成させなさい。

⑴　品質管理基準における監査事務所および監査実施の責任者は，監査基準における（ ① ）に相当します。

⑵　品質管理基準は，公認会計士による監査業務の質を合理的に確保するためのものであり，監査基準とともに（ ② ）を構成します。

⑶　監査事務所は，品質目標の設定，品質リスクの識別および評価，品質リスクへの対処からなる（ ③ ）を整備し，運用しなければなりません。

⑷　監査事務所は，品質管理システムに関して識別された不備の（ ④ ）を調査し，当該不備が品質管理システムに及ぼす影響を評価することによって，不備の重大性および影響を及ぼす範囲を分析しなければなりません。

2　次の文章が正しければ○を，誤っていれば×を付したうえで，誤っているものについては誤っている理由を説明しなさい。

⑴　監査事務所は，監査実施の責任者と監査業務に係る審査担当者等との間の判断の相違が解決しない限り，監査報告書を発行してはなりません。

⑵　監査事務所は，監査報告の利用者に対して，監査事務所の品質管理に関する情報を積極的に発信することを求められていません。

⑶　監査事務所の最高責任者は品質管理システムに関して最終的な責任を負っているため，個々の監査業務における品質管理について責任を負わなければなりません。

⑷　品質管理基準が規定する品質管理システムの項目は，監査業務の質を合理的に確保するために必要かつ十分なものであるため，監査事務所は，それら以外の品質管理システムの項目を設ける必要がありません。

第10章

監査をめぐる国際的な動向

本章のポイント

① 企業活動の国際的な展開は，原材料の輸入と製品の輸出から対外直接投資へと変化し，さらに国外市場での資金調達活動にまでいたるようになりました。
② 国外で株式等を発行し，また流通させるためには，当該国の開示規制に従う必要があります。このことが，会計基準や監査基準の国際化の必要性を生じさせました。
③ わが国の企業は，当初は，わが国の会計基準に準拠して作成された財務諸表と，わが国の監査基準に準拠して実施された監査の結果である監査報告書を，英文で表記したものを国外の投資家向けのアニュアルレポート等に記載していました。
④ 1999年には，「レジェンド問題」が生じ，わが国の会計や監査の基準を国際標準に合わせる必要性が認識されることとなりました。
⑤ 国外で事業活動を行う子会社を連結する際に，当該子会社の監査結果をどのように利用するかという問題が生じ，会計事務所間での提携の必要性が生じました。
⑥ 1970年代前後から，会計基準と同様に，監査基準を国際的に統一するべきであるという機運が高まり，1977年に国際会計士連盟（IFAC）が設立されました。
⑦ IFAC内に国際監査基準設定機関として，IAASB（従前はIAPC）が設置され，国際監査基準（ISA）が公表されるようになりました。
⑧ 現在のわが国の監査基準は，監査基準の国際的統一の動向を受け，おおむね国際基準と同等のものとなっています。

第1節　監査環境の国際化

1　資金調達の国際化

わが国では，1950年代から1970年代の高度経済成長期を経て，企業活動の国際化が顕著となりました。この期間の初期は，海外から原材料を輸入し，国内で製品化したものを国外に輸出する企業活動が中心でしたが，次第に海外に生産拠点を移して現地で生産活動を行ったり，海外に子会社を設立したり，あるいは現地の既存の会社との合併・買収（M&A）を行うといった，いわゆる対外直接投資が活発に行われるようになりました。

このような企業活動の国際化と並行して，企業の資金調達活動にも大きな変化が起きはじめました。すなわち，日本国内の証券市場で調達した資金を対外直接投資に活用することはもちろん，国外の証券市場で資金を調達して現地での設備投資やM&Aの資金に充当するなど，資金調達の段階から国外に進出するケースがみられるようになったのです。たとえばソニーは，1961年に日本の企業として初めて米国預託証券（American Depositary Receipt : ADR）を発行した後，1970年にはニューヨーク証券取引所に上場し，海外で資金調達を行う企業の先駆けとなりました。

国外の証券市場での資金調達活動は，日本の企業だけでなく世界各国の企業に広まり，現在では金融市場の自由化やIT環境の整備と進展とともに日常的な企業活動となっています。この意味で，企業の資金調達活動は国際化というよりはボーダレス化と表現することが適切でしょう。

2　国外の開示規制と監査の対応

上述のような企業の資金調達活動の国際化，あるいはボーダレス化によって，会計や監査には新たな課題が生じました。それは，各国の開示規制と国内の開示規制をいかに整合させるかという点です。すなわち，国内の開示規制当局や会計基準および会計基準設定機関をはじめ，監査基準とその設定機関や，監査法人および監査人が行う業務など，会計や監査に関係する各方面に国際的な対応が求められることになったのです。

国外の証券市場で株式等を発行し，また発行した株式等を市場で流通させるためには，原則として当該国の開示規制に従わなければなりません。その際，投資者の基礎的な意思決定情報である財務諸表をいかなる基準で作成し，これに対していかなる基準で監査を実施するのかという課題が，わが国のみならず世界各国で認識されることとなりました。

会計基準や監査基準の国際的統一に関する議論は，1973年に国際会計基準委員会（International Accounting Standards Committee：IASC），2001年に国際会計基準審議会（International Accounting Standards Board：IASBに改組）が，また1977年には，後述するように国際会計士連盟（International Federation of Accountants：IFAC）が設立されて以来，わが国の会計実務界や学会において活発に行われてきました。1990年代に入ると，会計・監査の国際化をめぐる課題はさらに解決すべき優先度が高まり，国家レベルで議論されるにいたりました。折しも，いわゆる「レジェンド問題」や「会計ビッグバン」に関する記事がマスコミでも取り上げられるようになり，わが国の会計・監査は大きな転換

ワンポイントレッスン　37

レジェンド問題

1999年３月期決算から，日本の企業が，日本の会計基準に準拠して作成し，日本の監査基準に準拠して監査を受けた財務諸表を英文で表記する際に，財務諸表の注記および監査報告書に，「この財務諸表は日本国内で一般に認められた会計基準に従って作成されている。日本の会計基準は，アメリカの会計基準とは異なるものである」旨を記載するように，アメリカの当時の５大会計事務所から要求されました。日本の会計・監査基準と国際基準との差異を象徴する問題として，当時大きな波紋を呼びました。このような注釈が“legend clause”（説明文）と表現されたことから，この問題は一般に「レジェンド問題」といわれています。その後，JICPAではこのような注釈は「2004年３月期決算から削除されることとなった」としています。

点を迎えることとなりました。

現在では，IASBが発行する国際財務報告基準（International Financial Reporting Standards : IFRS）を任意で適用する会社が散見されるようになり，またIFACに設置されている国際監査・保証基準審議会（International Auditing and Assurance Standards Board : IAASB）が発行する国際監査基準（International Standards on Auditing : ISA）は，おおむねわが国の国内基準に反映されるなど，1970年代以来の継続的な議論が一定の成果につながりつつあるといえます。

第２節　監査業務の国際化

1　在外子会社の連結と他の監査人の監査結果の利用

日本企業の対外直接投資等の国外進出や資金調達のボーダレス化は，必然的に監査業務の国外展開にもその必要性を生じさせました。監査に関連する国際的な業務にはさまざまなものがありますが，ここでは在外子会社の連結に関する監査上の問題をとりあげます。

一般に，連結財務諸表の監査人は，子会社に対する監査結果を連結財務諸表監査における監査証拠として採用します。その際には，連結財務諸表の監査人は，当該子会社の監査人の信頼性を評価することが監査基準によって求められていますが，これは非常に難しい問題をふくんでいます。通常，監査人が評価の対象とする監査証拠は，記録や文書，あるいは証言などですが，子会社の監査人等の「他の監査人」の信頼性は，いわば人物評価の類に属するものだからです。この点について，監査基準の実施基準四では，「他の監査人の品質管理の状況等に基づく信頼性の程度を勘案して，他の監査人の実施した監査の結果を利用する程度及び方法を決定しなければならない」としており，一定の評価基準を示しています。また，監査基準委員会報告書600「グループ監査」では，子会社等の監査人（構成単位の監査人）の独立性や職業倫理に関する規定の理解と遵守状況等を下位の評価基準として示しています（第18項）。

子会社が国内に存在していて，その監査人が連結財務諸表の監査人と同一の監査法人に所属している場合は，当該の子会社の監査人について品質管理の状況を評価する必要はありませんが，子会社が国外に存在していて，その監査を国外の会計事務所が実施しているとなると，言語や文化の相違等の問題もふくめて，当該子会社の監査人の信頼性を評価することはきわめて困難となります。

2　国外の会計事務所との提携

そこで，わが国の監査法人は，国外の会計事務所と提携関係を結び，メンバーファームとしてのネットワークを構築することによって，こうした問題の解決をはかりました。メンバーファームの間で品質管理に関する方針と手続を一貫させ，さらに監査の具体的な手法も統一し，日常的にコミュニケーションを取ったうえで，メンバーファームが在外子会社の監査を実施すれば，子会社の監査人の信頼性評価という問題は解決できることとなります。

現状における，わが国の大手監査法人と国外の会計事務所との提携関係は**図表10-1**のとおりです。

【図表10-1】わが国の大手監査法人と国外の会計事務所との提携関係

国内の監査法人	提携先の会計事務所
EY新日本有限責任監査法人	Ernst & Young（EY）
有限責任あずさ監査法人	KPMG
有限責任監査法人トーマツ	Deloitte Touch Tohmatsu
PwCあらた監査法人	PricewaterhouseCoopers（PwC）

国外の会計事務所との提携関係は，わが国の大手監査法人だけでなく，中小の監査法人もそれぞれにメンバーファームのネットワークを有しており，監査業務だけでなく，IFRSの導入支援やIPO（Initial Public Offering，新規上場）の支援，さらにはその他の会計業務や税務業務など，幅広い分野の活動を展開しています。

第3節　監査基準の国際化

1　監査基準の国際的統一の必要性

監査という行為を説明する際には，さまざまな表現が可能です。本書の第1章で説明されているように，「財務諸表がGAAPに従って作成されているかどうかを，独立した第三者である監査人がGAASに従って確かめる」という表現もその一つです（pp.5-6参照）。つまり，監査人にとってGAAPは判断の基準であり，GAASは行為の基準である，と理解することが可能です。

本章の第1節で述べたように，監査人の判断の基準としてのGAAP，すなわち会計基準が国際化したことを受け，現在のわが国の上場会社が適用している会計基準は，日本の会計基準（J-GAAP），アメリカの会計基準（US-GAAP），国際財務報告基準（IFRS）に大別されます。

財務諸表を作成する際に適用される会計基準が異なると，財務諸表の数値が異なることとなり，投資家の意思決定に影響を及ぼすので，会計基準は国際的に統一されるべきであるという論理は明快ですが，このことが直接的に監査基準の国際的統一の必要性を生じさせるとはいえません。たとえば，アメリカの会計基準に従って作成された財務諸表を，日本の監査基準に従って監査したとしても，それはそれで一定の合理性はあるでしょう。

しかしながら，投資家の意思決定情報としての財務諸表と，財務諸表に信頼性を付与するという監査の機能を世界規模で考えたときには，こうした考え方は投資家の理解を得られるものとはいえません。わが国の監査基準に関していえば，上述のような「レジェンド問題」が認識された2000年前後においては，国際的に信認された基準とはいえない状況にありました。同時に，IFACの積極的な活動によって，ISAの各国への導入が活発化したこともあり，わが国においても監査基準の国際化をめぐる機運が高まってきました。

2　IFACの概要

①　設立と規模

IFACは，1977年に日本をふくむ51の国と地域における63の会計士団体（日本ではJICPAが加入）を構成員として設立されました。2021年12月現在，135の国と地域における180の会計士団体が加盟しており，約300万人の会計士を代表する国際機関です。

②　使　　命

IFACは，次に掲げる目的を達成することにより，公共の利益（public interest）に資することを使命としています。

a．高品質な基準と指針の開発に貢献すること
b．高品質な基準と指針の適用と実行を促進すること
c．強固な職業会計士団体およびアカウンティング・ファームの開発と，職業会計士による高品質な実務に貢献し，世界規模での職業会計士の価値を高めること
d．公共の利益に関する諸課題について発言すること

③　組　　織

IFACには，次の独立した４つの審議会（Board）が設置され，各分野における基準や指針を設定・公表しています。

a．国際監査・保証基準審議会（IAASB）
b．国際会計教育基準審議会（International Accounting Education Standards Board : IAESB）
c．国際会計士倫理基準審議会（International Ethics Standards Board for Accountants : IESBA）
d．国際公会計基準審議会（International Public Sector Accounting Standards Board : IPSAB）

このほか，次の４つの委員会（Committee）を設置し，各分野に関する調査・研究を行い，その結果を，関係する上記の４つの審議会に対して意見を提供し

たり，助言を行ったりしています。

a．中小規模事務所委員会（Small and Medium Practices Committee : SMPC）

b．組織内会計士委員会（Professional Accountants in Business Committee : PAIBC）

c．会計職業専門団体開発委員会（Professional Accountancy Organization Development Committee : PAODC）

d．多国籍監査委員会（Transnational Auditors Committee : TAC）

3 ISAとわが国の監査基準

IFACの組織と活動のうち，監査基準の国際的統一に関係するのはIAASBが発行するISAです。本章の第1節で説明したように，監査基準を国際的に統一することはIFACが創設された当時から一義的な目的でした。IFACは，創設の翌年である1978年に，IAASBの前身である国際監査実務委員会（International Auditing Practices Committee : IAPC）を設置し，1979年には監査の国際的ガイドライン（International Auditing Guidelines : IAG）を公表しました。その後，1991年にIAGはISAとして再編成され，2001年には基準設定機関であるIAPCも現在のIAASBとして再構成されました。

監査基準の国際化に関する動向は，わが国の監査基準にも大きな影響を与えました。金融庁企業会計審議会による「監査基準」では，平成14（2002）年の

ワンポイントレッスン 38

Forum of Firms（FOF）

多国籍監査委員会（TAC）の下部組織として設置された各国の会計事務所間のネットワークで，監査をはじめ会計士業務における実務上の課題を識別し，必要に応じて上記の審議会に提言を行っています。本文で説明したように，IFACは284万人の会計士を代表する大きな機関ですが，こうしたミクロの視点から課題を探索しようとする姿勢がわかります。このことは，IFACのHPの1ページ目にリンクが表示されることからもうかがえます。

改訂に際して，監査をめぐる国際的環境の変化を指摘したうえで，監査基準の設定以来継続していた「監査実施準則」，および「監査報告準則」を廃止し，より柔軟性のある実務指針の策定をJICPAに委ねることとしました。その後も，国際的な監査の基準の動向と連動した改訂が行われています。

JICPAは，2011年に従前の監査基準委員会報告書を廃止し，新起草方針に基づく監査基準委員会報告書を順次発行し，現在にいたっています。この監査基準委員会報告書は，報告書番号をふくめてISAをほぼ翻訳したものとなっており，企業会計審議会による「監査基準」とともに国際標準を満たす内容になっています。

◆ 練習問題10 ◆

1　次の（　）内に適当な語句を入れて，文章を完成させなさい。

監査基準の国際的な統一が必要となった環境的な要因として，企業の（ ① ）がボーダレス化したことがあげられます。すなわち，国外において株式等を発行・流通させるためには，当該国の（ ② ）に従う必要があり，そのためには当初は国内の（ ③ ）に準拠して作成された財務諸表と，これに対する国内の（ ④ ）に準拠した監査の実施と報告が求められていました。ところが1999年に，いわゆる（ ⑤ ）問題が生じ，わが国の（ ③ ），（ ④ ）を国際的に統一する機運が高まりました。さらに，日本の監査法人が（ ⑥ ）の連結決算を行う際に，（ ⑦ ）の監査結果を活用する必要が生じ，現地国の（ ⑧ ）と連携する必要性も生じてきました。こうした流れを受け，現在では，（ ⑨ ）に設置された独立の監査基準設定機関である（ ⑩ ）が，（ ⑪ ）を発行しており，その大部分はわが国の監査基準に反映されています。

2　次の文章が正しければ○を，誤っていれば×を付したうえで，誤っているものについては誤っている理由を説明しなさい。

⑴　監査基準の国際的な統一は，会計基準の国際的な統一が進展したことを背景としてその必要性が生じたものです。

⑵　監査基準は，監査の実施と報告に関する指針だけを示したものであり，これを遵守することは高水準の監査の品質を確保することを意味します。

⑶　JICPAは，IFACの創立当初からの加盟国であり，現在も各種の審議会や委員会に構成員を送り出しています。

⑷　JICPAによる「監査基準委員会報告書」は，すべてISAを全訳したものであり，国際標準として各国に認知されています。

第11章

内部統制監査

本章のポイント

① 内部統制とは，基本的に，業務の有効性および効率性，財務報告の信頼性，事業活動に関わる法令等の遵守ならびに資産の保全の４つの目的が達成されているとの合理的な保証を得るために，業務に組み込まれ，組織内のすべての者によって遂行されるプロセスをいいます。
② 内部統制監査は，経営者による財務報告に係る内部統制の有効性の評価に関する報告書（内部統制報告書）の作成を前提として成立します。
③ 内部統制監査の目的は，経営者の作成した内部統制報告書が，一般に公正妥当と認められる内部統制の評価の基準に準拠して，内部統制の有効性の評価結果を全ての重要な点において適正に表示しているかどうかについて，監査人自らが入手した監査証拠に基づいて判断した結果を意見として表明することにあります。
④ 内部統制監査が財務諸表監査と一体となって行われることで，内部統制監査の過程で得られた監査証拠は，財務諸表監査の内部統制の評価における監査証拠として利用され，また，財務諸表監査の過程で得られた監査証拠も内部統制監査の証拠として利用されることがあります。

本章は，主として，「財務報告に係る内部統制の評価及び監査の基準」（以下，「内部統制報告基準」といいます）および「財務報告に係る内部統制の評価及び監査に関する実施基準」（以下，「実施基準」といいます）（企業会計審議会制定，最終改訂令和５（2023）年４月７日）に基づいて説明します。

第1節　内部統制の意義

1　内部統制の機能

内部統制とは，元来，経営者が企業の組織内を適切に管理・統制するために構築する体制およびそれを遂行するプロセスのことをいいます。

まず，内部統制の具体的な例を２つ説明しましょう。

１つ目は，企業が定期的に実施する実地棚卸という手続です。これについては，簿記等の授業ですでに学習したかも知れません。実地棚卸では，商品等の棚卸資産の実際の数量を確認し，これと帳簿上の数量とを比較すること，および商品等の状態（品質）を確認することなどが行われます。その結果，商品等の実際の数量と帳簿上の数量が異なることが判明した場合には，帳簿上の数量を実際の数量に合わせることによって修正するとともに，その差異の原因を究明します。また，商品等の一部に欠陥やキズがあることが判明した場合には，それらを販売不可能なものとして取り扱う等の適切な対応を行います。これらの結果として資産の保管方法の改善を検討する必要性が生じる場合があります。さらに，実地棚卸を行うことの効果はこれだけはありません。実地棚卸の手続を通して，長期間滞留している（販売されていない）商品等に対する評価損の計上や，需要が見込まれる商品等の追加的な仕入等，適切な対応を図ることができます。このように，実地棚卸の手続を通して商品等の棚卸資産に対する管理や統制が行われているといえます。

もう１つは販売業務に組み込まれた内部統制です。販売業務は，通常，［受注→出荷→代金の請求→売掛金の回収］というプロセスをたどります。このプロセスには，値引きや返品に対する対応がふくまれることがあります。販売業務のプロセスのなかで，ここでは受注プロセスに焦点をあて，そこで起こり得るリスクとそれに対する内部統制の例をあげます。

受注プロセスは，企業が得意先からの注文を受けて，商品の納入を約束するプロセスです。企業は，通常，得意先ごとにその財務状況などを考慮して与信限度額を設定しています。与信限度額とは，その得意先に対して掛売りすることができる最大額（限度額）をいいます。

ところが，たとえば，営業担当者が自らのノルマを達成するために，得意先に対してその与信限度額を超えて商品を販売するリスクがあります。仮に，営業担当者が自らのノルマを達成するために，得意先に対する与信限度額を超過して販売し，かつ当該得意先の財務状況が厳しい状況であると認識しながら，当該得意先との取引を継続したとし，その結果，当該得意先に対する売掛債権が長期にわたって滞留する（回収できない）こととなったとします。得意先に対して与信限度額を超えて商品を販売するリスクに対応するために，販売業務における受注プロセスに対して内部統制が組み込まれます。受注担当者（営業担当者とは別の者）が得意先からの注文書と当該得意先の与信データを照合する手続を内部統制として組み込むことにより，与信限度額を超えて商品を販売するリスクを回避することができるようになります。

2　内部統制の定義

上で，内部統制を「経営者が企業の組織内を適切に管理・統制するために構築する体制およびそれを遂行するプロセス」と述べました。しかしながら，今日では，内部統制という言葉が意味する内容をより広くとらえ，本来は経営者を規律する仕組みである**コーポレート・ガバナンス**の概念をもそこに包含させた広義の概念を採用することが一般的となっています。

次に示すわが国の企業会計審議会の公表した内部統制報告基準が規定する内部統制の定義も，広義の内部統制概念といえます。

> 内部統制とは，基本的に，業務の有効性及び効率性，報告の信頼性，事業活動に関わる法令等の遵守並びに資産の保全の４つの目的が達成されているとの合理的な保証を得るために，業務に組み込まれ，組織内の全ての者によって遂行されるプロセスをいい，統制環境，リスクの評価と対応，統制活動，情報と伝達，モニタリング（監視活動）およびIT（情報技術）への対応の６つの基本的要素から構成される。（内部統制報告基準Ⅰ・１）

以下では，上記の定義に従って，内部統制の目的について先にあげた内部統制の具体例を通して説明します。

3　内部統制の目的

(1)　業務の有効性および効率性

業務の有効性および効率性とは，事業活動の目的の達成のため，業務の有効性と効率性を高めることをいいます。

ここで，**業務の有効性**とは事業活動や業務の目的が達成される程度をいい，**業務の効率性**とは，組織が目的を達成しようとする際に，時間，人員，コスト等の組織内外の資源が合理的に使用される程度をいいます。

内部統制は業務の有効性と効率性を高めることに役立ちますが，これについて先ほどの例で説明します。得意先に対して与信限度額を超えて商品を販売すると，当該得意先に対する売掛債権が長期にわたって滞留する危険性が生じます。仮に，そうなった場合，売掛債権の回収に係るコストがかさむことにより販売業務の効率性が低下し，最終的に当該売掛債権が貸倒れになれば，販売業務の有効性を阻害することにつながります。そこで，販売担当者以外の者が得意先からの注文書と当該得意先の与信データを照合する手続を内部統制として組み込むことによって，与信限度額を超えて商品を販売するリスクを回避する仕組みを作ります。その結果，売掛債権が不良債権化する可能性が低くなり，販売業務の有効性と効率性が高まることになります。

(2)　報告の信頼性

報告の信頼性とは，組織内および組織外部への報告（非財務情報をふくむ）の信頼性を確保することをいいます。報告の信頼性には，財務報告の信頼性が含まれます。財務報告の信頼性は，財務諸表および財務諸表に重要な影響を及ぼす可能性のある情報の信頼性を確保することをいいます。

財務報告は，組織の内外の者が当該組織の活動を確認するうえで，きわめて重要な情報です。財務報告の信頼性を確保することは，とくに組織に対する社会的な信用の維持や向上に資することになります。逆に，誤った財務報告は，多くの利害関係者に対して不測の損害を与えるだけでなく，組織に対する信頼を著しく失墜させることになります。

財務報告の信頼性に係る内部統制は，財務報告の重要な事項に虚偽記載が生じることのないように必要な体制を整備し，運用することにより，組織の財務報告に係る信頼性を支援するものです。

商品等の棚卸資産に対して実施される実地棚卸の手続は，財務報告の信頼性に直接的な関連性があり，その確保に資するものといえます。前述したように，実地棚卸において商品等の実際の数量と帳簿上の数量が異なっていることが判明した場合には，帳簿上の数量を実際の数量に合わせることによって修正します。また，商品等の一部に欠陥やキズがあることが判明した場合には，それらを販売不可能なものとして取り扱う等の適切な対応を取ります。こういった修正や対応を通して，商品等の棚卸資産に係る会計記録が実態をより正確に表すものとなり，結果として財務報告の信頼性が高まることになるのです。

与信限度額を超えて販売するリスクを回避するために受注プロセスに対して組み込まれた内部統制も，財務報告の信頼性を確保するのに役立ちます。売掛債権が長期にわたって滞留すると，決算時点での売掛債権の回収可能性の判断がむずかしくなり，結果として，財務諸表で売掛債権を過大に計上する（貸倒引当金を過少に計上する）ことにつながりかねないからです。

(3)　事業活動に関わる法令等の遵守

事業活動に関わる法令等の遵守とは，事業活動に関わる法令その他の規範の遵守を促進することをいいます。

組織や組織内の者が法令の遵守をおこたり，または社会規範を無視した行動をとれば，それに応じた罰則や批判を受け，組織の存続すら危うくなりかねません。反対に，商品の安全基準の遵守や操業の安全性の確保など，法令等の遵守への真摯（しんし）な取組みが認められた場合には，組織の評判や社会的信用の向上を通じて，業績や株価等の向上に資することとなります。このように，組織が存続し発展していくためには，事業活動に関し，法令等の遵守体制を適切に整備することが不可欠です。

事業活動に関わる法令等は，**図表11-1**のものから構成されます。

与信限度額を超えて販売するリスクを回避するために受注プロセス内に組み込まれた内部統制は，事業活動に関わる法令等の遵守にも役立ちます。

【図表11-1】事業活動に関わる法令等

① 法令……組織が事業活動を行っていくうえで，遵守することが求められる国内外の法律，命令，条例，規則等
② 基準等……法令以外であって，組織の外部からの強制力をもって遵守することが求められる規範。たとえば，取引所の規則，会計基準等
③ 自社内外の行動規範……上記以外の規範で組織が遵守することを求められ，または自主的に遵守することを決定したもの。たとえば，組織の定款等

企業は，通常，得意先ごとに与信限度額を設定し，その遵守を組織内の従業員に求めます。与信限度額を得意先ごとに設定することで，不良債権の発生をできる限り未然に防止する必要があるからです。受注プロセスに組み込まれた内部統制は，組織内の規範としての与信限度額の遵守を支援する役割を果たすものといえます。また，当該内部統制は，前述したように財務諸表における売掛債権の過大表示の発生可能性を減少させることにつながります。したがって，会計基準の遵守にも役立つのです。

⑷ 資産の保全

資産の保全とは，資産の取得，使用および処分が正当な手続および承認のもとで行われるように資産の保全を図ることをいいます。

資産が不正にまたは誤って取得，使用および処分された場合，組織の財産や社会的信用に大きな損害や影響を与える可能性があります。また，組織が出資者等から財産の拠出等を受けて活動している場合，経営者は，これを適切に保全する責任を負っています。さらに，監査役，監査役会，監査等委員会または監査委員会（以下，監査役等）は，会社法の規定上，業務および財産の状況の調査をすることができるとされており，組織の資産の保全に対して重要な役割・責任を担っています。なお，資産には，有形の資産のほか，知的財産，顧客に関する情報など無形の資産もふくまれます。

商品等の棚卸資産に対して実施される実地棚卸の手続は，資産の保全に直接的な役立ちをもつものといえます。実地棚卸を実施したところ，商品等の実際の数量と帳簿上の数量が異なることが判明した場合には，帳簿上の数量が実際の数量に合わせるように修正されるとともに，その差異の原因が究明されることになります。差異の原因は，記帳担当者の入力ミスの場合もありますが，営業担当者等による横領の場合も考えられます。また，商品等の一部に欠陥やキズがあることが判明する場合もあります。以上の結果として資産の保管方法の改善を検討する必要性が生じることがあります。実地棚卸は，定期的に資産の現物を確認し，その数量を計算することを通して，資産の保全を図ることに役立っているといえます。

(5)　４つの目的の関係

内部統制の４つの目的である業務の有効性および効率性，報告の信頼性，事業活動に関わる法令等の遵守および資産の保全は，それぞれ固有の目的ではありますが，お互いに独立して存在するものではなく，相互に密接に関連しています。

内部統制は，業務に組み込まれ，組織内の全ての者によって遂行されるプロセスであって，いずれか１つの目的を達成するために構築された内部統制であっても，他の目的のために構築された内部統制と共通の体制となったり，互いに補完し合う場合もあります。

とくに，財務報告は，組織の業務全体に係る財務情報を集約したものであり，組織の業務全体と密接不可分の関係にあります。したがって，経営者が財務報告の信頼性を確保するための内部統制（財務報告に係る内部統制）を有効的かつ効率的に構築しようとする場合には，目的相互間の関連性を理解したうえで，内部統制を整備し，運用することが望まれます。

第２節　内部統制監査の意義と目的

内部統制監査は，正式には，「経営者による財務報告に係る内部統制の有効性の評価結果に対する財務諸表監査の監査人による監査」(内部統制報告基準Ⅲ1）といいます。ここで，**財務報告**とは，財務諸表および財務諸表の信頼性に重要な影響を及ぼす開示事項に係る外部報告のことをいいます。また，**財務報告に係る内部統制**とは，この意味での財務報告の信頼性を確保するための内部統制をさします。さらに，財務報告に係る内部統制が有効であるとは，当該内部統制が適切な内部統制の枠組みに準拠して整備・運用されており，当該内部統制に開示すべき重要な不備がないことをさします。

内部統制監査の目的は，次のように規定されています。

> 内部統制監査の目的は，経営者の作成した内部統制報告書が，一般に公正妥当と認められる内部統制の評価の基準に準拠して，内部統制の有効性の評価結果を全ての重要な点において適正に表示しているかどうかについて，監査人自らが入手した監査証拠に基づいて判断した結果を意見として表明することにある。(内部統制報告基準Ⅲ１)

上記の目的に関する規定からわかるように，内部統制監査は，経営者が自社の財務報告に係る内部統制の有効性を，一般に公正妥当と認められる内部統制の評価の基準に従って評価し，その結果を表明する情報として**内部統制報告書**を作成することを前提として成立します。そして，監査人は，当該内部統制報告書の適正性について，一般に公正妥当と認められる内部統制の評価の基準に照らして判断した結果を監査意見として表明します。

内部統制監査は，財務諸表監査と同様に，いわゆる情報監査の枠組みのなかで実施されることになります。わが国の内部統制監査は，経営者が整備・運用している内部統制のシステムそのものを監査人自らが検証して有効性を評価する監査（**ダイレクト・リポーティング**）ではないことに留意してください。

また，内部統制監査は，上述の正式名称から判断できるように，財務諸表監査と同一の監査人により，財務諸表監査と一体となって行われます。ここで**同一の監査人**とは，監査事務所のみならず，業務執行社員も同一であることを意味しています。内部統制監査が財務諸表監査と一体となって行われることで，内部統制監査の過程で得られた監査証拠は，財務諸表監査の内部統制の評価における監査証拠として利用され，また，財務諸表監査の過程で得られた監査証拠も内部統制監査の証拠として利用されることがあります。

第3節　内部統制監査の実施プロセス

内部統制監査は，経営者による財務報告に係る内部統制の評価結果を踏まえて行われます。そのため，内部統制監査は，経営者による財務報告に係る内部統制の評価プロセスに対応させた形で実施されることになります。

すなわち，経営者による内部統制の評価が，［評価範囲の決定→全社的な内部統制の評価→業務プロセスに係る内部統制の評価］というプロセスをたどることに対応して，内部統制監査は，策定された監査計画に基づいて，［評価範囲の妥当性の検討→全社的な内部統制の評価の妥当性の検討→業務プロセスに係る内部統制の評価の妥当性の検討］というプロセスで実施されます。

1　監査計画の策定

内部統制監査は，原則として，財務諸表監査と同一の監査人が実施します。そのため，監査人は，内部統制監査を効果的・効率的に実施できるように，内部統制監査の計画を財務諸表監査の監査計画にふくめて策定します。

> 監査人は，企業の置かれた環境や事業の特性等を踏まえて，経営者による内部統制の整備及び運用状況並びに評価の状況を十分に理解し，監査上の重要性を勘案して監査計画を策定しなければならない。
> 監査人は，監査計画の前提として把握した事象や状況が変化した場合，あるいは監査の実施過程で内部統制の不備（開示すべき重要な不備を含む。）を発見した場合には，内部統制の改善を評価する手続を実施するなど，適時に監査計画を修正しなければならない。（内部統制報告基準Ⅲ 3⑴）

前述のとおり，内部統制監査は，経営者による財務報告に係る内部統制の評価結果を踏まえて実施されます。したがって，監査人には，監査計画の策定に際して，経営者による内部統制の整備および運用状況に加えて，経営者による内部統制の評価の状況の理解が求められることになります。

また，監査計画は，監査計画を策定する前提となった事象や状況が変化した場合や，監査の実施過程で新たな重要な事実を発見した場合には，適宜，修正しなければなりません。とくに，監査の実施過程で内部統制の不備を監査人が発見した場合には，経営者による当該不備に対する改善策の評価が監査人に求められます。

2　評価範囲の妥当性の検討

> 監査人は，経営者により決定された内部統制の評価の範囲の妥当性を判断するために，経営者が当該範囲を決定した方法及びその根拠の合理性を検討しなければならない。この検討に当たっては，財務諸表監査の実施過程において入手している監査証拠も必要に応じて，活用することが適切である。
> 特に，監査人は，経営者がやむを得ない事情により，内部統制の一部について十分な評価手続を実施できなかったとして，評価手続を実施できなかった範囲を除外した内部統制報告書を作成している場合には，経営者が当該範囲を除外した事情が合理的であるかどうか及び当該範囲を除外することが財務諸表監査に及ぼす影響について，十分に検討しなければならない。（内部統制報告基準Ⅲ3⑵）

経営者は，財務報告に係る内部統制の有効性の評価手続およびその評価結果，ならびに発見した不備およびその是正措置に関して，記録し保存しなければなりません（実施基準Ⅱ3⑺①，②）。そこで，監査人は，この経営者による内部統制の記録の閲覧や経営者および適切な管理者または担当者への質問等により，評価範囲の妥当性を検討します。

> 監査人は，経営者による内部統制の評価範囲の決定前後に，当該範囲を決定した方法及びその根拠等について，必要に応じて，財務諸表監査の実施過程において入手している監査証拠も活用しながら，経営者と協議を行っておくことが適切である。一方で，監査人は，独立監査人としての独立性の確保を図ることが求められる。評価範囲の決定は経営者が行うものであり，当該協議は，あくまでも監査人による指摘を含む指導的機能の一環であることに留意が必要である。（実施基準Ⅲ3⑵③）

ところで，経営者の決定した評価範囲の妥当性は，内部統制報告制度全体の成否の鍵を握っているといえます。しかし，監査人が，経営者の決定した評価範囲の妥当性を検討した結果，それが適切でないと判断した場合，経営者が新たな評価範囲について業務プロセスに係る内部統制の有効性を評価しなおすことは，時間的な制約等から困難になることが予想されます。このため，実施基準は前ページ下の規定を設けて，経営者による評価範囲決定前後における監査人と経営者による協議の必要性を指摘しています。

3　全社的な内部統制の評価の検討

監査人は，経営者による全社的な内部統制の評価の妥当性について検討する。監査人は，この検討に当たって，取締役会，監査役等，内部監査等，経営レベルにおける内部統制の整備及び運用状況について十分に考慮しなければならない。(内部統制報告基準Ⅲ3⑶)

全社的な内部統制とは，企業集団全体に関わり連結ベースでの財務報告全体に重要な影響を及ぼす内部統制をいいます。監査人は，経営者による全社的な内部統制の評価の妥当性を検討するにあたって，経営者が全社的な内部統制を評価するに際して採用した評価項目の適切性を確認するとともに，経営者による内部統制の記録の閲覧や経営者等に対する質問等を通じて，各評価項目についての経営者の評価結果や経営者が当該評価結果を得るにいたった根拠等を確認し，経営者の評価結果の適切性を判断します。

ワンポイントレッスン　39

トップダウン型のリスク・アプローチ

経営者は，内部統制の有効性の評価に当たって，まず連結ベースでの全社的な内部統制の評価を行い，その評価結果を踏まえて，財務報告に係る重大な虚偽記載につながるリスクに着眼して，必要な範囲で業務プロセスに係る内部統制を評価します。この経営者による内部統制評価の手法は，トップダウン型のリスク・アプローチとよばれています。

さらに，監査人は，取締役会や監査役等の経営者に対する監視機能について検討します。なぜなら，有価証券報告書等の財務報告書類については，最終的には経営者が責任をもって作成し公表することになりますが，公表にいたる過程での取締役会や監査役等の監視機能が適切な情報開示に重要な役割を果たすからです。

監査人は，全社的な内部統制に不備が認められる場合，それが業務プロセスに係る内部統制に及ぼす影響をもふくめ，財務報告に重要な影響を及ぼす可能性について慎重に検討し，経営者の評価が妥当であるか確認します。

4　業務プロセスに係る内部統制の評価の検討

> 監査人は，経営者による業務プロセスに係る内部統制の評価の妥当性について検討する。監査人は，この検討に当たって，経営者による全社的な内部統制の評価の状況を勘案し，業務プロセスを十分に理解した上で，経営者が統制上の要点を適切に選定しているかを評価しなければならない。
> 監査人は，経営者が評価した個々の統制上の要点について，内部統制の基本的要素が適切に機能しているかを判断するため，実在性，網羅性，権利と義務の帰属，評価の妥当性，期間配分の適切性及び表示の妥当性等の監査要点に適合した監査証拠を入手しなければならない。
> なお，業務プロセスにおける内部統制の基本的要素が機能しているかどうかを判断するに当たっては，内部統制の整備及び運用状況（ITへの対応を含む。）についても十分に検討しなければならない。（内部統制報告基準Ⅲ３(4)）

業務プロセスに係る内部統制とは，業務プロセスに組み込まれ一体となって遂行される内部統制をいいます。また，**統制上の要点**とは，財務報告の信頼性に重要な影響を及ぼす統制上の要点を意味します。経営者は，全社的な内部統制の評価結果を踏まえ，評価対象となる内部統制の範囲内にある業務プロセスを分析したうえで，統制上の要点を選定し，当該統制上の要点について内部統制の基本的要素が機能しているかを評価します。監査人による業務プロセスに係る内部統制の評価の検討は，このような経営者による評価プロセスに対応した形で実施されます。

監査人は，統制上の要点が既定の方針にしたがって運用された場合に，財務報告の重要な事項に虚偽記載が発生するリスクを十分に低減できるものとなっているかどうかを検討します。その際，監査人は，経営者が選定および評価した統制上の要点について，内部統制の基本的要素が，実在性，網羅性，権利と義務の帰属，評価の妥当性，期間配分の適切性および表示の妥当性といった適切な財務情報を作成するための要件を確保する合理的な保証を提供できるものとなっているかにより，これを判断します。監査人は，この判断をもとに，内部統制の整備状況の有効性に関する経営者の評価の妥当性を検証します。

さらに，監査人は，評価対象となった業務プロセスについて，内部統制が設計どおりに適切に運用されているかどうか，および統制を実施する担当者や責任者が当該統制を有効に実施するのに必要な権限と能力等を有しているかどうかを把握し，内部統制の運用状況の有効性に関する経営者の評価の妥当性を検討します。

5　内部統制の開示すべき重要な不備等の報告と是正

監査人は，内部統制監査の実施において内部統制の開示すべき重要な不備を発見した場合には，経営者に報告して是正を求めるとともに，当該開示すべき重要な不備の是正状況を適時に検討しなければならない。また，監査人は，当該開示すべき重要な不備の内容及びその是正結果を取締役会及び監査役等に報告しなければならない。

監査人は，内部統制の不備を発見した場合も，適切な者に報告しなければならない。

監査人は，内部統制監査の結果について，経営者，取締役会及び監査役等に報告しなければならない。（内部統制報告基準Ⅲ３(5)）

監査人は，内部統制監査の実施過程で，内部統制の開示すべき重要な不備を発見することがあります。この場合，監査人は，経営者に報告して是正を求めるとともに，当該開示すべき重要な不備の是正状況を適時に確認しなければなりません。経営者または監査人が開示すべき重要な不備を発見した場合でも，前年度以前に発見された開示すべき重要な不備をふくめ，それが内部統制報告書における評価時点である期末日までに是正されていれば，内部統制は有効であると認めることができるためです。また，監査人は，開示すべき重要な不備の是正結果を，取締役会および監査役等に報告しなければなりません。なお，監査人は，開示すべき重要な不備以外の不備を積極的に発見することを求められていませんが，財務報告に係る内部統制のその他の不備を発見した場合には，適切な管理責任者に適時に報告しなければなりません。

第４節　内部統制監査の報告

1　意見の表明

監査人は，経営者の作成した内部統制報告書が，一般に公正妥当と認められる内部統制の評価の基準に準拠し，財務報告に係る内部統制の評価について，全ての重要な点において適正に表示しているかどうかについて，内部統制監査報告書により意見を表明するものとする。なお，当該意見は，期末日における財務報告に係る内部統制の有効性の評価について表明されるものとする。（内部統制報告基準Ⅲ４(1)）

内部統制監査における監査人の意見は，内部統制報告書の適正性に関して表明されます。先ほども述べたように，経営者による財務報告に係る内部統制の評価が期末日時点での評価であるため，監査意見も期末日における財務報告に係る内部統制の有効性の評価について表明されます。

ワンポイントレッスン　40

開示すべき重要な不備

開示すべき重要な不備とは，財務報告に重要な影響を及ぼす可能性が高い財務報告に係る内部統制の不備をいいます。期末日において財務報告に係る内部統制にひとつでも開示すべき重要な不備がある場合，当該内部統制は有効であると認められなくなります。

2　内部統制監査報告書の記載事項

無限定適正意見が表明される場合，内部統制監査報告書には次の事項が記載されます（内部統制報告基準Ⅲ 4(3)）。

① 監査人の意見
　イ．内部統制監査の範囲
　ロ．内部統制報告書における経営者の評価結果
　ハ．内部統制報告書が一般に公正妥当と認められる内部統制の評価の基準に準拠し，財務報告に係る内部統制の評価結果について，全ての重要な点において適正に表示していると認められること
② 意見の根拠
　イ．内部統制監査に当って，監査人が一般に公正妥当と認められる財務報告に係る内部統制の監査の基準に準拠して監査を実施したこと
　ロ．内部統制監査の結果として入手した監査証拠が意見表明の基礎を与える十分かつ適切なものであること
③ 経営者及び監査役等の責任
　イ．経営者には，財務報告に係る内部統制の整備及び運用並びに内部統制報告書の作成の責任があること
　ロ．監査役等には，財務報告に係る内部統制の整備及び運用状況を監視，検証する責任があること
　ハ．内部統制の固有の限界
④ 監査人の責任
　イ．内部統制監査を実施した監査人の責任は，独立の立場から内部統制報告書に対する意見を表明することにあること
　ロ．財務報告に係る内部統制監査の基準は監査人に内部統制報告書には重要な虚偽表示がないことについて，合理的な保証を得ることを求めていること
　ハ．内部統制監査は，内部統制報告書における財務報告に係る内部統制の評価結果に関して監査証拠を得るための手続を含むこと
　ニ．内部統制監査は，経営者が決定した評価範囲，評価手続及び評価結果を含め全体としての内部統制報告書の表示を検討していること
　ホ．内部統制監査の監査手続の選択及び適用は，監査人の判断によること

これらの事項に基づいて作成される内部統制監査報告書は，原則として，財務諸表監査における監査報告書とあわせて記載されます。この一体型の報告書

を**統合監査報告書**といいます。**図表11-2**（pp.217-221）は，そのひな形です（財務諸表監査の部分については省略）。

上記の記載事項から，内部統制監査報告書に関して留意すべき点をあげると次のようになります。

まず，「監査人の意見」の区分において，「内部統制報告書における経営者の評価結果」について必ず言及がなされます。また，「経営者及び監査役等の責任」の区分において，財務諸表監査の監査報告書には記載されていない「内部統制の固有の限界」が記載されています。

前者に関しては，わが国の内部統制監査が，財務報告に係る内部統制の有効性を検証した結果を監査意見として表明するダイレクト・リポーティングではなく，あくまでも経営者による財務報告に係る内部統制の評価結果を受けた情報監査であることを強調する意味があります。後者に関しては，財務報告に係る内部統制は，内部統制が有する固有の限界のため，その目的である「財務報告の信頼性の確保」の達成について合理的な保証を与えるものであることを強調する意味があります。

【図表11-2】統合監査報告書の記載内容と様式

独立監査人の監査報告書及び内部統制監査報告書

×年×月×日

○○株式会社
取締役会 御中

○○監査法人
○○事務所
指定社員 業務執行社員　公認会計士　○○○○　印
指定社員 業務執行社員　公認会計士　○○○○　印

<財務諸表監査>

（財務諸表監査の部分は省略）

<内部統制監査>

監査意見

当監査法人は，金融商品取引法第193条の２第２項の規定に基づく監査証明を行うため，○○株式会社の×年×月×日現在の内部統制報告書について監査を行った。

当監査法人は，○○株式会社が×年×月×日現在の財務報告に係る内部統制は有効であると表示した上記の内部統制報告書が，我が国において一般に公正妥当と認められる財務報告に係る内部統制の評価の基準に準拠して，財務報告に係る内部統制の評価結果について，全ての重要な点において適正に表示しているものと認める。

監査意見の根拠

当監査法人は，我が国において一般に公正妥当と認められる財務報告に係る内部統制の監査の基準に準拠して内部統制監査を行った。財務報告に係る内部統制の監査の基準における当監査法人の責任は，「内部統制監査における監査人の責任」に記載されている。当監査法人は，我が国における職業倫理に関する規定に従って，会社及び連結子会社から独立しており，また，監査人としてのその他の倫理上の責任を果たしている。当監査法人は，意見表明の基礎となる十分かつ適切な監査証拠を入手したと判断している。

内部統制報告書に対する経営者並びに監査役及び監査役会の責任

経営者の責任は，財務報告に係る内部統制を整備及び運用し，我が国において一般に公正妥当と認められる財務報告に係る内部統制の評価の基準に準拠して内部統制報告書を作成し適正に表示することにある。

監査役及び監査役会の責任は，財務報告に係る内部統制の整備及び運用状況を監視，検証することにある。

なお，財務報告に係る内部統制により財務報告の虚偽の記載を完全には防止又は発見することができない可能性がある。

内部統制監査における監査人の責任

監査人の責任は，監査人が実施した内部統制監査に基づいて，内部統制報告書に重要な虚偽表示がないかどうかについて合理的な保証を得て，内部統制監査報告書において独立の立場から内部統制報告書に対する意見を表明することにある。

監査人は，我が国において一般に公正妥当と認められる財務報告に係る内部統制の監査の基準に従って，監査の過程を通じて，職業的専門家としての判断を行い，職業的懐疑心を保持して以下を実施する。

・内部統制報告書における財務報告に係る内部統制の評価結果について監査証拠を入手するための監査手続を実施する。内部統制監査の監査手続は，監査人の判断により，財務報告の信頼性に及ぼす影響の重要性に基づいて選択及び適用される。

・財務報告に係る内部統制の評価範囲，評価手続及び評価結果について経営者が行った記載を含め，全体としての内部統制報告書の表示を検討する。

・内部統制報告書における財務報告に係る内部統制の評価結果に関する十分かつ適切な監査証拠を入手する。監査人は，内部統制報告書の監査に関する指示，監督及び実施に関して責任がある。監査人は，単独で監査意見に対して責任を負う。

監査人は，監査役及び監査役会に対して，計画した内部統制監査の範囲とその実施時期，内部統制監査の実施結果，識別した内部統制の開示すべき重要な不備，その是正結果，及び内部統制の監査の基準で求められているその他の事項について報告を行う。

監査人は，監査役及び監査役会に対して，独立性についての我が国における職業倫理に関する規定を遵守したこと，並びに監査人の独立性に影響を与えると合理的に考えられる事項，及び阻害要因を除去又は軽減するためにセーフガードを講じている場合はその内容について報告を行う。

ワンポイントレッスン　41

財務報告に係る内部統制の評価結果

経営者が内部統制報告書において表明する財務報告に係る内部統制の評価結果には，次の４つのパターンがあります。

①　財務報告に係る内部統制は有効である旨

②　評価手続の一部が実施できなかったが，財務報告に係る内部統制は有効である旨ならびに実施できなかった評価手続およびその理由

③　開示すべき重要な不備があり，財務報告に係る内部統制は有効でない旨ならびにその開示すべき重要な不備の内容およびそれが是正されない理由

④　重要な評価手続が実施できなかったため，財務報告に係る内部統制の評価を表明できない旨ならびに実施できなかった評価手続およびその理由

利害関係

会社及び連結子会社と当監査法人又は業務執行社員との間には，公認会計士法の規定により記載すべき利害関係はない。

以　上

出所：財務報告内部統制監査基準第１号「財務報告に係る内部統制の監査」・付録３・文例１。

◆ 練習問題11 ◆

1　次の（　）内に適当な語句を入れて，文章を完成させなさい。

(1)　内部統制には，基本的に，業務の有効性および効率性，（ ① ），事業活動に関わる法令等の遵守ならびに資産の保全の4つの目的があるとされています。

(2)　連結ベースでの財務報告全体に重要な影響を及ぼす内部統制を（ ② ）といいます。

(3)　（ ③ ）とは，財務報告に重要な影響を及ぼす可能性が高い財務報告に係る内部統制の不備をいいます。

(4)　内部統制監査報告書における監査意見は，（ ④ ）の適正性に関して表明されます。

2　次の文章が正しければ○を，誤っていれば×を付したうえで，誤っているものについては誤っている理由を説明しなさい。

(1)　監査人は，内部統制監査の実施過程で，財務報告に係る内部統制に開示すべき重要な不備および不備を発見した場合，経営者に報告して是正を求めなければなりません。

(2)　わが国の内部統制監査は，財務報告に係る内部統制の有効性を検証した結果を監査意見として表明するダイレクト・リポーティングです。

(3)　内部統制監査報告書の「意見の根拠」の区分では，内部統制報告書で表明された財務報告に係る内部統制の有効性についての経営者の評価結果が必ず記載されます。

(4)　内部統制監査報告書には，財務諸表監査の監査報告書と同様に，「経営者及び監査役等の責任」の区分において内部統制の固有の限界に関する記載がなされます。

第12章

公　監　査

本章のポイント

一般に，企業等の私的組織に対する監査のことを私監査といい，国や地方自治体等の公的組織に対する監査を公監査といいます。私監査を株主に対する経営者のアカウンタビリティ（説明責任）の解除の仕組みとするならば，公監査は国民や住民に対するパブリック・アカウンタビリティ（公的説明責任）の解除の仕組みです。

国や地方自治体等の公的組織は企業とは異なり，利益獲得を目的とはしていません。国民や住民からの税金が，適正かつ合規性をもって，経済的・効率的・有効的（3Eといいます）に使用されているかどうかが重要な検証の目的となります。そのため，公監査は，私監査とは異なる体系で構成されます。

本章では，このような視点から，以下の内容について説明します。

① 公監査の目的と公監査における信頼性の保証の枠組みについて，会計検査院による会計検査制度と地方自治体監査制度を取り上げます。
② 公監査の目的は，適正性や合規性はいうまでもなく，3EやVFMが達成されているかどうかが重要な検証の目的です。
③ 会計検査院による会計検査は，国等の会計に対する検査を実施します。会計検査院による会計検査がどのような仕組みをもって行われているかは，目的との関係で理解する必要があります。
④ 地方自治体における監査委員監査は，地方自治体等の財務に関する事務の執行等が適正かつ効率的に行われているかどうか等の検証を目的として行われます。

第1節　公監査の意義

本章以外の章で学ぶ監査は，株式会社を中心とする私的組織としての企業（私企業）を対象とするものです。私企業に対する監査を総称して**私監査**といいます。私監査という用語は，国，地方自治体，独立行政法人等の公的組織を対象とする監査をあらわす**公監査**と対比するために用いられます。

私企業とは異なる公的組織の特徴は，その目的が利益獲得にあるのではなく，徴税による資源の調達とその配分という点にあります。そのため，公監査における監査人の役割は，私監査の場合と同じく決算書に記載された情報の信頼性の保証という役割もありますが，それに加えて，**３E**や**VFM**の検証という公監査特有の役割を担っています。

私監査の目的の１つに，株主に対する経営者のアカウンタビリティの解除がありますが，公監査の目的にも，国民や住民に対する国や地方自治体によるパブリック・アカウンタビリティの解除があります。

このような基本的な概念のうえに公監査制度が構築されています。公監査の代表的なものとして，国の行政機関等の会計を検査の対象とする会計検査院による**会計検査制度**と，地方自治体の財務に関する事務の執行を監査の対象とす

ワンポイントレッスン　42

３EとVFM

3Eとは，公的組織の活動に関する評価指標で，資源の配分が，経済性（Economy：無駄な経費をかけていないか），効率性（Efficiency：少ない経費でより多くの成果を得る方法で実施しているか），有効性（Effectiveness：成果が期待された結果を達成しているか）をもって行われているかどうかを，その内容としています。

VFMとは，Value For Money（支出に見合う価値）の頭文字をとった表現です。VFMは，3Eと同様，公的組織の活動に関する評価指標で，少ない資源の配分で最大の効果を得る方法で行われたかどうかを内容としています。

る監査委員や外部監査人による**地方自治体監査制度**があります。

本章では，この２つの公監査制度について取り上げることにします。

【図表12-1】公監査制度の種類

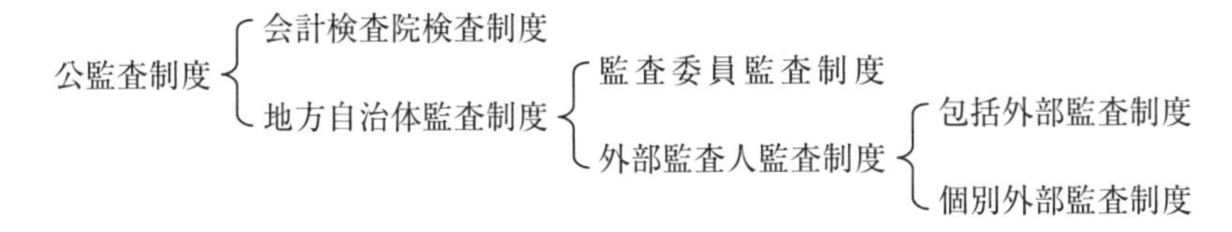

第２節　会計検査院による会計検査

1　会計検査院の地位と会計検査官

会計検査院の歴史は古く，明治２（1869）年当時，太政官のなかの会計官の一部局であった監督司を前身として，明治13（1880）年に太政官に直属する財政監督の機関として誕生しています。その後，明治22（1889）年制定の明治憲法下では，天皇に直属し，他の官庁からは独立した存在としての立場から財政監督を実施する機関とされており，さらに，昭和22（1947）年施行の日本国憲法90条を受けて制定された会計検査院法によれば，会計検査院は内閣に対して独立の地位を有する機関とされています。

会計検査院は，意思決定機関としての３名の検査官からなる検査官会議と事務総局から組織されています。検査官のうちから互選した１名を会計検査院長とします。会計検査院長をふくむ検査官は，その身分上の独立性を確保するために，衆参両院の同意を経て内閣が任命し，任免は天皇が認証します。任期は７年で，再任は１回を限度とし，満65歳に達したときに退官します。

事務総局は，検査官会議の指揮監督の下に，庶務，検査および審査の事務を担当し，官房および５つの局から構成されています。

会計検査院の組織図は，**図表12-2**のとおりです。

【図表12-2】会計検査院の組織図

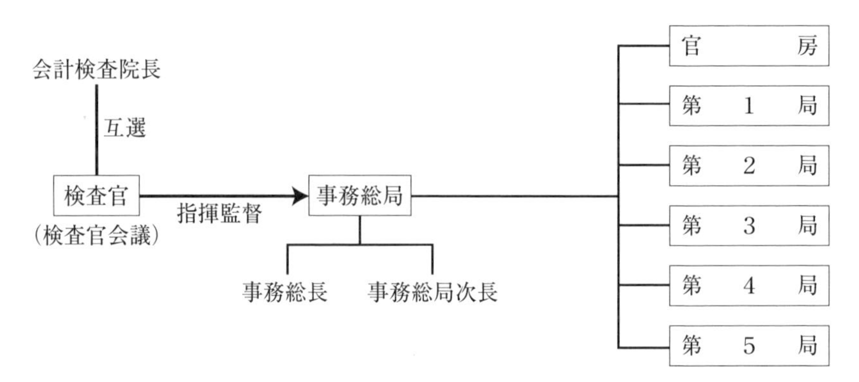

2　検査の範囲

会計検査院は，国等の会計を監督し，その適正を期し，かつ，是正を図ることを目的として，国の収入支出の決算の検査を行う以外に，法律で定める会計の検査を実施します。法律で定める会計とは，たとえば，政府の関係機関や独立行政法人等の会計，あるいは，国が補助金等の財政援助を与えている団体の会計が該当します。このような会計検査は，検査対象団体の会計の正確性，合規性，経済性，効率性および有効性の観点から実施されます。

会計検査院の会計検査の範囲は，国の会計のあらゆる領域の会計のほか，国が出資している政府関係機関等の法人や国が補助金その他の財政援助を与えている地方自治体等にまで広く及んでいます。会計検査は，国の資金や出資額等の程度に応じて，必要的検査事項と選択的検査事項の２つに分けられます。

必要的検査事項とは，会計検査院が必ず検査しなければならない事項で，以下のものがあります。

- 国の毎月の収入支出
- 国の所有する現金および物品ならびに国有財産の受払
- 国の債権の得喪または国債その他の債務の増減
- 日本銀行が国のために取り扱う現金，貴金属および有価証券の受払
- 国が資本金の２分の１以上を出資している法人の会計

- 法律によりとくに会計検査院の検査に付するものと定められている会計

また，**選択的検査事項**とは，会計検査院が必要と認める事項，または内閣の請求があるときに実施する検査事項で，以下のものがあります。

- 国の所有または保管する有価証券，または国の保管する現金および物品
- 国以外のものが国のために取り扱う現金，物品または有価証券の受払
- 国が直接または間接に補助金，奨励金，助成金等を交付しまたは貸付金，損失補償等の財政援助を与えているものの会計
- 国が資本金の一部を出資しているものの会計
- 国が資本金を出資したものがさらに出資しているものの会計
- 国が借入金の元金または利子の支払を保証しているものの会計
- 国等の工事その他の役務の請負人もしくは事務もしくは業務の受託者または国等に対する物品の納入者のその契約に関する会計

選択的検査事項を検査する場合は，事前に検査官会議での議決を必要とし，さらに，あらかじめ相手方に通知しなければならないことになっています。

3 検査結果の報告

会計検査院は，検査結果の報告にあたっては，次のような事項を記載しなければならないとされています。

- 国の収入支出の決算の確認
- 検査の結果，法律，政令または予算に違反すると判明した事項，または不当と認めた事項の有無
- 検査の過程で会計に関する法令違反や不当事項を発見した場合は，ただちに，当該省庁の長官または関係者に対し意見を表明するとともに，適切な処置を要求して是正改善の処置を求めた事実，およびその結果

第3節　地方自治体監査制度

地方自治体監査制度は，地方自治法に規定される監査制度です。地方自治法は，すべての地方自治体に監査委員の設置を義務づけ，加えて，都道府県・政令指定都市・中核市には，外部監査人の設置を義務づけています。

地方自治体監査制度は，地方自治体の行政運営に関して，地域住民の福祉の増進，地方自治体の組織・運営の合理化と規模の適正化等を図っているかどうかを検証することを目的として制度化されています。

本節では，監査委員監査制度と外部監査人監査制度について取り上げます。

1　監査委員監査制度の沿革

地方自治体の監査制度は，明治23（1890）年に制定された府県制で，府県知事や内務大臣による指揮監督の下に，府県参事会に決算の検査権が付与されるとともに，府県参事会から選出された名誉職参事会員に出納の検査権が与えられたことを嚆矢（こうし）としています。府県制は，その後数度の改正が行われていますが，昭和21（1946）年改正では監査委員制度を創設し，この監査委員制度が昭和22（1947）年に制定された地方自治法に引き継がれ現在にいたっています。

2　監査委員監査の仕組み

(1)　監査委員の意義

自治体行政は，住民からの税金を財源として運営されています。行政事務が適正かつ合規的に運営されているかどうかについて，さらには，3EやVFMの観点からも適切な運営がなされているかどうかについて，住民には知る権利があることはいうまでもありません。しかし，住民がその権利を適切に行使するためには，地方自治体の行政事務を監視する権限をもつことが必要です。

住民が，地方自治体の行政事務の執行について直接的な監視や批判または監査等を実施することは現実的な方法ではありません。そのため，住民に代わって監査委員が地方自治体の事務の執行について監査を実施し，監査結果を報告することで，地方自治体の行政事務の執行の適正化を図ることを目的としています。この制度のことを**監査委員監査制度**といいます。

監査委員の設置・選任・任期・定数は，次のとおりです。

- すべての地方自治体に監査委員が設置され，監査委員の数は，都道府県および政令指定都市にあっては４名，市町村にあっては２名となっています。ただし，条例でその定数を増加することができるとされています。
- 監査委員は，地方自治体の長が議会の同意を得て，人格が高潔で，地方自治体の財務管理，事業の経営管理その他行政運営に関して優れた識見を有する者（**識見委員**）および議員のうち（**議選委員**）から選任します。
- 監査委員の任期は，識見委員は４年，議選委員は議員の任期によります。
- 監査委員は，行政委員の１つですが，他の行政委員と異なるところは，他の行政委員が合議制であるのに対し，独任制であることです。そのため，監査委員はそれぞれに監査計画を立てて，監査を実施することができます。ただし，監査結果の報告や監査結果に基づく意見を決定するときだけは合議によります。

ワンポイントレッスン　43

府県参事会の検査制度

府県参事会の決算検査権は，現在の決算審査に相当します。また，府県参事会のなかに，府県会から選出された名誉職参事会員がふくまれていることは，現在の監査委員制度において，監査委員のなかに議員から選出される監査委員がふくまれていることの萌芽（ほうが）となっています。

ただ，この当時の検査制度によれば，府県参事会は，府県知事・高等官・名誉職参事会員から構成されていますが，府県知事は，府県の行政機関の責任者でもあることから，会計や決算書の作成責任者でもありますので，府県知事が府県参事会の構成員であることは，監査人の独立性の観点からは，大きな問題をふくむ制度であったといえます。

(2) 監査委員の職務権限

監査委員が職権をもって実施する監査は，一般監査，特別（要求）監査およびその他の監査に区分できます。

一般監査とは，監査委員の判断に基づいて主体的に行われる形態の監査で，定期監査，随時監査，行政監査および財政援助団体等の監査があります。とりわけ，**定期監査**は，一般監査の代表的な監査形態で，地方自治体の財務に関する事務の執行および地方自治体の経営に係る事業の管理を監査し，必ず年１回は日を決めて実施しなければならないことになっています。

特別監査とは，一般監査のように監査委員が自発的に判断して行う形態の監査ではなく，地方自治体の長による要求，住民や議会による請求に基づいて行われる形態の監査です。特別監査には，地方自治体の違法・不当な財務会計上の行為を防止・是正するために住民によって請求されて実施する住民監査請求による監査，地方自治体の事務の執行全般に係る違法性・不当性を是正するために，有権者の50分の１以上の住民の直接請求による監査，あるいは，地方自治体の長や議会によって，地方自治体の事務の執行に関する適否や是正を求めるために請求される監査等があります。

その他の監査とは，一般監査や特別監査にはふくまれない地方自治体の事務

ワンポイントレッスン　44

監査委員の定数と監査結果の報告

都道府県・政令指定都市のなかの多くの自治体は，地方自治法の原則どおり，監査委員は４名です。東京都，神奈川県，横浜市等の自治体は，監査委員を５名に増員しています。また，識見委員と議選委員の構成は，２名ずつの自治体が多いようですが，最近は，識見委員を３名にする自治体も増えてきています。

監査委員は独任制ですが，監査結果の報告は合議制によります。もし，監査委員の合議が調(ととの)わない場合は，どのように対応するのでしょうか。地方自治法によれば，監査結果報告書に合議によって決定することができなかった旨及び当該事項についての各監査委員の意見を記載して，公表しなければならないとされています。

の執行全般に係る違法性・不当性を対象とする形態の監査で，決算審査や例月現金出納検査等があります。決算審査は，地方自治体が毎年1回作成する歳入歳出決算書等の適正性について検証するもので，歳入歳出決算書等の計数の正確性や適正性，収入支出の合規性等を内容とします。なお，決算審査は，金融商品取引法に基づいて実施される公認会計士または監査法人による財務諸表監査に相当します。また，例月現金出納検査は，毎月例日（一定の日）を定めて実施する現金の出納検査で，現金の収支が現金出納簿に正確に記帳され，保管現金が現金出納簿等の残高と一致しているかどうかを主眼として実施する検査です。

3　外部監査人監査制度

外部監査人監査制度は，平成9（1997）年の地方自治法改正で創設されました。正式名称は，外部監査契約に基づく監査といいます。

この監査制度の特徴は，地方自治体の外部の第三者が実施する監査であるという点です。監査委員監査が「身内による監査」との批判が多く，この批判に応えるために，地方自治法は，外部の第三者が地方自治体との契約に基づいてより公正・中立な立場から監査を実施することで，自治体行政の適正な運営の確保を図り，住民からの信頼を向上させることを目的として導入しています。

ワンポイントレッスン　45

監査・検査・審査

地方自治法は，監査に関連する用語として，監査・検査・審査の3つの用語を用いて規定しています。厳密な使い分けはしていないようですが，大まかには，次のように区別することができます。

監査：財務に関する事務の執行および経営に係る事業の管理が適正かつ効率的に行われているかどうかの検証を主眼とする場合

検査：現金在り高や出納関係諸表の計数の正確性の検証を主眼とする場合

審査：決算書の計数の正確性の検証に加えて，予算の執行や基金の運用等の適正性・合規性の検証を主眼とする場合外部監査人監査制度には，包括外部監査制度と個別外部監査制度という２つがあります。

(1) 包括外部監査制度

包括外部監査制度とは，包括外部監査人が，契約により毎会計年度１回以上，当該自治体の適正な行政運営を達成するために必要と認める特定の事件（テーマ）を選定し，特定の事件に係る公金の収納または支払い事務が契約の定めに従って行われているかどうかについて，正確性，合規性および３Ｅを主眼として実施する形態の監査です。

包括外部監査制度が義務づけられているのは，都道府県，政令指定都市，中

ワンポイントレッスン　46

主な不適正取引の手法

会計検査院や監査委員は，次のような不適正取引に注意しながら検査や監査を実施します。これらの不適正取引は，国や地方自治体が単年度予算制度であることがもたらすデメリットなのかも知れません。

- 預け金……業者に架空取引を指示して，その物品が納入されたかのように偽装して業者に納品書等の書類を作成させて代金を支払い，その支払い代金を業者に預け金として保管させておき，後日，別の物品を納入させる行為
- 一括払い……本来行うべき支出負担行為を行わないまま，業者から物品を納入させ，後日，納入させた物品とは違う内容の請求書を提出させて，代金を一括して支払う行為
- 差し替え……業者に実際に納入した物品とは異なる内容の請求書等を作成させ，契約した物品が納入されたと偽って書類を作成し，実際には請求書の内容とは違う物品と差替えて納入させる行為
- 翌年度納入……物品が翌年度に納入されるにもかかわらず，書類上は現年度に納品されたように偽装し，支出負担行為を現年度に行う行為
- 前年度納入……物品の納入が前年度の納入であるにもかかわらず，書類等を納品日より以後の日付とすることで，支出負担行為を現年度とする行為

核市および包括外部監査制度を自ら条例で定めている地方自治体で，弁護士，公認会計士，もしくは財務に関する行政事務の精通者や税理士が包括外部監査人となります。

(2)　個別外部監査制度

個別外部監査制度とは，各地方自治体の条例に基づいて，以下のような請求または要求が地方自治体になされた場合に，監査委員に代わって包括外部監査人となる資格を有した者が行う形態の監査です。個別外部監査制度は，包括外部監査制度とは異なり，毎年１回以上実施されるという監査制度ではなく，監査の目的や対象が請求または要求によって，あらかじめ特定されていることに特徴があります。個別外部監査の対象となる請求または要求による監査とは，次のものです。

- 住民監査請求による監査
- 住民の直接請求による監査
- 財政援助団体等の監査
- 長の要求による監査
- 議会の請求による監査

◆ 練習問題12 ◆

1　次の（　　）内に適当な語句を入れて，文章を完成させなさい。

⑴　公監査の目的の１つに国民や住民に対する国や地方自治体による（ ① ）の解除があります。この目的を達成するために，国には会計検査院による会計検査制度が，すべての地方自治体には監査委員による地方自治体監査制度が設けられています。会計検査院の検査官は，（ ② ）の同意を経て（ ③ ）が（ ④ ）し，（ ⑤ ）は（ ⑥ ）が認証します。また，地方自治体の監査委員は，地方自治体の長が（ ⑦ ）の同意を得て選任します。

⑵　監査委員は，（ ⑧ ）の１つですが，他の（ ⑧ ）と異なるところは，（ ⑨ ）であることです。そのため，監査委員はそれぞれに監査計画を立てて，監査を実施することができます。ただし，監査結果の報告や監査結果に基づく意見の表明を決定するときだけは（ ⑩ ）によります。

2　次の文章が正しければ○を，誤っていれば×を付したうえで，誤っているものについては誤っている理由を説明しなさい。

⑴　会計検査院は，意思決定機関としての３名の検査官からなる検査官会議と事務総局から組織されています。検査官は，その身分上の独立性を確保するために，衆参両院の同意を得て内閣が任命し，天皇が認証します。また，事務総局は，３名の検査官から互選された会計検査院長の指揮監督の下に，庶務，検査および審査の事務を担当します。

⑵　地方自治体監査制度には，監査委員監査制度と外部監査人監査制度とがあります。監査委員監査制度は，自治体行政の運営が，適正性・合規性に加えて３Ｅの観点から行われているかどうかを主眼として実施される監査制度です。また，外部監査人監査制度には，包括外部監査制度と個別外部監査制度とがありますが，どちらも毎年１回以上，当該自治体の適正な行政運営を達成するために実施される監査制度です。

⑶　会計検査院による会計検査の範囲は，国のあらゆる領域の会計のほかに，国が補助金その他の財政的援助を与えている地方自治体等にも及びます。また，会計検査の対象は，必要的検査事項と選択的検査事項とに区分されており，必要的検査事項とは，会計検査院が必ず検査しなければならない事項のことで，選択的検査事項とは，会計検査院が必要と認めた事項や内閣の請求によって実施する事項のことです。

第13章

財務諸表監査の周辺業務

本章のポイント

① 公認会計士は，財務書類に関する監査業務および証明業務を主たる業としつつ，それ以外の財務に関する業務にも従事することが法的に認められています。
② 公認会計士が行う財務諸表監査以外の業務の１つに四半期レビューがあります。四半期レビューは，企業が作成・公表する四半期財務諸表の信頼性について公認会計士が検証するものです。
③ 財務諸表監査と四半期レビューでは，その保証水準や判断結果の表明方法が異なっています。
④ 保証業務は，財務諸表等の財務情報のみならず，コーポレート・ガバナンスや商品の品質等の非財務情報をはじめ，人や組織等の行為などあらゆるものを対象に実施される可能性を秘めています。
⑤ 保証業務は，その保証水準に一定の幅があります。そのため，保証業務においては，保証業務の利用者が，その保証水準に一定の幅があることを十分理解していなければ，新たな期待ギャップ問題が生じるおそれがあることに注意しなければなりません。

本章では，公認会計士法の規定する公認会計士の業務を確認したうえで，財務諸表監査の周辺業務として，四半期レビューと保証業務について説明します。

第1節　公認会計士の業務

公認会計士法には，公認会計士の業務として，次の項目が掲げられています（2条）。

1　公認会計士は，他人の求めに応じ報酬を得て，財務書類の監査又は証明をすることを業とする。
2　公認会計士は，前項に規定する業務のほか，公認会計士の名称を用いて，他人の求めに応じ報酬を得て，財務書類の調製をし，財務に関する調査若しくは立案をし，又は財務に関する相談に応ずることを業とすることができる。ただし，他の法律においてその業務を行うことが制限されている事項については，この限りでない。

この規定は，公認会計士の第1の業務は，財務書類に関する**監査業務**または**証明業務**であること，これらの業務以外に，財務書類の調製，財務に関する調査や立案，さらには財務に関する相談に応じることができることを明記しています。すなわち，公認会計士は，財務書類に関する監査業務または証明業務を主たる業としつつ，それ以外の財務に関する業務にも従事することが法的に認められているのです。わが国では，財務書類に関する監査業務または証明業務は，公認会計士の独占・専属業務となっています。

なお，財務書類に関する監査業務または証明業務を公認会計士法の条項にちなんで**1項業務**，これらの業務以外を**2項業務**とよぶことがあります。

ワンポイントレッスン　47

財務書類と財務諸表との関係

財務書類とは，金融商品取引法の規定により提出される財務計算に関する書類をいいます。財務書類には，貸借対照表，損益計算書，株主資本等変動計算書，キャッシュ・フロー計算書および附属明細表といった財務諸表などがふくまれます。

公認会計士は，財務書類にかかる監査業務に際して，監査と会計のプロフェッショナルとして，いろいろな企業の経理，財務，経営，IT情報，税務，法務などの実務をとおして種々の知識とノウハウを日々培(つちか)っています。２項業務は，公認会計士が財務書類にかかる監査業務で培った知識とノウハウを活かして行う業務で，いわゆるコンサルティング業務やアドバイザリー業務がこれに相当します。２項業務の例として，経営支援アドバイザリー，ITコンサルティング，税務コンサルティング，内部統制アドバイザリー，M&Aアドバイザリー，株式公開アドバイザリー，企業再生アドバイザリーなど多種多様な幅広いサービスが考えられます。しかしながら，監査人の独立性を確保するため，公認会計士法上の**大会社等**について，２項業務により継続的な報酬を受けている場合には，１項業務（監査業務）と２項業務の同時提供は法律によって禁じられています（公認会計士法24条の２）。

以下，本章では，財務諸表監査の周辺業務として，四半期レビューと保証業務について説明していきます。

第２節　四半期レビュー

１　四半期レビュー制度の概要

公認会計士が行う財務諸表監査以外の監査業務の１つに四半期レビューがあ

ワンポイントレッスン 48

公認会計士法上の「大会社等」

公認会計士法上の「大会社等」とは，①会計監査人設置会社（資本金の額，最終事業年度に係る貸借対照表の負債の部に計上した額の合計額その他の事項を勘案して政令で定める者を除く），②金融商品取引法193条の２，１項または２項の規定により監査証明を受けなければならない者（政令で定める者を除く）などをいいます（公認会計士法24条の２）。

ります。**四半期レビュー**は，企業が作成・公表する四半期財務情報の信頼性について公認会計士が検証するものです。

ここで，四半期財務諸表をふくむ**四半期財務情報**とは，投資者に対するタイムリー・ディスクロージャー（適時の情報開示）を目的として作成・公表されるものです。アメリカでは，1934年の証券取引法制定と同時に四半期財務情報が導入されましたが，わが国では，東京証券取引所が平成11（1999）年12月に新興企業向けの市場としてマザーズ（Market of the high-growth and emerging stocks）を開設した際に，四半期財務情報の開示が求められるようになりました。東京証券取引所は，平成16（2004）年４月１日以後に開始する事業年度から，原則としてすべての上場会社に「四半期財務・業績の概況」を開示するよう要請しています。

また，平成18（2006）年５月に成立した金融商品取引法により新たに四半期報告制度が導入され，証券取引所上場会社はすべて，平成20（2008）年４月以後に開始する事業年度から四半期報告書の提出が義務づけられました。このため，わが国の上場会社は，情報開示の適時性・迅速性の観点から，その事業年度が３カ月を超える場合には，事業年度を当該事業年度の期間を３カ月ごとに区分した期間ごとに四半期報告書を，原則として45日以内に内閣総理大臣に提出することが求められました。

四半期報告制度の導入にあわせて，平成19（2007）年３月には，企業会計審議会から「四半期レビュー基準の設定に関する意見書」が公表され，四半期レビュー基準が新設されるなどして，四半期レビュー制度が確立しました。

その後，四半期レビュー基準は，何度か改訂されましたが，令和６（2024）年３月に「四半期レビュー基準の期中レビュー基準への改訂に関する意見書」が公表されたことにより期中レビュー基準におきかえられました。期中レビュー基準では，四半期レビュー基準の「四半期レビュー」，「四半期財務諸表」，「四半期財務諸表の作成基準」等の用語が「期中レビュー」，「期中財務諸表」，「企業会計の基準」等と改められ，さらに，特別目的の期中レビューに関する規定が追加されましたが，基準の構成，レビューの目的，および結論の種類は，四半期レビュー基準と同じです。

【図表13-1】四半期レビュー基準の構成

第一　四半期レビューの目的	四半期レビューの目的は，経営者の作成した四半期財務諸表について，一般に公正妥当と認められる四半期財務諸表の作成基準に準拠して，企業の財政状態，経営成績及びキャッシュ・フローの状況を適正に表示していないと信じさせる事項がすべての重要な点において認められなかったかどうかに関し，監査人が自ら入手した証拠に基づいて判断した結果を結論として表明することにある。 四半期レビューにおける監査人の結論は，四半期財務諸表に重要な虚偽の表示があるときに不適切な結論を表明するリスクを適度な水準に抑えるために必要な手続を実施して表明されるものであるが，四半期レビューは，財務諸表には全体として重要な虚偽の表示がないということについて合理的な保証を得るために実施される年度の財務諸表の監査と同様の保証を得ることを目的とするものではない。
第二　実施基準	1．内部統制を含む，企業及び企業環境の理解 2．四半期レビュー計画 3．四半期レビュー手続 4．質問 5．分析的手続 6．会計記録に基づく作成 7．追加的な手続 8．後発事象 9．継続企業の前提 10．経営者からの書面による確認 11．経営者等への伝達と対応 12．他の監査人の利用
第三　報告基準	1．結論の表明 2．審査 3．四半期レビュー報告書の記載 4．結論の表明と追記情報との区別 5．無限定の結論 6．結論に関する除外 7．否定的結論 8．四半期レビュー範囲の制約 9．結論の不表明 10．他の監査人の利用 11．将来の帰結が予測し得ない事象等 12．継続企業の前提 13．追記情報

出所：企業会計審議会「四半期レビュー基準」（令和元（2019）年9月3日）に基づき作成。

2　四半期レビュー基準の構成

令和元（2019）年９月３日に改訂された四半期レビュー基準は，**図表13-1**のような構成になっています。

3　四半期レビューの目的

四半期レビュー基準によると，四半期レビューは，「経営者の作成した四半期財務諸表について，一般に公正妥当と認められる四半期財務諸表の作成基準に準拠して，企業の財政状態，経営成績及びキャッシュ・フローの状況を適正に表示していないと信じさせる事項がすべての重要な点において認められなかったかどうかに関し，監査人が自ら入手した証拠に基づいて判断した結果を結論として表明すること」（四半期レビューの目的）を目的としています。ただし，「四半期レビューは，財務諸表には全体として重要な虚偽の表示がないということについて合理的な保証を得るために実施される年度の財務諸表の監査と同様の保証を得ることを目的とするものではない」（四半期レビューの目的）ことに注意しなければなりません。つまり，監査と四半期レビューでは，その保証水準や判断結果の表明方法が異なっているのです。

また，「四半期レビューに関する実務指針」（監査・保証実務委員会報告83号（令和３年12月７日最終改正））によると，**四半期レビュー手続**は，質問，分析的手続その他の四半期レビュー手続に限定されており，年度の財務諸表の監査で

ワンポイントレッスン　49

四半期財務諸表

四半期報告書による四半期財務諸表は，四半期貸借対照表，四半期損益計算書，四半期キャッシュ・フロー計算書，および一定の注記事項から構成され，提出会社の事務負担等を考慮して四半期株主資本等変動計算書はふくまれていません。なお，レビュー対象となる四半期財務諸表は，原則として四半期連結財務諸表に限定されています。

要求される証拠のすべてを入手する手続は求められていません（10項）。四半期レビューにおいては，通常，内部統制の運用評価手続や実査，立会，確認，証憑突合，質問に対する回答についての証拠の入手およびその他の実証手続に基づく証拠の入手は要求されていないのです（11項）。

以上のような監査と四半期レビューの相違をまとめると，**図表13-2**のようになります。

【図表13-2】監査と四半期レビューの違い

	監　査	**四半期レビュー**
判断結果の表明方法	「適正に表示しているかどうか」についての積極的意見	「適正に表示していないと信じさせる事項がすべての重要な点において認められなかったかどうか」についての消極的な結論（二重否定）
保証の対象	経営者の作成した財務諸表	経営者の作成した四半期財務諸表
判断規準	一般に公正妥当と認められる企業会計の基準	一般に公正妥当と認められる四半期財務諸表の作成基準
必要とされる手続	監査人が必要と認めたすべての手続	質問，分析的手続，その他の四半期レビュー手続に限定
保証水準	高い	低い

出所：監査基準の「監査の目的」および四半期レビュー基準の「四半期レビューの目的」に基づき作成。

4　四半期レビューの結論の種類

監査人は，四半期レビューの結果，経営者の作成した四半期財務諸表について，一般に公正妥当と認められる四半期財務諸表の作成基準に準拠して，企業の財政状態，経営成績およびキャッシュ・フローの状況を適正に表示していないと信じさせる事項がすべての重要な点において認められなかったかどうかに関する結論を表明しなければなりません（報告基準1）。

四半期レビューの結果，監査人が表明する結論には，**図表13-3**のような種類があります。

【図表13-3】四半期レビューの結論の種類

種類	区分	内容
無限定の結論		監査人は，経営者の作成した四半期財務諸表について，一般に公正妥当と認められる四半期財務諸表の作成基準に準拠して，企業の財政状態，経営成績およびキャッシュ・フローの状況を適正に表示していないと信じさせる事項がすべての重要な点において認められなかった場合
除外事項を付した限定付結論	不適切な事項がある場合	監査人は，経営者の作成した四半期財務諸表について，一般に公正妥当と認められる四半期財務諸表の作成基準に準拠して，企業の財政状態，経営成績およびキャッシュ・フローの状況を重要な点において適正に表示していないと信じさせる事項が認められ，その影響が無限定の結論を表明することができない程度に重要ではあるものの，四半期財務諸表全体に対して否定的結論を表明するほどではないと判断したとき
	レビュー範囲に制約がある場合	監査人は，重要な四半期レビュー手続を実施できなかったことにより，無限定の結論を表明できない場合において，その影響が四半期財務諸表全体に対する結論の表明ができないほどではないと判断したとき
否定的結論		監査人は，経営者の作成した四半期財務諸表について，一般に公正妥当と認められる四半期財務諸表の作成基準に準拠して，企業の財政状態，経営成績およびキャッシュ・フローの状況を重要な点において適正に表示していないと信じさせる事項が認められる場合において，その影響が四半期財務諸表全体として虚偽の表示に当たるとするほどに重要であると判断したとき
結論の不表明		監査人は，重要な四半期レビュー手続を実施できなかったことにより，無限定の結論の表明ができない場合において，その影響が四半期財務諸表全体に対する結論の表明ができないほどに重要であると判断したとき

出所：「四半期レビュー基準」報告基準５・６・７・８・９に基づき作成。

5　四半期レビュー報告書

四半期レビュー基準は，**四半期レビュー報告書**において，①監査人の結論，②結論の根拠，③経営者および監査役等（監査役，監査役会，監査等委員会または監査委員会をいいます。以下同じ）の責任，および④監査人の責任を明瞭かつ簡潔にそれぞれを区分したうえで，記載するよう規定しています（報告基準３）。

四半期レビューの結果，監査人が，無限定の結論を表明する場合には，四半期レビュー報告書に次の記載を行うことになります（報告基準５）。

① **監査人の結論**

⑴　四半期レビューの対象とした四半期財務諸表の範囲

⑵　経営者の作成した四半期財務諸表が，一般に公正妥当と認められる四半期財務諸表の作成基準に準拠して，企業の財政状態，経営成績およびキャッシュ・フローの状況を適正に表示していないと信じさせる事項が全ての重要な点において認められなかったこと

② **結論の根拠**

⑴　一般に公正妥当と認められる四半期レビューの基準に準拠して四半期レビューを行ったこと

⑵　四半期レビューの結果として入手した証拠が結論の表明の基礎を与えるものであること

③ **経営者および監査役等の責任**

⑴　経営者には，

・四半期財務諸表の作成責任

・四半期財務諸表に重要な虚偽の表示がないように内部統制を整備および運用する責任，および

・継続企業の前提に関する評価を行い必要な開示を行う責任があること

⑵　監査役等には，財務報告プロセスを監視する責任があること

④ **監査人の責任**

⑴　独立の立場から四半期財務諸表に対する結論を表明することにあること

⑵　四半期レビューは質問，分析的手続その他の四半期レビュー手続からなり，年度の財務諸表の監査に比べて限定的な手続となること

⑶　継続企業の前提に関する経営者の評価を検討すること

⑷　監査役等と適切な連携を図ること

以上のような項目を記載した四半期レビュー報告書は，**図表13-4**のようになります。

また，令和3（2021）年5月19日に公布された「デジタル社会の形成を図るための関係法律の整備に関する法律」により，監査報告書等の書面および押印規定の見直しがなされ，四半期レビュー報告書においても，監査人の自署および押印が署名のみに変更されるとともに，四半期レビュー報告書の交付に際し，署名された書面に代えて，電磁的方法（電子化された四半期レビュー報告書）によることが可能となりました。

【図表13-4】四半期連結財務諸表に関する四半期レビュー報告書の記載内容と様式

独立監査人の四半期レビュー報告書

×年×月×日

○○株式会社
取締役会 御中

○○監査法人
指 定 社 員・業務執行社員　公認会計士 ○○○○
指 定 社 員・業務執行社員　公認会計士 ○○○○

監査人の結論

当監査法人は，金融商品取引法第193条の2第1項の規定に基づき，「経理の状況」に掲げられている○○株式会社の×年×月×日から×年×月×日までの連結会計年度の第×四半期連結会計期間（×年×月×日から×年×月×日まで）及び第×四半期連結累計期間（×年×月×日から×年×月×日まで）に係る四半期連結財務諸表，すなわち，四半期連結貸借対照表，四半期連結損益計算書，四半期連結包括利益計算書及び注記について四半期レビューを行った。

当監査法人が実施した四半期レビューにおいて，上記の四半期連結財務諸表が，我が国において一般に公正妥当と認められる四半期連結財務諸表の作成基準に準拠して，○○株式会社及び連結子会社の×年×月×日現在の財政状態及び同日をもって終了する第×四半期連結累計期間の経営成績を適正に表示していないと信じさせる事項が全ての重要な点において認められなかった。

監査人の結論の根拠

当監査法人は，我が国において一般に公正妥当と認められる四半期レビューの基準に準拠して四半期レビューを行った。四半期レビューの基準における当監査法人の責任は，「四半期連結財務諸表の四半期レビューにおける監査人の責任」に記載されている。当監査法人は，我が国における職業倫理に関する規定に従って，会社及び連結子会社から独立しており，また，監査人としてのその他の倫理上の責任を果たしている。当監査法人は，結論の表明の基礎となる証拠を入手したと判断している。

四半期連結財務諸表に対する経営者並びに監査役及び監査役会の責任

経営者の責任は，我が国において一般に公正妥当と認められる四半期連結財務諸表の作成基準に準拠して四半期連結財務諸表を作成し適正に表示することにある。これには，不正又は誤謬による重要な虚偽表示のない四半期連結財務諸表を作成し適正に表示するために経営者が必要と判断した内部統制を整備及び運用することが含まれる。

四半期連結財務諸表を作成するに当たり，経営者は，継続企業の前提に基づき四半期連結財務諸表を作成することが適切であるかどうかを評価し，我が国において一般に公正妥当と認められる四半期連結財務諸表の作成基準に基づいて継続企業に関する事項を開示する必要がある場合には当該事項を開示する責任がある。

監査役及び監査役会の責任は，財務報告プロセスの整備及び運用における取締役の職務の執行を監視することにある。

四半期連結財務諸表の四半期レビューにおける監査人の責任

監査人の責任は，監査人が実施した四半期レビューに基づいて，四半期レビュー報告書において独立の立場から四半期連結財務諸表に対する結論を表明することにある。

監査人は，我が国において一般に公正妥当と認められる四半期レビューの基準に従って，四半期レビューの過程を通じて，職業的専門家としての判断を行い，職業的懐疑心を保持して以下を実施する。

- 主として経営者，財務及び会計に関する事項に責任を有する者等に対する質問，分析的手続その他の四半期レビュー手続を実施する。四半期レビュー手続は，我が国において一般に公正妥当と認められる監査の基準に準拠して実施される年度の財務諸表の監査に比べて限定された手続である。
- 継続企業の前提に関する事項について，重要な疑義を生じさせるような事象又は状況に関して重要な不確実性が認められると判断した場合には，入手した証拠に基づき，四半期連結財務諸表において，我が国において一般に公正妥当と認められる四半期連結財務諸表の作成基準に準拠して，適正に表示されていないと信じさせる事項が認められないかどうか結論付ける。また，継続企業の前提に関する重要な不確実性が認められる場合は，四半期レビュー報告書において四半期連結財務諸表の注記事項に注意を喚起すること，又は重要な不確実性に関する四半期連結財務諸表の注記事項が適切でない場合は，四半期連結財務諸表に対して限定付結論又は否定的結論を表明することが求められている。監査人の結論は，四半期レビュー報告書日までに入手した証拠に基づいているが，将来の事象や状況により，企業は継続企業として存続できなくなる可能性がある。
- 四半期連結財務諸表の表示及び注記事項が，我が国において一般に公正妥当と認められる四半期連結財務諸表の作成基準に準拠していないと信じさせる事項が認められないかどうかとともに，関連する注記事項を含めた四半期連結財務諸表の表示，構成及び内容，並びに四半期連結財務諸表が基礎となる取引や会計事象を適正に表示していないと信じさせる事項が認められないかどうかを評価する。
- 四半期連結財務諸表に対する結論を表明するために，会社及び連結子会社の財務情報に関する証拠を入手する。監査人は，四半期連結財務諸表の四半期レビューに関する指示，監督及び実施に関して責任がある。監査人は，単独で監査人の結論に対して責任を負う。

監査人は，監査役及び監査役会に対して，計画した四半期レビューの範囲とその実施監査人は，監査役及び監査役会に対して，独立性についての我が国における職業倫理に関する規定を遵守したこと，並びに監査人の独立性に影響を与えると合理的に考えられる事項，及び阻害要因を除去又は軽減するためにセーフガードを講じている場合はその内容について報告を行う。

利害関係

会社及び連結子会社と当監査法人又は業務執行社員との間には，公認会計士法の規定により記載すべき利害関係はない。

以　　上

出所：「四半期レビューに関する実務指針」付録1(1)文例1より抜粋。

なお，四半期報告書の廃止にともなって，令和6（2024）年4月以降，四半期連結財務諸表の作成や当該財務諸表に関する四半期レビュー報告書の開示は不要となりました。

第3節　保証業務

1　保証業務を取り巻く環境

近年，企業が種々の情報を公開しています。ところが，企業が公表する情報のほとんどが，その有用性や信頼性について客観的テストを受けていません。そのため，とくに何らかの意思決定のために利用される情報について，その有用性や信頼性を検証する社会的要請が生じてきています。

わが国では，企業会計審議会が平成16（2004）年11月に「財務情報等に係る保証業務の概念的枠組みに関する意見書」（以下，「意見書」といいます）を公表

ワンポイントレッスン　50

今後の展開のために…

持続可能な世界の実現のために，企業は，環境（Environment），社会（Social），およびガバナンス（Governance）への配慮が求められており，ESG情報やESG情報の信頼性の確保について，国際的な関心が高まっています。

しましたが，これは保証業務の概念的枠組みの整理を目的とし，必ずしも公認会計士等が行う業務上の直接的な規範とはいえません。その後，JICPAは平成21（2009）年7月に「公認会計士等が行う保証業務等に関する研究報告」（監査・保証実務委員会研究報告20号）（以下，「研究報告」といいます）を，平成29（2017）年12月に保証業務実務指針3000「監査及びレビュー業務以外の保証業務に関する実務指針」（監査・保証実務委員会実務指針第93号）（以下，「保証業務実務指針3000」といいます）を公表して，研究報告を廃止しました。

「研究報告」は，意見書に記載された用語を踏襲しながらも，公認会計士の実務の参考に資するため，公認会計士等が行う保証業務について，国際保証業務基準3000等との整合性を図りつつ，その範囲および信頼性の程度を明確化し，現行実務の状況に基づいて，保証業務にかかる手続や結論の報告内容，および関連する留意事項等を示した（「研究報告」p.1）という意味で重要です。

そこで，本節では，この研究報告に基づいて，公認会計士による保証業務について説明します。

2　保証業務の概要

公認会計士等が業務実施者として行う**保証業務**（assurance service）とは，一般に，主題に責任を負う者が，一定の規準によって主題を評価または測定した結果を表明する情報について，または，主題それ自体について，想定利用者に対して信頼性を付与するために，業務実施者が自ら入手した証拠に基づき規準に照らして判断した結果を結論として報告する業務をいいます（「研究報告」p.2）。つまり，保証業務とは，ある情報等について，想定される利用者の信頼性を高めるため，第三者が検証する業務であって，監査人による財務諸表監査は典型的な保証業務であるといえます。逆に，公認会計士の業務のうち，①財務情報または財務諸表の作成・編集の受託業務，②依頼者のためだけに実施するコンサルティングや助言の業務，③関与先の代弁者となる業務（税務業務をふくむ），および④合意された手続による業務などは，保証業務の定義に合致しないので，保証業務には該当しません。

また，研究報告では，保証業務における**主題**について，「主題とは，識別可能で，かつ，一定の規準に基づいて首尾一貫した評価又は測定を行うことができるものをいい，**主題情報**とは，一定の規準によって主題を評価又は測定した結果を表明する情報をいう」として，**図表13-5**のような例をあげています。

【図表13-5】保証業務の対象となる主題および主題情報

	項目	主題の例	主題情報の例
1	財務諸表	年度の財政状態，経営成績，およびキャッシュ・フローの状況	一般に公正妥当と認められる企業会計の基準に基づく年次財務諸表
2	四半期財務情報	四半期の財政状態，経営成績，およびキャッシュ・フローの状況	四半期会計基準に基づく四半期財務諸表
3	内部統制（システムまたはプロセス）	規準やフレームワークが存在する内部統制（システムまたはプロセス）	当該内部統制（システムまたはプロセス）の有効性に関する経営者の主張
4	コンプライアンス	法令等により遵守すべき規準が明確な業務	当該業務の法令等遵守に関する経営者の主張
5	環　　境	評価規準や指針が存在する環境に関する状況	環境報告書
6	成　　果	測定基準が存在する成果	当該成果に関する報告書

出所：「研究報告」p.8の表に加筆して作成。

図表13-5では，保証業務の対象となる主題および主題情報が示されていますが，保証業務は，財務諸表等の財務情報のみならず，コーポレート・ガバナンスや商品の品質等の非財務情報をはじめ，人や組織等の行為などあらゆるものを対象に実施される可能性を秘めています。ここで注意しなければならないことは，保証業務は，その保証水準に一定の幅が存在することです。そのため，保証業務においては，利用者が，提供される保証業務の種類によって保証水準に一定の幅があることを十分理解していなければ，新たな期待ギャップ問題が生じるおそれがあることに留意しなければなりません。

3　保証業務の具体例

財務諸表監査と四半期レビュー以外の保証業務の具体例として，環境報告書やサステナビリティ報告書に対する保証をみてみましょう。

(1)　環境報告書に対する保証

環境省によると，**環境報告書**とは，「企業などの事業者が，経営責任者の緒言，環境保全に関する方針・目標・計画，環境マネジメントに関する状況（環境マネジメントシステム，法規制遵守，環境保全技術開発等），環境負荷の低減に向けた取組の状況（CO_2排出量の削減，廃棄物の排出抑制等）等について取りまとめ，名称や報告を発信する媒体を問わず，定期的に公表するもの」で，「環境報告書を作成・公表することにより，環境への取組に対する社会的説明責任を果たし，利害関係者による環境コミュニケーションが促進され，事業者の環境保全に向けた取組の自主的改善とともに，社会からの信頼を勝ち得ていくことに大いに役立つ」と考えられています。

このような環境報告書が社会に受け入れられ，信頼を得るためには，その内容の信頼性を高める必要があります。そのため，環境省も，環境報告書の信頼性を向上させるための方策として，第三者によるレビュー（いわゆる第三者レビュー）を推奨しています。環境省は，環境報告書を作成する事業者以外の主体（第三者）が，環境報告書の記載情報やその背景にある取り組み内容についての意見を表明（すなわちレビュー）し，それを環境報告書に掲載することにより，環境報告書の比較可能性と信頼性の向上を図ろうとしてきました。

わが国では，環境省が平成13（2001）年２月に「環境報告書ガイドライン（2000年度版）～環境報告書作成のための手引～」を発行したのを皮切りに，2003年版と2007年版を発行し，その後，国際的な動向を踏まえて，2012年版と2018年版を発行しています。これらのガイドラインはいずれも，公認会計士が，環境報告書の検証を行う際の判断規準となっています。

また，JICPAは，平成13（2001）年７月16日に「環境報告書保証業務指針（中間報告）」（平成15（2003）年12月９日最終改正）を公表して，環境報告書に記載されている環境情報の信頼性に関する結論を表明する業務は保証業務であることを明示するとともに，その業務指針を示しました。さらに，JICPAは，平成29（2017）年12月に保証業務実務指針3000「監査及びレビュー業務以外の保証業務に関する実務指針」を公表し，監査業務やレビュー業務以外の保証業務についての実務上の指針を充実させています。

⑵　サステナビリティ報告書に対する保証

近年，企業の情報開示において，サステナビリティ情報が重視されるようになってきました。これは，2015年９月の国連サミットで2030年までに達成するべき「持続可能な開発目標」（Sustainable Development Goals：SDGs）が採択されたことに起因します。この開発目標は普遍的なもので，世界中のすべての国に適用され，それぞれの国や地域において，持続可能な社会への対応が求められました。

JICPAが平成30（2018）年７月に公表した「サステナビリティ報告書等における保証報告書の海外事例調査～ISAE3000 準拠の保証業務の検討～」（経営研究調査会研究報告第63号）では，**図表13-６**のような保証対象情報があることが明らかとなっています。

【図表13-６】保証対象情報の具体例

保証対象情報	具体例
定量情報―環境関連	温室効果ガス排出量，エネルギー使用量，取水量，化学物質使用量，廃棄物排出量，環境配慮製品
定量情報―社会関連	女性従業員割合，新入社員数，労働災害率，離職率，社会投資額，腐敗防止教育訓練出席者数
定性情報	環境方針，公害管理，企業倫理，マテリアリティ特定プロセス，ステークホルダーエンゲージメントプロセス，企業責任（CR）指標のデータ集計に係る報告プロセス及び関連するコントロール

出所：「サステナビリティ報告書等における保証報告書の海外事例調査～ISAE3000 準拠の保証業務の検討～」p.12。

また，国際的な大規模監査事務所のひとつであるKPMG（p.195の**図表10-１**参照）の調査によると，フォーチュン・グローバル500の上位250社のうち，サステナビリティ報告書を公表している事業者の割合は2020年には96%にのぼり，これらのうち，さらに，第三者による審査を受けている事業者の割合が71%に及ぶことが判明しています（**図表13-7**）。

とくに，EUでは，サステナビリティ報告制度が拡充・強化され，2022年12月には，グリーンディールの一環としてサステナビリティ報告指令が採択され，2024年1月1日以後に開始する会計年度から，一定規模以上の事業体は，事業体の社会的責任（Corporate Social Responsibility：CSR）や環境保全，人権擁護や汚職防止への取り組み等の非財務情報をふくむサステナビリティ報告書の作成と，当該報告書に対する第三者の保証が義務づけられています。

また，わが国では，令和5（2023）年1月に「企業内容等の開示に関する内閣府令等」が改正され，2023年3月期の決算から，有価証券報告書等の「サステナビリティに関する考え方及び取組」の記載においてサステナビリティ情報の開示が求められるとともに，「従業員の状況」の記載において，女性活躍推進法に基づく女性管理職比率・男性の育児休業取得率・男女間賃金格差といった多様性の指標に関する開示が求められています。

このように，国内外を問わず，サステナビリティ報告書を含む非財務情報への第三者による保証ニーズは，今後も高まっていくと考えられます。

【図表13-7】サステナビリティ報告書の公表状況の推移

（グローバル上位250社）

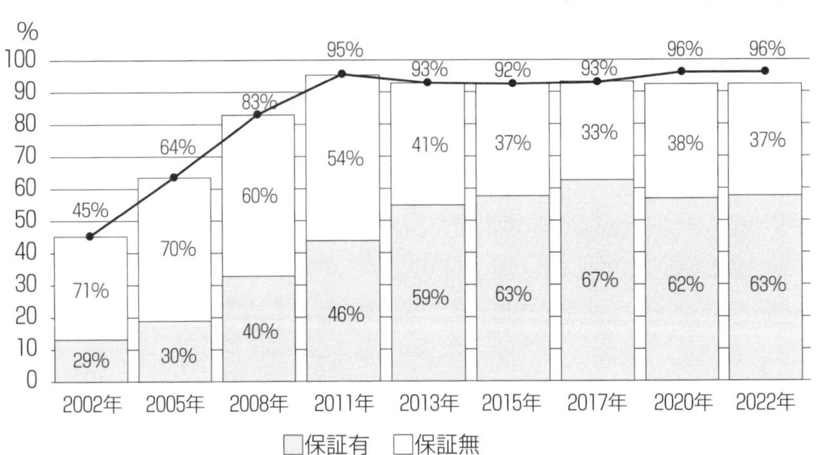

出所：KPMG International, "Big shifts, small steps: Survey of Sustainability Reporting 2022," KPMG International, 2022（pp.9-10およびp.36）に基づき作成。

◆ 練習問題13 ◆

1　次の（　　）内に適当な語句を入れて，文章を完成させなさい。

⑴　四半期レビュー基準によると，四半期レビューは，経営者の作成した四半期財務諸表について，一般に公正妥当と認められる四半期財務諸表の作成基準に準拠して，企業の財政状態，経営成績及びキャッシュ・フローの状況を適正に表示して（ ① ）と信じさせる事項がすべての重要な点において（ ② ）かどうかに関し，監査人が自ら入手した証拠に基づいて判断した結果を（ ③ ）として表明することを目的としています。

⑵　四半期レビュー基準は，四半期レビュー報告書において，（ ④ ），（ ⑤ ），（ ⑥ ），および（ ⑦ ）を明瞭かつ簡潔にそれぞれを区分したうえで，記載することを求めています。

⑶　公認会計士等が業務実施者として行う保証業務とは，一般に，（ ⑧ ）が，一定の規準によって主題を評価または測定した結果を表明する情報について，または，主題それ自体について，（ ⑨ ）に対して信頼性を付与するために，（ ⑩ ）が自ら入手した証拠に基づき規準に照らして判断した結果を結論として報告する業務をいいます。

2　次の文章が正しければ○を，誤っていれば×を付したうえで，誤っているものについては誤っている理由を説明しなさい。

⑴　四半期レビューにおいては，年度の財務諸表の監査で要求される証拠のすべてを入手する手続が求められています。

⑵　四半期レビューは，財務諸表には全体として重要な虚偽の表示がないということについて合理的な保証を得るために実施される年度の財務諸表の監査と同様の保証を得ることを目的としています。

⑶　保証業務は，財務諸表等の財務情報や，コーポレート・ガバナンスや商品の品質等の非財務情報といった情報に限定されることなく，人や組織等の行為などあらゆるものを対象に実施される可能性があります。

索　　引

■あ行■

〔執筆者紹介〕

長吉　眞一（ながよし　しんいち）　担当：第２章，第３章，第５章，第６章

明治大学名誉教授。博士（商学）。公認会計士。

1980年明治大学大学院商学研究科博士後期課程単位修得満期退学。大手の監査法人に勤務し，約20年間にわたって大企業の財務諸表の監査業務に従事した後，九州大学助教授，立正大学教授を経て，2005年―2021年明治大学専門職大学院会計専門職研究科教授。2006年―2008年度公認会計士試験試験委員，文部科学省独立行政法人評価委員会委員，日本公認会計士協会各種委員会委員，金融庁公認会計士試験実施検討委員会委員等を歴任。

『監査意見形成の構造と分析』（2014年度日本公認会計士協会学術賞－会員特別賞受賞），『監査一般基準論』（2005年度日本監査研究学会監査研究奨励賞受賞），『監査基準論』（以上，いずれも単著，中央経済社）など著書，論文，学会発表等，多数。

伊藤　龍峰（いとう　たつみね）　担当：第１章，第12章

西南学院大学名誉教授。経営学修士。

1985年西南学院大学大学院経営学研究科博士後期課程単位修得満期退学。香蘭女子短期大学秘書科専任講師，九州産業大学商学部助教授，西南学院大学商学部助教授を経て，1996年より現職。2006年―2008年度公認会計士試験試験委員，福岡県監査委員，福岡市特別職報酬等審議会会長，学校法人西南学院常任理事，西南学院大学商学部長，同図書館長，同学生部長，キャリアセンター長等を歴任。

『簿記入門テキスト』（共著，中央経済社），「監査基準の意義と役割」（『會計』第181巻第３号）など著書，論文，学会発表等，多数。

北山　久恵（きたやま　ひさえ）　担当：第２章，第７章

北山公認会計士事務所代表。公認会計士。

1982年―2020年，朝日監査法人（現：あずさ監査法人）に勤務し，パートナー，常務理事として，多くの上場企業の会計監査業務に従事。2019年―2022年，日本公認会計士協会副会長，日本公認会計士協会近畿会会長，会計教育研修機構理事。現在，兵庫県立大学大学院社会科学研究科会計専門職専攻特任教授，上場会社数社の社外取締役・社外監査役，日本監査研究学会理事。

『将来予測情報の監査』（共著，同文舘出版），『社外監査役の理論と実務』（共著，商事法務）など著書，論文，学会発表等，多数。

井上　善弘（いのうえ　よしひろ）　担当：第８章，第９章，第11章

香川大学経済学部教授。博士（経営学）。

1991年神戸大学大学院経営学研究科博士課程前期課程修了。1995年香川大学経済学部助教授，2004年より現職。2008年―2012年度公認会計士試験委員。

『内部統制監査の論理と課題』（単著，創成社，2021年），『監査の原理と原則』（翻訳書，創成社，2018年），『監査報告書の新展開』（編著，同文舘出版，2014年）他。

岸　牧人（きし　まきと）　担当：第10章

法政大学経済学部教授。商学修士。

1994年関西学院大学大学院商学研究科博士課程後期課程単位取得満期退学。1994年大分大学経済学部専任講師，1996年助教授，2006年教授，2008年法政大学大学院イノベーション・マネジメント研究科教授を経て，2016年より現職。1998年―2000年日本公認会計士協会次世代会計士保証業務研究会研究員，2001年―2002年文部科学省海外派遣研究員（アメリカ合衆国東テネシー州立大学）。2012年―2017年公認会計士試験試験委員。

「監査証拠の信頼性評価におけるメタ証拠の評価と保証水準」（『現代監査』No.27），「収益認識に対する監査証拠の評価―評価手続と実証手続におけるメタ証拠概念の応用―」（『會計』第195巻第３号）など論文，学会発表等，多数。

異島　須賀子（いじま　すがこ）　担当：第４章，第13章

久留米大学商学部教授。博士（経済学）。

九州大学経済学部経済工学科を卒業後，九州大学大学院経済学研究科博士後期課程修了。九州情報大学経営情報学部専任講師，久留米大学商学部准教授を経て，2012年より現職。2020年より公認会計士試験試験委員。

「事業上のリスク等を重視したリスク・アプローチの意義と課題―制度の視点から―」（『現代監査』No.17，2007年度日本監査研究学会監査研究奨励賞受賞），「財務諸表監査の変革－KAMは日本の財務諸表監査を変えるか－」（『経済論叢』第195巻第２号）など論文，学会発表等，多数。

監査論入門（第６版）

2013年４月20日　第１版第１刷発行
2014年８月20日　第１版第３刷発行
2015年３月20日　第２版第１刷発行
2016年４月１日　第３版第１刷発行
2019年４月10日　第３版第８刷発行
2019年９月10日　第４版第１刷発行
2021年１月25日　第４版第６刷発行
2022年４月20日　第５版第１刷発行
2023年１月30日　第５版第２刷発行
2024年３月15日　第６版第１刷発行

著　者　長　吉　眞　一
伊　藤　龍　峰
北　山　久　恵
井　上　善　弘
岸　　　牧　人
異　島　須賀子

発行者　山　本　　　継
発行所　㈱　中　央　経　済　社
発売元　㈱中央経済グループ
パブリッシング

〒101-0051　東京都千代田区神田神保町１－35
電話　03（3293）3371（編集代表）
03（3293）3381（営業代表）
https://www.chuokeizai.co.jp
印刷／三英グラフィック・アーツ㈱
製本／誠　製　本　㈱

ISBN978-4-502-49721-6　C3034